U0504865

时代心理　致敬经典

Carl Jung

分析心理学的创始人
史上最神秘的心理学家
集体无意识的开拓者

时代心理　大师名作

［瑞士］卡尔·荣格 著

苏克 译

冯川 校

心灵的救治

——寻求灵魂的现代人

Modern Man Search For a Soul

全 国 百 佳 图 书 出 版 单 位

时代出版传媒股份有限公司

安 徽 人 民 出 版 社

图书在版编目(CIP)数据

....

心灵的救治：寻求灵魂的现代人/（瑞士）卡尔·荣格著；苏克
译.—合肥:安徽人民出版社,2018.12

　　ISBN 978-7-212-10089-6

　　Ⅰ.①心… Ⅱ.①荣… ②苏… Ⅲ.①心理学－通俗读物 Ⅳ.
①B48-49

　　中国版本图书馆 CIP 数据核字(2018)第 073438 号

....

心灵的救治：寻求灵魂的现代人
Xinling De Jiuzhi Xunqiu Linghun De Xiandairen

（瑞士）卡尔·荣格 著　　　苏克 译　　　冯川 校

....

出　版　人:徐　敏　　　　　　　　　　　责任印制:董　亮
责任编辑:张　旻　郑世彦　　　　　　　　版式设计:宋文岚
封面设计:昇一设计

....

出版发行:时代出版传媒股份有限公司 http://www.press-mart.com
　　　　　安徽人民出版社 http://www.ahpeople.com
地　　址:合肥市政务文化新区翡翠路 1118 号出版传媒广场八楼
邮　　编:230071
电　　话:0551-63533258　0551-63533292(传真)
印　　刷:安徽省瑞隆印务有限公司

....

开本:710mm×1000mm　　1/16　　　印张:19.5　　　字数:220 千
版次:2018 年 12 月第 1 版　　　2019 年 1 月第 1 次印刷

....

ISBN 978-7-212-10089-6　　　　　　定价:45.00 元

版权所有,侵权必究

中译本序

　　1875 年,卡尔·荣格(*Carl Jung*)出生在瑞士一个神职人员家族之中,他的 8 个叔伯及外祖父都在教会担任神职,父亲则是一名虔诚的牧师。这样的生活环境,或许给荣格带来了最初的心灵启蒙,也是他探索内在世界的一个开始。1900 年,荣格作为一名医学专业学生毕业于瑞士巴塞尔大学,并开始在苏黎世的布勒霍尔兹利精神病院开始其精神科医生的职业生涯。荣格早期许多对人类心灵的认知,可以说一方面来自他的个人经历,另一方面则来自他的临床工作。1900—1906 年,在院长布洛伊勒的引导下,荣格开始接触弗洛伊德的精神分析学说,并进一步发展了"字词联想"测验方法。荣格将"字词联想"测验中的发现最终定义为"情结",后来"情结"一词也被弗洛伊德采用。

　　在心理动力学流派,荣格和弗洛伊德几乎一直是被同时提及的两个名字。从 1907 年 3 月,荣格第一次与弗洛伊德在维也纳会面,一直到 1912 年,6 年左右的时间荣格与弗洛伊德有着紧密的交往和深度的交流。1910 年,荣格被推选为国际精神分析学会会长,同时他也是该协会第一本精神分析期刊的主编。对于弗洛伊德而言,荣格曾经是他精神分析事业接班人的不二人选。然而,事实上,荣格与弗洛伊德的分歧在他们相遇之初就已现端倪。弗洛伊德认为生命的内驱力——力比多是一种性能量,但是,荣格则认为力比多是一种更广泛的生命能量,它在生命的不同阶段具有不同的表现形式。最终,随着荣格的论文《力比多转化的象征》的出版,他与弗洛伊德彻底决裂了。

我们说,荣格是一位人类内在世界的拓荒者,这是一点不为过的。心理学在整个20世纪有了长足的发展,从精神动力学派到认知行为心理学,从人本存在主义再到超个人心理学,各个流派、各个分支都试图从自身的立足点出发,认识"人"的心理与精神的构造。在众多杰出的心理学人之中,荣格无疑是十分特殊的一位。作为一名医生,科学地探索人类心灵是荣格一直试图秉持的风范,然而,他的研究又不拘泥于实证经验。荣格对人类心灵探索的领域,还包括宗教学、哲学、神话学、灵魂学、文艺理论和文化批判,等等。由此,我们可以窥见,荣格本人对心灵研究所具备的真诚与敬畏。实际上,他试图在他可以触及的最广的边界,找到论述心灵现象的佐证。

"集体无意识"是荣格使其学说独树一帜的核心内容,可以说它是荣格学说的基石。荣格认为,人类心灵的最深层便是集体无意识。他是这样描述集体无意识的:"集体无意识是精神的一部分,与个人无意识截然不同。构成个人无意识的,主要是一些我们曾经意识到,后来由于遗忘或压抑而从意识中消失的内容;集体无意识的内容从来就没有出现在意识之中,是人类原始祖先潜藏记忆的储存库,是一种精神遗传。个人无意识主要是由各种情结构成,集体无意识的内容则主要是原型。"也就是说,集体无意识是一种心灵最深层的存在状态,无法为意识所拥有,但是它又时刻影响着意识的活动。荣格就是在"集体无意识"这一概念基础上,把人的心灵结构分成了意识、个体无意识和集体无意识三个层面。

虽然"集体无意识"是荣格重大的发现,也是荣格学说的侧重点,但是荣格对"意识"仍旧有相当多的讨论。关于意识,荣格最著名的学说是他提出的"心理类型"。在与弗洛伊德决裂之后,荣格沉潜与自省了数年,再复出时所呈现的便是他自己完整的心理学理论,称为"分析心理学",这是他在 1922 年出版的《心理类型》一书中提出来的。《心理类型》一书在当时,被视为"临床角度的意识心理学"。在这本书里,荣格将意识归纳为两种态度(内倾和外倾)与四种功能(思想、情感、感觉和直觉),这也是荣格归纳人格类型的方法。荣格认为,"意识"即是一种觉醒的状态,"自我"是这一觉醒的中心。所以,可以看出,荣格在向心灵最深层面挖掘、探索的同时,是没有忽略对意识与自我的认识与分析的。

荣格学说中另外两个较为核心的概念是"自性"($Self$)与"个体化"($individuation$),它们涉及了整个人格的完善和发展。荣格认为,"自性"是人类精神中的核心因素,代表着"整体人格",是分析心理学中最核心的原型。"自性"作为精神的一种整合力量,它的特点是能够潜在地把一切意识和无意识的心理过程、内容和特性都整合在一起,使之成为一个有机的整体。而"个性化",可以说正是这样的一个过程。从这一点看来,分析心理学具有一些超个人心理学的意味,比较偏重精神层面的事实。而且,荣格学说中也包含了许多东方文化元素,这使得荣格提出的"人格整合"更具有超越性。从分析心理学角度而言,"人格整合"实际上也意味着"治愈"。

此次再版的《心灵的救治》(*Modern Man in Search of A Soul*)是荣格最具代表性的著作之一。该书是一本文集,搜罗了荣格在 1930 年前后发表过的讲稿及散见于出版物上的文章,一共十一篇。这本书里既涉及了荣格对心理治疗的观点,比如《现代心理治疗的问题》《心理治疗的目标》,也包括了分析心理学的基础内容,比如《心理学的类型理论》《分析心理学的基本假设》。同时,它还涵盖了分析心理学的工作方法,如《梦的分析之实际应用》。另外的章节也无一例外体现了分析心理学的特点,比如《人生诸阶段》反映了荣格的人格发展理论,《古代人的心理》反映了荣格对原始心灵的考察,《心理学与文学》则反映了荣格独特的文艺理论观点——不是歌德创造了《浮士德》,而是《浮士德》创造了歌德。此外,《现代人的精神问题》论述了荣格对现代人精神问题的担忧,同时又寄予了新生的希望;《心理治疗医生与牧师》则表达了现代人对于心理治疗医生的迫切需求。值得一提的是,本书中还有一篇《弗洛伊德与荣格的对比》,从中我们可以看到荣格如何论述他与昔日挚友之间的不同所在。

在阅读此书的过程中,我们会发现荣格许多最原始的思维轨迹,然而我们不能指望随意翻阅就能窥见荣格的真知灼见,只有浸淫在这些文字之中,细嚼慢咽,我们才会领略到荣格许多独到的智慧。荣格的这本书问世于 1933 年,此时他已年近花甲,沉潜于人类心灵的研究已有 30 余年,他已经是蛰居在库斯纳赫特的一位"智慧老人"。荣格关于人类心灵的深刻而独特的见解引来了四面八方的访客。时至今日,荣格的智慧之光已经在人世间闪耀了一个世纪。从某种角度而言,如今我们所学习的荣格的分析心理学理论,已经将近是一百年前的言说了。无疑,这些内容对于 21 世纪的我们而言,仍然是有意义和有必要的思考。此外,在学习和继承荣格学说的同时,是否还可以对其进行发展和扩充,这也是我们需要承担的一项任务。或许,这些正是我们阅读《心灵的救治》一书的真正意义。

分析心理学博士　张鳅元

2017 年 11 月

英译本序

在过去十年里,从各个方面传来的信息都印证了这样一个事实,这就是:西方世界正面临一个精神上的再生,我们的人生观正发生着根本的改变。经过长时间的内外扩张之后,我们又一次开始反观自身了。大家都一致承认,昔日对事实本身的兴趣,的确已渐渐转移到事实对我们每个人所具有的意义与价值。可是,一旦涉及不同的人对这一转变所怀抱的希望时,大家便各持己见,尖锐的冲突也接踵而来。

那些坚信宗教启示的人认为,这一即将来临的新生乃是天主教或新教的复兴。他们目睹千百万人潮水般地重新回到教会的怀抱,他们眼见饱经战后苦难与幻灭的心灵在那里得到抚慰,并从那里学会了如何超脱混沌一团的苦海;他们自然会认为,重新恢复对基督教的信仰,将使我们回到一条确定的人生道路上,会使世界重新获得生气与灵感。

另一大批人则认为,这种新的人生态度只有在彻底摧毁了宗教以后才能建立。他们说,宗教是愚昧野蛮的产物,必须以一个新的、持久不衰的"启蒙"时期来取代它的位置,让人类只把他的知识,尤其是经济学和技术方面的知识,用在正路之上。这样,贫穷、愚昧、贪婪等鬼怪就会销声匿迹,人类就会重新回到他失去的乐园。在他们看来,这种精神的新生将只发生在理性的王国,知识分子于是成了人类命运的主宰。

对于人类心理的下一步进化这一重大问题,还存在着许许多多的观点,而每一种可以想象得出的观点都能够在传统信仰和战斗的理性主义这两个极端之间找到它们的影子。持一种中间态度的人知道,他们已经超越了那代表着基督教的教会,但他们还不至于否认,对人生的宗教态度与对科学的真实信仰,对他们来说同样是不可缺少的。这些人如同体验肉体那样生动地体验过灵魂,也如同体验灵魂那样生动地体验过肉体。灵魂对他们所表现出来的各种形式既非传统神学所能解释,也非唯物主义所能解释。他们不希望将自己从内心感受到的那种真正的虔诚,与理性予以赞许的科学态度相互割裂开来。他们深信,如果能对自己精神的内在作用获得更多的认识,对支配着心理的那些微妙但无比明确的规律获得更多的认识,他们就能够取得一种新的态度。这样就既无需倒退到遮遮掩掩的中世纪神学那里去,也无需葬送在 19 世纪意识形态的幻觉之下。

荣格正是针对这些人,用他那令人信服的语言写成了此书。作为精神治疗专家和分析专家,他在多年的实践中获得了有关灵魂的知识。他并不回避他那异常困难的任务,他将这些知识进行综合,以便使它们能为每一个人所理解和应用。对于现代人正在痛苦地进行摸索的心理,他提供了有关其本质和功能的线索。他提出的观点是对我们精神的挑战;每一个在其内心深处感受到一种冲动——一种要超越自己传统的冲动——的人,都会在这一挑战的面前做出积极的反应。

除一篇以外(即《弗洛伊德与荣格的对比》),这个集子中的所有文章都是曾经发表过的讲稿。其中有四篇德文原稿散见于各种出版物上,其余各篇连同另一些文章早已收入一本英文选集中。

我们感谢拉斯罗夫人(Mrs.Violetde Laszlo)就《心理治疗医生与牧师》一文所给予的许多建议。荣格博士和荣格夫人阅读了部分译稿并给予了指教。

加利·F.贝因斯
苏黎世,1933 年 3 月

目　录

一 梦的分析之实际应用

我们不是把梦的分析当作一种纯粹的智力活动，而是把它当作一种方法，以此揭示出那些迄今为止仍然处于无意识状态中的心理内容。由于这些心理内容与神经症有着因果联系，因此它们对治疗具有非常重要的意义。

在心理治疗中,应用梦的分析至今依然还是一个众说纷纭的话题。许多医生发现这一方法在治疗神经症的过程中是不可缺少的,因此他们对梦中的精神活动赋予了与意识本身同等的重要性。但有的人则恰恰相反,他们对梦的分析究竟有多大价值提出了质疑,并认为梦只不过是微不足道的心理副产物而已。

显然,如果一个人坚持认为无意识在神经症的形成过程中起着主要作用,那么他势必会把梦看作是无意识的直接表现而赋予它以实际的意义。但在另一方面,如果他否认无意识的存在,或者认为无意识在神经症的发展过程中并没有起到任何作用,那么他就无疑会把梦的分析所具有的重要意义降低到最低限度。时至公元 1931 年的今天,继卡鲁斯①形成了无意识概念的半个多世纪以后,继康德提出了那"朦胧观念的不测之域"一个多世纪以后,继莱布尼兹假设出某种无意识心理活动两百多

---

① 卡鲁斯(Paul Carus,1852—1919),美国哲学家,生于德国,并在德国受教育。他的哲学是一元论的,力求把宗教建立在科学的基础之上。他的主要著作有《基本问题》《科学的宗教》《佛陀的教义》《魔鬼的历史》,等等。——中译者注

年后,更不用提让内①、弗劳诺伊(Flurnoy)和弗洛伊德等人所取得的研究成果了——然而就是在继这一切之后的今天,无意识的真实性依然还是一个众说纷纭的话题,这确实不能不令人感慨唱叹。但我的意图仅仅在于解决实际治疗中的问题,因此我不想在此竭力捍卫有关无意识的设想,尽管我非常清楚,这一设想的命运实际上就意味着梦的分析这一方法的命运。没有这一设想,梦看起来就只不过是造化所施的一场恶作剧,只不过是一团由日常事件的记忆残片所组成的混合体。倘若梦不幸真是这样一种东西的话,那么现在的讨论就是毫无必要的了。但只要我们准备对梦的分析这一问题进行讨论,那么我们首先就必须承认无意识的存在。这是因为,我们不只是把梦的分析当作一种纯粹的智力活动,而是把它当作一种方法,以此揭示出那些迄今为止仍然处于无意识状态中的心理内容。由于这些心理内容与神经症有着因果联系,因此它们对神经症的治疗具有非常重要的意义。任何人只要不接受有关无意识的假设,就必然否决了对梦进行分析的可行性。

如果根据我们的设想认为,无意识对神经症起着诱发性的作用,梦是无意识心理活动的直接表现,那么从科学的立场来看,对梦进行分析和解释的企图就完全合乎情理了。我们可以指望,沿着这一方向所做的努力将远远不只使我们获得一些治疗的效果,而且还会向我们提供一种对心理因果关系的科学洞悉。然而对医生来说,倾力研究治疗方法才是他的主旨之所在,而各种科学性的发现,最多只不过是他同时获得的一些令人喜

---

① 让内(Pierr Janet,1859—1947),法国医生、心理学家。他对精神病理学和歇斯底里症的探究做出了重要的贡献。——中译者注

悦的副产品而已。他绝不会为了揭示出心理的因果关系而感到有必要对他的病人施行梦的分析。当然,他可能会相信,由此而获得的对心理因果关系的科学洞悉具有治疗的价值——在这种情况下,他就会把梦的分析视为他的一项职责。众所周知,弗洛伊德学派认为,重要的治疗效果是通过揭示无意识诱发因素而取得的——也就是说,把这些诱发因素向病人解释清楚,由此而使病人意识到自己的病源。

倘若我们现在暂且认定,我们对梦的分析所抱的这种期待可为事实所确证,那么我们就可以将讨论限制在这几个问题之上:对梦的分析能否使我们发现神经症的无意识原因? 它能否独立做到这一点,或者必须与其他方法联合进行? 我认为弗洛伊德对这些问题的回答是常识性的。我自己的经验更进一步地证明了他的观点,因为我发现梦经常能够准确无误地揭示出那些作为神经症诱发因素的无意识内容。最能够做到这一点的通常是初期梦(initial dreams)——我指的是病人在治疗刚开始时所叙述的那些梦。举一则例子也许会有助于说明问题。

曾经有一个很有社会地位的人来我这里就诊。他为一种焦虑感和不安全感所折磨,他抱怨时常感到晕眩,这种晕眩有时还会引起恶心呕吐,并说感到头部很沉重,呼吸困难——这些完全是高山反应的症状。他的事业非常成功,他凭着自己的雄心、勤奋和天才,从一个贫农之子的寒微出身一步步地爬了上来,最后终于获得了重要的地位,拥有一切可以在社会上进一步发展的机会。但正当他开始跻身上流社会时,突然患上了神经症。讲到这里的时候,这位病人不禁开始了那种老一套的感喟,并且同样以老一套的话开头:"正在这个时候,当我……"事实上,他所有的那些高山反应症状非常切合他的特殊处境。他还把他前一晚做的两个梦拿来向我请教。

第一个梦如下所述:"我又回到了我出生的那个小村庄。有些从前和我一道上学的农民孩子聚在一起,站在街上。我从他们面前走过,装着不认识的样子。我听见其中的一个指着我说:'他不经常回我们村来。'"根本不需要任何解释就能够看出和理解,这个梦暗指的是做梦者在其事业之初时的卑微处境。这个梦说得相当清楚:"你忘记了你是从什么样的下层开始发迹的。"

这是第二个梦:"因为马上就要出门旅行,所以我搞得非常慌忙,到处找我的行李,但就是找不到。时间飞一般地过去,火车很快就要开了。最后我终于把东西收拾齐备了。我在街上一阵疾走,但又发现忘记了一个装有重要文件的公文包。我上气不接下气地冲回去,终于找到了它,然后往火车站跑去,但是感到难以前进。我用了最后的力气冲上了站台,然而只看见火车已经雾气腾腾地开出去了。火车很长很长,以一种奇怪的 S 形曲线向前奔跑着。这时我头脑里出现了一个念头:如果司机粗心大意的话,他在开到直道的时候加足马力,而后边的车厢仍然在弯道上,火车的速度就会将它们摔下轨道而造成翻车。当我正要高声喊叫的时候,司机偏偏就打开了节流阀。后边的车厢可怕地摇晃了起来,继而被抛出了轨道。一切可怕的灾难发生了,我被吓得醒了过来。"

要理解这个梦所表现出来的情景,同样也不是太困难的事。这个梦把病人急切想要进一步发展自己的那种狂热劲描述了出来。既然火车前面的司机不顾一切地往前冲,他后面的车厢就必定会摇晃以致最终翻车——这暗示着某种神经症已经出现了。非常清楚,病人在人生的这一时期已经达到了他事业的巅峰——从一个低微的出身往上爬所做出的长期努力已经耗竭了他的力气,他应该满足于自己的成就了。但他并不就此满足,他为雄心所驱使,还要去攀登对他来说并非力所能及的成功顶峰。神经症于是降临到他的头上了,以作为对他的警告。由于为某些原因所限,我不能够对这位病人进行治疗,我对他的处境的看法也不能使他满意。结果,事情按梦中所示的方向迅速发展开来。他的野心被一些事业上的机会所刺激,因而试图利用这些机会,但不料他如此猛烈地偏离了轨道,以至于现实生活中的"车祸"真的发生了。根据这位病人的叙述,我们可以推论,他的高山反应症状暗指他不能再往上爬了。这一推断为他的梦所证实,他这种无能为力的状态在梦中显露无遗。

这里我们遇到了梦的一个特征,在讨论梦的分析能否用于治疗神经症时,我们必须首先对这一特征进行考虑。梦向我们描绘出一幅主观状态的真实图画,但意识却否认这一状态的存在,或者是万分勉强地对它予以承认,病人意识的自我看不到那些使他不能稳步前进的原因。他继续挣扎着前行,绝不承认那为以后的事件所昭示的事实——他实际上已经处于山穷水尽的地步了。在这种情况下,如果听任意识的支配,我们总会疑虑不定。我们也可以从病人的叙述中得出相反的结论。就算是一位列兵,毕竟他也可能在自己的背包里揣着一根元帅的权杖;许多贫穷的农夫的儿子同样获得了最高的成功。为什么我的病人就不能这样呢?既然我的判断可能会有错误,我的猜测为什么就应该比他自己的更可靠一些呢?这时梦出现了,它表现出了一个不受意识观控制的无意识的心理过程,它呈现出了主观状态的真实状况,它不顾我的猜测也不顾病人的观点,它不管事情应该是什么样子,而只是直截了当地道出事物存在的原状。因此,我把梦放在与生理事实同等的位置上,并把这一点作为一条规律。如果我们发现尿中有糖分,那么尿中就是糖分,而不是我可能会猜测的蛋白质或尿胆素或其他东西。这就是说,我把梦看作是对诊断极有价值的事实。

梦向我们提供的情况超出了我们所希求于梦的,这正是梦的特点。上述所引的例子就是如此。它们不仅使我们深刻获悉了神经症的原因,而且还向我们提供了一种治疗预后(prognosis)。更为重要的是,它们还指示我们治疗应从何处开始。那位病人必须被阻止,以使他不要全力向前冲。这正是他在梦中告诫自己的事情。

目前,让我们暂且满足于这一提示,重新回到梦能否为我们解释神经症的原因这一问题。我已经引证了两个实际上做到了这一点的梦,但我也同样可以引证许多做不到这一点的初期梦,尽管它们也非常清澈透明。现在我还不希望考虑那些需要求助于分析和解释的梦。

关键之处在于,有些神经症的实际根源只有在分析的最后才能为我们所发现;还有一些情况则是,即使我们发现了神经症的根源,也毫无益处。这使我想起了上述弗洛伊德的观点,即为了达到治疗的目的,有必要使病人意识到导致了他的神经紊乱的因素——这一观点其实只是创伤理论的老调重弹而已。我自然不会否认许多神经症都有一个创伤性的根源,我所置疑的仅仅是这个观点:所有的神经症都具有创伤的性质,并且无一例外都来自童年时期的痛苦经验。这一观点导致了一种从因果关系着手的解决方法,医生必须将其全部注意力都集中于病人的过去,并且永远都必须问"为什么",而忽略了"目的何在"这一同样贴切中肯的问题。这对病人来说常常是极其有害的,因为他被迫从自己的记忆中——也许越过多年的时间间隔——去搜寻一个假设的童年事件,而与此同时,一些具有直接重要性的事物则被明显地忽略了。纯粹从因果关系着手的方法是非常狭隘的,无论对梦还是对神经症的真正意义,它都极难做出正确的评价。如果一个人仅仅是为了从梦中去发现神经症的隐秘原因,那么他无疑怀着一种褊狭的倾向;因为他将梦的实际贡献的更大一部分抛弃一旁,置之不理。我所引证的梦确实明白无误地展示出了神经症的病源因素,但非常清楚的是,它们同样提供出了一种预后,或者说提供出了一种对未来的预测,并且还暗示了施行治疗所应遵循的道路。我们还需进一步牢记心中的是,有一大部分的梦并不触及神经症的原因,而是牵涉一些极不相干的事情——例如病人对医生的态度。为了对这一点详加阐释,我想在这里举出同一个病人所做的三个梦。她轮流请教了三个分析医生,这三个梦是她分别在三次治疗开始时做的。

第一个梦是:"我必须越过国界以进入另一个国家,但没有人告诉我边界在哪里,我自己也找不到它。"这个梦以后的治疗没有成功,很快就中断了。

第二个梦如下所述:"我必须越过国界。这是一个很黑的夜晚,我找不到海关。在寻找了很久以后,我注意到远处有一点灯光,于是我想国界就在那边。但要到那边去必须穿越一道山谷和一片黑树林,在那片黑树林里我迷失了方向。随即我注意到有人和我在一起,这个人像一个疯子一样猛然抓住我,我被吓得醒了过来。"几周以后,这次治疗也停止了,原因是分析医生对她的无意识认同,使病人全然晕头转向了。

第三个梦是在病人转到我的手中之后发生的。内容如下:"我必须超过国界。或者毋宁说我已经越过了国界,发现自己是在瑞士海关。我只带了一个手提包,因此相信没有什么可以申报的物品。但海关官员却将手伸进包里,拖出了两床尺寸最大的床垫,这真使我惊奇万分。"在我这里接受治疗的期间,病人结了婚,但她猛烈地抵制走这一步。她那种神经症似的抵抗原因在几个月以后才暴露出来,但从这些梦中她却没有看出一点暗示。这些梦毫无例外都预见了她将在就诊的分析医生那里会遇到的困难。

我还可以举出许多与此类似的梦,但这些已经足够说明梦可能具有预示性。在这种情况下,如果还以纯粹因果关系的方法来对待它们,它们就会失去其特殊的意义。这三个梦清楚地指明了分析治疗的境况,倘若要想达到治疗的目的,正确地理解这种境况是极其重要的。第一个医生理解了这种境况,把病人送到了第二个医生那里。在第二个医生那里,病人从她的梦中得出了自己的结论,并决定离开了。我对她的第三个梦所做的解释使她大大地失望,但她显然受到了鼓励,决心不顾困难继续下去,因为她的梦向她报告说,边境已经通过了。

初期梦通常清楚明了得使人惊异,但当分析工作向前推进时,梦很快就变得不再那么清晰了。如果情况例外,梦还是保持着它们的清晰性,那么我们可以断言,分析还没有触及人格中最重要的领域。作为一条规律,梦在治疗开始以后不久,都要减弱其清晰度而变得更加模糊,对梦进行解释也会随之变得日益困难起来。解释工作之所以会越来越困难,如果据实直言,那么进一步的原因就在于:解释工作很快就能达到某种程度,但在达到了这种程度之后,医生却不能够对整个形势做出全面的理解。事情的真相正是如此,因为,如果要说这些梦是不可理解的,那么这只不过是反映出医生的主观想法而已。没有任何事物会模糊得令理解力不能企及;只有当我们理解失败的时候,事物才会显出深奥难解、混乱无端的样子。梦自身是清晰的——也就是说,它们正是在特定的情况下必然会出现的那种形式。如果在以后的某个治疗阶段回头再看这些"难以理解的"梦境,或者事隔多年以后才回过头来看它们,我们常常会对自己当初的盲目无知大为惊异。当分析向前推进时,我们确实要碰到一些较初期梦远为模糊晦涩的梦,但医生却不应该过于肯定地认为这些后期梦真是那么乱七八糟,或者过早地责备病人有意抵抗。他最好把这种情况看作他自己越来越不能理解整个治疗形势的一种迹象。如果一个心理治疗医生能够承认投射作用(projection)并且承认自己的困惑与混乱,那么他就会做得更好一些,因为在病人的奇怪行为面前,真正变得越来越迷惑混乱的正是他自己的理解力。即使情况如此,心理治疗医生还是倾向于说病人是"混乱的",因此,为了治疗的目的起见,分析医生承认自己常常缺乏理解力这一点至关重要,因为对病人来说最难以忍受的事情就是总是被医生看透和了解。由于病人在任何情况下都过于依赖医生某种神秘的洞察力,这无疑是投合了医生的职业虚荣心,从而为他设下了一个危险的陷阱。在医生的自信及其"深刻的"理解力的庇护之下,病人由此而失去了一切现实感,陷入了一种顽固的移情作用之中,从而阻碍了治疗的进展。

理解显然是一种主观的过程。它可能是非常片面的,比如在医生理解而病人却不理解的情况下。在这种情况下,医生有时感到有责任说服病人相信,但如果病人不让自己被说服,医生就会指责他是在进行抵抗。当我完全理解的时候,我发现此时强调我自己缺乏理解是一种明智的方法。相对来说,医生理解不理解并不是那么重要,一切都取决于病人理解与否。真正所需要的东西是医生和病人双方的共同一致(mutual agreement),

这种一致是双方联合反省(joint reflection)的结果。倘若医生从某种教条的立场出发对梦进行理解,并且做出一种理论上正确但是不被病人同意的判断,那么这种理解就是片面的,因而也是危险的。只要这一判断在这方面失败了,它在实际的意义上也就不会是正确的;而且,从另一种意义上来看,这一判断也是错误的,因为它对病人的实际发展做出预测并且因此阻碍了这种发展。如果我们把一个事实反复灌输给病人,我们触及的不过仅仅是病人的大脑而已,但如果我们帮助他在自己的发展过程中自动地认识到这一事实,那么我们就触及了他的心灵,这样带来的影响将更加深远,效果将更为强烈。

当一个医生的解释仅仅基于一种片面的理论或一种预先构想的观念时,他说服病人或取得治疗效果的可能性就必然会主要地依赖于暗示法。对于暗示法的效果,我希望任何人都不要自欺欺人。暗示法本身是不应该受到蔑视的,但它有严重的局限性,并对病人的性格独立有非常糟糕的影响。一个从事于实践活动的分析医生也许应该相信意识扩展的意义和价值——我指的是把人格中原来处于无意识状态的那些部分揭露于光天化日之下,并用意识来对它们进行辨别和批评。这项工作需要病人正视自己的问题,并且极度依赖于病人的判断力和决断力。它绝不亚于一种对伦理道德意识的挑战,一种必须以整个人格来响应的号令。所以,以个人发展的问题而言,分析的方法较之以暗示法为基础的各种方法更为高明一些。暗示法是一种在黑暗中起效应的魔法,它绝不对人格做道德上的要求,它只是一些自欺欺人的权宜之计,与分析方法的原理互不相容,因此应该避免使用。暗示自然是能够避免的,但也只有当医生十分清楚地意识到了暗示的各种后果时,才能做到这一点。除此之外,在众多的情况下还存在着难以计数的无意识暗示。

分析医生如果希望排除掉有意识的暗示，那么他就必须考虑他对梦所做出的任何无效的、不能赢得病人赞同的解释。他必须不断寻找，直到最终发现一个行之有效的解释形式为止。我相信，这是一条必须遵守的规律，在对待那些扑朔迷离的梦时尤其应该如此，因为这些梦所具有的晦涩性质正好证明了医生和病人双方都缺乏理解。医生应该把每一个梦都视作一个新的发展——视作一个有关未知状况的信息来源。对于这些未知状况，不仅病人需要弄清楚有关它们的许多东西，医生也同样需要弄清楚它们。不用说，他绝不应该坚持任何以某种特殊理论为基础的观点，而应该随时准备在每一个病例中去建立一套全新的梦的理论。在这一片领域上，至今仍然还有无数的机会可供先驱者进行开拓性的工作。

有人认为梦只不过在想象中实现了被压抑的愿望，但这种观点早就可以舍弃了。当然，有些梦确实包含着被压抑的愿望和恐惧，但有些东西却是梦时常不能体现出来的。那么在这些东西中究竟又包含着什么呢？梦可以表现出必然的真理、哲学的见解，可以表现出幻觉、狂想、回忆、计划，可以表现出对将来的预测和非理性的经验，甚至还可以表现出心灵感应的幻象。我们绝不可忘记一件事情：我们一生中几乎有一半的时间多少都是在无意识的状态中度过的。具体地说，梦就是无意识的出口。我们可以把意识叫作人类心理的白日王国，而把与此对峙的无意识心理活动——我们从来都把它理解为梦一样的幻想——称为黑夜王国。可以确定的是，意识并不仅仅由愿望与恐惧组成，而具有较这些东西更为丰富的内容；但在无意识中也极有可能包容着丰富的内涵和众多的生动形式，它们的数量多得足以与意识的内容如匹敌,甚至还可能超过意识的内容,这是因为意识有着集中性高、局限性大和排斥性强等特点。

　　既然是这种情形,我们就绝不应该压缩一个梦的意义使其与某种狭隘的教条相符。必须记住,模仿医生的技术或理论术语的病人并不鲜见,他们甚至在梦中也这样做。没有什么语言是不能被误用的。我们很难意识到,由于观念的滥用使我们在多大程度上受到了愚弄,甚至无意识也似乎有某种办法把医生扼杀在他自己理论的网罟之中。当然,我们不能将理论整个地抛弃,我们还需要理论,以便使事物清楚易解。譬如说,我正是在理论的基础上才预料到梦是有意义的。我不能在任何一个病例中都证明梦是有意义的,因为有些梦无论是医生还是病人都不理解。但我必须假设它们是有意义的,以便于我能鼓起勇气去处理它们。我们说梦对意识的知识做出了重要的贡献,而不能丰富意识知识的梦便是没有得到适当解释的梦——这同样也是一个理论命题。但是,我必须采用这一假设,以便于弄清楚我为什么要对梦进行分析。另一方面,对梦的本质、功能和结构所做的每一种假设都只不过是一些粗略的估计,因而必须对它们进行不断的修正。在梦的分析之中,我们片刻不能忘记:我们是在陡滑难行的地面上行走,这里一切都是不确定的,除了不确定性本身之外。对梦的解释者来说,最适当的警告——如果这个警告不是那么自相矛盾的话——便应该是:"随你怎么去干,只是不要试图去理解!"

　　当我们拣起一个晦涩的梦时,我们的第一个任务不是对它加以理解和进行解释,而应该以极其小心谨慎的态度去确立它的前后关系。我满脑子并非是梦中任意一个意象所引发的无边无际的"自由联想"(free associations)。完全不是这样,我只对某些特殊意象所激起的联想链才给予精心的和有意识的阐释。许多病人首先就应该被教会做这样的事情,因为他们在有一点上与医生非常相像,就是急切地希望去理解和解释,但同时他们的理解和解释又是随随便便、毫无预准备的。这种情况有时会尤其突出,这往往是因为病人通过阅读或通过以前的错误分析受到过这方面的教育——也许不如说,受到过这方面的错误教育。他们根据某种理论来提供联想,也就是说,他们试图理解和解释,因此,他们几乎总是会陷入困境,以至于束手无策。像医生一样,他们希望立刻就能深入到梦的后边去,并错误地相信梦只不过像是房屋的正墙一样,在这正墙的后面掩藏着真正的意义。也许我们可以把梦比喻为一堵正墙,但我们必须记住,大多数房子的正墙都丝毫没有捉弄我们或者欺骗我们,恰好相反,它们都是遵照建筑计划而造成的,并且它们经常能够使人推知出房屋的内部结构。那种"显现的"梦中图像实际上就是梦本身,它蕴涵着"隐藏的"意义。如果我在尿中发现了糖,那么它就是糖,而不是用来掩盖尿中含有蛋白质的表面现象。当弗洛伊德说"梦的表象"时,他实际上并不是在说梦本身,而是在说梦的晦涩性质,而且,他在这样做的同时表明了他自己对梦也缺乏理解。我们之所以会说梦有一个虚假的表面,正是因为我们没能够看透梦的内容。如果说我们正在设法解决的东西类似于一篇难懂的课文,或许要更好一些;课文之所以难懂,并不是因为它有一个表象,而是因为我们读不懂它。因此,我们不必首先深入这篇文章的背后,而是应该学会读懂它。

正如在上面已经说过的,我们应该确立梦的前后关系,采用这种方法来对梦做出解释将最有可能获得成功。但如果借助于自由联想法,则几乎可以说成效甚微,就像用这种方法去译解赫梯人①的碑文,成功的几率很小。自由联想法可以帮助我揭示出所有的情结,但如果是为了这个目的,我根本就不需要从梦着手——我完全可以从报纸中抽出一个句子或者采用一个"拒绝入内"的标牌就行了。对一个梦进行自由联想,这自然能够充分地展示我们的情结,但也会使我们难以发现一个梦的意义。倘若想要发现梦的意义,我们就必须尽可能紧密地凭借梦中的意象,而不是其他的任何事物。如果有人梦见一张松木桌子,他把这张松木桌子同他那张非松木做成的写字桌联系起来,但他通过这种方法并不能够得到什么收获,因为梦明确指出的是松木桌子。如果做梦者在这时还不能想到什么的话,那么他的这种停滞迟疑就意动着梦中的这一意象是为某种黑暗所笼罩着的,这种情形令人生疑。他可能会对松木桌子产生好几十种联想,但只要他不能找到一个特定的联想,这种情形就隐含着某种意义。遇到这类例子,我们就应该不断地回到那个意象上去。我对我的病人说:"你可以设想我毫不知道'松木桌子'这个词的意义,然后向我描绘一下这个物体,告诉我它的历史,务必要清楚,使我不至于误解它究竟是一件什么样的东西。"通过这种方式,我们成功地把这一特殊的梦中意象的很大一部分前后关系确立起来了。当我们对梦中的所有意象都做完了这一步工作时,我们就一切具备,可以冒险进行解释了。

每一个解释都具有假设的性质,因为它仅仅是一种尝试,犹如去阅读一段毫不熟悉的课文。一个晦涩的梦就其自身来说,

① 赫梯人(Hittite),小亚细亚东部和叙利亚北部的古代部族。赫梯人碑文于19世纪初为柏林大学亚细亚研究学者雨果·温克勒(Hugo Winckler)在安哥拉掘出。对于碑文的内容,只能凭借其文学符号进行猜测和译解。——中译者注

是很难用任何肯定的态度来进行解释的,所以我并不重视对单个梦的解释。但对于解释系列梦,我们有多一点的自信,因为后面的梦可以纠正我们在解释前面的梦时所犯下的错误,在系列梦中我们也更能够认出重要的内容和基本的主题,因此我敦促我的病人精心地记录下他们的梦以及对这些梦所做的解释。我还用刚才指示的方法教病人们如整理他们的梦,这样他们就能够写下梦以及那些构成了梦的前后关系的材料,将其展示给我看。当分析进入更后面的阶段时,我也让他们自己去做出解释,这样病人就学会了在没有医生帮助的情况下如何去请教无意识。

如果梦只是告诉了我们神经症的诱发因素,那么完全可以放心大胆地让医生独自去对付它们。而且,如果我们所能期待于梦的一切不过是一大堆有助于医生的暗示和洞察,那么我处理梦的方法也就毫无必要了。但既然情况如同我在几个例子中所表明的那样,也就是说梦中包含的很可能并不仅仅是对医生的一些实际帮助,那么对梦的分析就值得予以特殊的重视。况且,有时候这还真是一个生死攸关的问题。

这类例子实在很多,但给我印象尤其深刻的是我在苏黎世的一个同事。他年龄比我大一点,我常见到他,每次碰面他都要因为我对释梦感兴趣而揶揄我一番。有一天我在街上遇到他,他就对我叫道:"最近怎么样啊?你还在解释梦吗?顺便说一句,我又做了一个愚蠢的梦,这也有什么意义吗?"他的梦如下所述:"我沿着雪封的陡坡往一座高山上爬,爬得越来越高——天气真是好极了。我爬得越高,感觉就越好。我想:'如果能永远这样爬下去该多好啊!'到达顶峰时,我是那么幸福和激动,我觉得我甚至可以爬到太空中去。而且,我发现我实际上真能这样做,于是我继续在无所依凭的空气中爬着。我在一种真正的狂喜中醒了过来。"当他对我讲述了他的梦以后,我说:"我亲爱的伙计,我知道你不会放弃登山,但让我警告你,从现在起你不要一个人独自去了。去的时候,带上两个向导,你必须用你的名誉保证你要遵守他们的指导。""你真是不可救药!"他笑着回答说,并道了再见。我再也没有看见过他了。两个月以后他遭受到第一次打击。他独自外出登山,被雪崩埋住了,但在关键时刻被一支碰巧到来的军事巡逻队挖了出来。在这件事情的三个月以后,他的大限来临了。他在一个青年朋友的陪伴下去登山,但是没有向导。一个站在下边的登山运动员看见,他在下一道石墙的时候,实际上完全跨进了空中。他的朋友在下边等他,他就摔在那位朋友的头上,两个人一起掉下了深渊,粉身碎骨。这就是完全彻底的狂喜(ecstasis)。

无论有多少怀疑的言论,无论有多少猛烈的批评,都不能使我把梦看成是微不足道的事件。它们在很多时候确实显得毫无意义,但非常清楚,实际的情况并非如此。并不是梦没有意义,而是我们缺乏应有的智慧与感受,因而不能破解那来自心理的黑夜王国之中的神秘信息。在这黑夜王国之中,人类至少度过了他们一半的生命,连意识也在这个黑夜王国之中扎下了它的根须。无论是在清醒的存在状态之中,还是在这一状态之外,无意识都在发挥着它的作用和影响。只要明悉了上述事实,我们就会感到医学心理学应该义不容辞地对梦进行系统的研究,以便使它自己的洞察力更加敏锐。没有人怀疑意识经验的重要性,但为什么我们要怀疑无意识事件的重要性呢?它们同样也是属于人类生活的一部分,有时甚至还比白日的事件更为真实,不论这一部分的存在究竟是祸是福。

梦提供了内心生活的秘密，它向做梦者揭示出了他人格之中隐藏的因素。只要这些因素不被发现，它们就会扰乱人们的意识生活，只有从某些症状之中它们才会泄露出自己存在的痕迹。这一事实意味着单从意识一面出发，是不可能有效地治疗病人的。我们必须在无意识的内部彻底地造成一种改变。就现存的知识而论，只有一种办法可以做到这一点。我们必须彻底地、有意识地对无意识内容进行吸收。使用"吸收"①一词，我是指意识与无意识内容之间的一种相互渗透，而不像过去通常认为的那样，是意识对无意识内容所做的单方面的估价、解释和变形。就无意识内容总的价值和意义而言，目前还广泛地存在着非常错误的观点。众所周知，是弗洛伊德学派将无意识呈现于世人面前，但他们把无意识抹上了一层完全贬斥的色彩，这正与他们把原始人看成野兽是一脉相承的。他们哄小孩似的讲述着那可怕的部落老人的故事，他们向人们灌输着有关那"幼儿期的、邪恶的、犯罪的"无意识的训喻。这一切事实上非常自然地导致人们相信无意识是一个危险的怪物，好像一切善行、理性、美好的以及值得为之生活的东西都寓居在意识领域之中！难道世界大战的恐怖还没有打开我们的眼睛吗？难道我们仍然看不出人类的意识甚至比无意识还要更加邪恶狠毒吗？

最近，人们就我的无意识吸收理论发起了一场诘难。他们认为，如果这一观点被接受下来，那么它将会破坏文明，将会为了抬高原始文化的地位而牺牲掉我们最高的价值。这种看法的基础实际上同视无意识为怪物的错误信念毫无二致。它的产生可以追溯到对自然的恐惧和对生活真相的恐惧。弗洛伊德为了

---

① 吸收（assimilation），也可译为"同化"，下同。——中译者注

把我们拯救出无意识那一虚构出来的魔爪,发明了升华(sublimation)的观念。但实际存在的事物是不能够升华的,这完全不同于炼金术士的点铁成金之术。如果真有什么事物被升华了,那么它绝不是错误的解释所自以为是的东西。

无意识并不是一个恶魔般的怪物,而是一种自然之物。从道德意识、美学趣味以及知识判断的角度而言,它完全是中性的。只有当我们以一种无可救药的错误的意识态度来对待它时,它才是危险的。这一危险会随着我们的压抑行为而增长,但只要病人开始对以前处于无意识状态的内容进行吸收,来自无意识一边的危险就会减弱。随着吸收过程的不断推进,人格的分裂状态就会结束,伴随并刺激着这一心理分裂的焦虑也会慢慢消失。那些批评我的人所深感恐惧的事情——我指的是无意识对意识的全面压倒——只有在无意识受到压抑因而被排除于生活之外时,或者只有在无意识遭到误解和遭到贬斥的情况下,才最有可能发生。

人们普遍易犯的一个根本性错误是:认为无意识的内容毫不含糊暧昧,并且其所带有的正号或负号也永不变更。在我看来,这种认识是过于天真了。心理是一个自我调节的体系,它像身体一样总要保持自己的平衡。任何一种作用只要走得太远,就会不可避免地立刻招致一种补偿性的活动。没有这样的调节机制,正常的新陈代谢就不可能存在,同样也不可能存在正常的心理。如果这样来理解,我们就可以把补偿观念看成是心理事件的规律。一方面的过少就会导致另一方面的过多。意识和无意识之间就是这种补偿性的关系。这个易于证明的事实为释梦提供了一条规律。当我们着手解释一个梦时,不妨先问一下:它所补偿的是什么样的意识态度?这将永远会对我们有所帮助。

尽管补偿可能会采取想象性愿望满足的形式，但一般来说，我们越是去压抑它，它就越发变得惊人地真实。我们知道靠压抑口渴是不能克服口渴的。梦的内容应该予以严肃的对待，应该把它们当作真正在我们身上发生过的事情一样，它们应该被当作在构成我们意识观的过程中有所贡献的因素。如果不这样做的话，我们就会继续坚持那种片面的意识态度，而正是这种意识态度从前激发起了无意识的补偿作用。倘若还要继续坚持这种态度，我们就可能毫无希望对自己做出正确的判断，或者毫无希望在生活中找到平衡。

如果有人想以无意识的统摄来替代意识观——这就是我的批评者万分震惊地发现的前景——那么他唯一能够成功的方法就是对意识观进行压抑，而后者又会作为一种无意识的补偿重新出现。无意识将会因此而改变它的面目，并完全颠倒它的位置。它将一反从前的调子而变得小心谨慎起来，变换出一副理性的面孔。人们通常不相信无意识竟会采取这种方式，但这种颠倒时常都在发生，并且构成了无意识的基本功能。这就是为什么每一个梦都是一个信息之源和一种自我调节方式，也解释了为什么梦是我们树立人格最得力的帮手。

无意识本身并未携带着爆炸性的材料，但是一种封闭自足的或者懦弱的意识观所施加的压抑，却有可能使无意识变成爆炸性的。因此，对意识观予以重现就更有必要了！我在解释一个梦之前总要问：它所补偿的是什么样的意识态度呢？我之所以把这种询问当作一种实际的法则，其原因现在应该已经清楚了。通过这种方法，我把梦与意识状态尽可能严密地联系起来，这一点是可以看出来的。我甚至坚持认为，除非我们知道了意识的状态如何，否则就不可能在任何程度上对梦做出确定的解释。这是因为,我们只有根据对意识状态的认识和了解,才能猜测出无意识内容究竟是带着正号还是负号。梦不是完全割裂于日常生活的孤立的心理事件。倘若我们觉得它正是完全孤立的,那么这只不过是我们的错觉而已,这种错觉的产生完全是因为我们缺乏理解。实际上,意识和梦之间有着非常严格的因果关系,它们以一种最微妙的方式影响着彼此。

我想在此举一个例子,帮助我说明找到无意识内容的真正价值是多么重要。一个年轻人带着这样一个梦来找我:"我父亲驾着他的新车离开了家。他的车开得非常笨拙,我明显地对他的愚蠢感到愤怒。他东拐西拐,前穿后窜,不断地开进窄小的地方,其间车停了好几次。最后他撞在一堵墙上,车被毁坏得非常严重。我大怒之下对他高声叫骂起来,要他检点自己的行为,但我父亲只是笑,随后我才看出他已经是酩酊大醉了。"这个梦没有任何现实基础。做梦者坚信他的父亲绝不会表现出这种行为来,甚至在喝醉了酒的情况下也是如此。做梦者自己擅长驾车,他是一个很谨慎的司机,饮酒非常适度,在要开车的时候尤其如此。胡乱驾车,甚至对车的最轻微损伤,都会大大地激怒他。儿子与他父亲的关系也很好,他非常羡慕他的父亲,因为父亲是一个取得了非凡成功的人。我们根本不需费力解释就可以说,这个梦对他父亲的描绘是极为不佳的。那么,就儿子这方面来说,我们应该怎样解释这个梦的意义呢?难道他与父亲的关系只是表面上很好吗?难道这个梦真的包含着获得了过度补偿的抗拒心理(over - compensated resistance)吗?如果真是这样,我们就应该给这个梦的内容打上一个正号,我们应该告诉这位年轻人:"这才是你和你父亲之间的实际关系。"但是,既然在儿子和他父亲的关系中,我并没有发现任何含混不明或者具有神经质的事物,就没有理由用这样一个毁灭性的结论去搅乱这位年轻人的感情。这样做会使治疗的结局遭到不利的影响。

但是,如果他和他父亲的关系果真那么好的话,那么他的梦何以会编织出这样一个荒诞不经的故事来诋毁他的父亲呢? 做梦者的无意识必定有着编造这样一个梦的明显倾向。难道这位年轻人终究还是对他的父亲怀着一种抗拒心理吗? 也许这种抗拒心理是由嫉妒或者某种自卑感激发起来的吧? 但在我们离开正题去责备他的良心之前——当我们的对象是敏感的年轻人的时候,我们常常会在这一点上犯下过于轻率的错误——我们最好还是暂且不去理会他为什么会做这个梦,而应该问一问我们自己:他做这个梦是为了什么目的? 对此的答案是,他的无意识明确地想要对他的父亲进行贬抑。如果把这当成一种补偿,我们就会不得不承认:他与他父亲的关系不仅好,甚至是太好了。这位年轻人实际上是应了一句法国的俗话"依靠爸爸的孩子"。他父亲仍然在为他的生活提供太多的保障,他也仍然过着一种所谓的暂时性生活。因为在每一个方面都有太多"父亲的影子"存在,所以他处在不能认识自己的危险之中。无意识之所以会产生出这样一种亵渎的梦,其原因正在于此,它企图贬低父亲,抬高儿子。我们极易受到诱惑而把这说成是"一件不道德的事情",并且每一个缺乏真知灼见的父亲面对这种情况也都会变得谨慎提防起来。然而这种补偿却恰到好处,它迫使儿子同他的父亲对立起来,这是他能够对自己有所认识的唯一途径。

刚才所列举的解释显而易见是正确的解释,因为它切中了要点。它获得了那位年轻人自发的赞同,并且既没有伤害他对父亲的感情,也没有伤害他父亲对他的感情。但是,这一解释之所以获得成功,正是因为我们根据意识所获悉的那些事实,对他们的父子关系进行了研究。如果没有对意识状况的了解和认识，这个梦的真实意义也许现在还疑虑未解。

在对梦的内容进行吸收的过程中，最重要的是不能伤害意识人格的真正价值。如果意识人格被损伤甚至致残了，吸收的任务就不会再由谁来承担。当我们承认无意识的重要性时，我们并不是要着手进行一次实验，去把最底下的翻到最顶上去。这样做只会使我们正在竭力矫正的那种状况又回复到它的原位。意识人格必须保证不受任何伤害，因为在这种冒险的事业中，只有意识人格参与合作时，我们才可能将无意识补偿转化为良好的结局。当涉及对一个内容进行吸收时，就绝不是"这方或那方"的问题，而是"这方和那方"的问题。

正如释梦需要对意识状态进行确切的了解一样，我们在对待梦中的象征这一问题时，则需要把做梦者的哲学、宗教以及道德信念都纳入考虑的范围。在实践中，最为聪明的方法是不要把梦中的象征看成某一固定特征的符号或者征兆，而应把它们视为真正的象征——也就是说，视为对某种事物的表现，但这种事物是未被意识所承认或者未形成概念的。除此之外，梦中的象征还必须结合做梦者目前的意识状态来进行考虑。我之所以强调这种对待梦的方法在实践中是有益的，是因为从理论上来说确实存在着相对固定的象征，但它们的涵义绝不牵涉任何已知的事物或者任何已形成概念的事物。倘若这些相对固定的象征并不存在，那么，要确定无意识的结构就是一种绝不可能的事情了；并且，要想把握或者描绘无意识中的任何事物恐怕也只能是无从着手了。

我将某种不确定的内容赋予相对固定的象征，也许显得有些奇怪，然而正是这种不确定的内容使象征不同于单纯的符号或者征兆。大家都知道,弗洛伊德学派一直坚持使用"性象征"。但这种性象征正是我称之为符号的那种东西,因为它们仅仅代表着性,而性被认为是某种确定的事物。事实上,弗洛伊德关于性的概念有着极大的伸缩性,它的意义含糊得足以包罗一切事物。这个字本身是非常熟悉的,但它所指示的东西就相当于一个 X 那样变化莫测。它一方面既可以代表腺体的生理活动,另一方面又可以代表最高的精神造诣。如果仅仅因为有一个熟悉的字眼来指代某种事物,就据此认为我们知道这种事物,这无疑是一种错觉。我不愿采取这种基于错觉之上的主观的武断立场,而倾向于认为,象征是对某种未知事物的昭示,这种未知事物是难以辨认和完全确定的。以所谓的阳具象征为例,人们通常认为它只代表阴茎,除此之外并没有更多的所指。从心理学的角度来看,阴茎本身——这正如克莱恩菲尔德(Kranefeldt)最近所指出的那样——就是一种具有象征色彩的形象,它的更为广阔的内涵是难以确定的。今天的原始人仍然像整个古代时期的风习一样,还发自由地使用着阳具的象征,但他们从来没有想到过把作为仪式象征的阳具与阴茎混为一谈。他们总是把阳具当作超自然的创造性魔力(creative mana),当作治病与繁殖的力量,当作"那具有奇异威力的事物"——如果引用莱曼(Lehmann)的表达的话。这一象征形象在神话和梦中都有许许多多的对应物,略作列举就有:公牛、驴子、石榴、the yoni①、公羊、闪电、马蹄、舞蹈、田畦中不可思议的共生物,以及月经液等。在这一切形象——以及在性本身——之下所潜伏的是一种难以捕捉的原型内容,它在原始的超自然力象征(mana symbol)中找

———————————
① 印度教中女性生殖器的象征。——中译者注

到了最好的心理表现形式。在上述列举的每一个形象之中,我们都能够看到一个相对固定的象征——即超自然力的象征——但即使这样,我们还是不能肯定,当它们出现在梦中就再没有其他的意义了。

实践的需要也许要求一种截然不同的解释方法。毫无疑问,如果依照科学的原则而不得不以一种穷尽一切的方式对梦进行解释,我们就该把所有这类象征都归因于一种原型。但在实践中,这种解释方法却可能是一个严重的错误,因为病人的心理状态所需要的绝不是对梦的理论的注重。因此,为了治疗的目的,行之有益的办法是把象征同意识状态联系起来,从而在这种联系中去寻找象征的意义——换句话说,也就是把象征当作一些不固定的东西对待。这无异于说,我们必须放弃一切先入为主的观念,不管这些观念使我们感到自己多么有见地、有知识,而要努力去为病人发现事物的意义。如果这样做的话,我们的解释显然就不会过于偏离正道而去满足一种关于梦的理论;事实上,它就根本不会在这方面走得太远。但如果医生过分执着于固定的象征,他就有陷入千篇一律和主观武断的危险,因此而满足不了病人的需要。可惜的是,如果要阐明上述论点,我就必须更加深入详细地加以讲解,这无疑为本文的篇幅所不容。但好在我已经在其他地方发表了阐释性的材料,它们足以支持我的论点。

如前所述,在治疗开始时常常会发生这样的情况:一个梦在广阔的背景下向医生展示出无意识总的运动方向。但出于实践方面的原因,对处于早期阶段的病人讲明他梦中更深层的意义可能是不适宜的举动。况且治疗方法的要求也在这方面有所约束。如果医生获得了一种深远的洞察,这应归功于他在相对固定的象征方面的经验。这种经验无论在诊断中还是在预后中都具有最大的价值。我有一次曾遇到过一个十七岁女孩来就诊。在我之前的一个治疗专家曾经提出,她可能是处于进行性肌肉萎缩的初期阶段,而另一位医生则以为她患有歇斯底里症。因为第二个医生的不同观点,所以我被叫了过去。临床状况使我怀疑存在着一种器官上的疾病,但那姑娘同样也表现出了歇斯底里症的特征。我于是询问病人做的梦,她马上就回答道:"有的,我做了一些可怕的梦。就在前不久,我梦见我晚上回家去。一切都像死一般安静,通向起居室的门半开着,我看见我母亲吊在枝形吊灯上,一阵冷风从敞开的窗子间吹了进来,她便随着这阵冷风左右摇动起来。另外有一次,我梦见晚上房子里发出一声可怕的声音。我走过去看出了什么事,发现一匹受惊的马在房间里乱撞乱窜。最后它找到了通往大厅的门,随后从大厅的窗户跳了出去,由四搂摔到下面的街道上。看到它躺在下面,一片血肉模糊,我害怕极了。"

这些梦在提到死亡时所采用的方式使人颇为踌躇,但很多人时常都会做焦虑的梦,因此我们必须更进一步地追究"母亲"和"马"这两个突出的象征的意义。这两个形象肯定是彼此相关的,因为它们都干下了相同的事情:自杀。母亲象征有着原型特征,它指出生地、自然、进行间接创造的事物,因而是指实体和物质、物性、下体(子宫)以及植物机能(vegetative functions)。它也意味着无意识的、自然的和本能的生活,意味着生理领域,意味着我们寓居于内或者说包容着我们的肉体,因为"母亲"还是一个容器,一个孕育和滋养的空洞形状(子宫),因此它代表的是意识的基础。处于某物之内或者被包含在某物之内暗示着黑暗、夜晚——一种焦虑状态。根据这些暗含的意义,我将母亲观念在哲学上和语源学上的许多变形都展示出来了；我还赋予了中国哲学中"阴"的概念以重要的作用。所有这些都是梦的内容，但这却不是一个十七岁的女孩在她个人的存在中所获得的东西，我们毋宁说这是一笔过去的遗产。一方面，它靠着语言继续存活下去；另一方面，它随着心理结构一道被遗传下去，因此在一切时代和一切民族中都能够发现它的存在。

"母亲"这个熟悉的字眼显然是指最熟知的一个概念——即指"我的母亲"，但母亲象征所指的是一个更黑暗的意义，它巧妙地逃避一切概念化，只能被朦朦胧胧地理解为肉体中一种隐秘的、与自然密切关联的生活。但即使这种表述也仍旧过于狭隘了，它将太多的相关的旁枝意义都排斥在外。潜伏于这一象征之下的心理现实是难以想象的复杂，我们只能在很远的地方来对它加以识别。而且即使这样，也还只能对它做出一点朦朦胧胧、若隐若现的认识。这种心理现实正是需要用象征的方式才能表现出来。

如果我们把这些发现运用到那位姑娘的梦中去，它的意义就是：无意识生命正在做着自我毁灭的事情。这就是这个梦对做梦者的意识所传递的信息，也是对每一个长着聆听之耳的人所传递的信息。

"马"在神话和民间故事中是流传非常广泛的一个原型。作为一种动物，它代表着非人类的心理，代表着亚人类的、动物性的方面，也就是说它代表着无意识。民间故事中的马之所以有时能看见视像、听到声音并且说出话来，原因即在于此。作为一种负载动物，它与母亲原型有着极为紧密的关系；瓦尔基里人[①]

[①] 瓦尔基里，北欧神话中诸神的女仆，奥汀曾派遣她们腾云驾雾去打仗并物色英勇的战士，以便在她们死后将其驮到瓦哈拉（战士英魂归宿）去为奥汀服务。——中译者注

将死去的英雄驮到瓦哈拉去,特洛伊木马将希腊人怀藏在马腹里。作为一种比人低级的动物,它代表着身体的下部以及从这一下部产生的动物性欲望。马是一种动力,是一种运动方式;它像一阵本能的狂潮使人失去自制力。它像一切缺乏更高意识的本能性动物一样容易受到惊吓。它还与各种巫咒魔语有关——尤其是夜晚里预示着死亡来临的黑马。

那么,非常明显,除了一点微小的变化外,"马"就是与"母亲"具有相同意义的词。母亲代表着生命的诞生,而马则代表着人体内的动物性生命。如果我们将这个意义用于解释这个梦,那么它就是在说:动物性的生命在自我毁灭。

这两个梦表明了几乎完全相同的意义,但正如常见的情况一样,后一个梦更具体些。这两个例子都表现出梦所特有的微妙性:它并没有提及这个姑娘的死亡。人们经常梦见自己的死亡,这是一个普遍的现象,但这并不是真要发生的事情。当真正涉及死亡的问题时,梦所说的又是另一套语言了。所以,这两个梦都是指明一种严重的甚至生死攸关的身体疾病。事实上,这一猜测不久就为后来发生的事所证实了。

至于相对固定的象征,这个例子对它们总的性质做了很好的说明。有一大批这样的象征,它们在每一种情况下都会通过细微的变化而表现出不同的意义。只有在神话、民间故事、宗教和语言等各个领域进行比较研究之后,我们才能对这些象征做出科学的确定。人类心理所经历的进化阶段在梦中比在意识中表现得更加清楚。梦用意象说话,梦对本能给予表现,而这些本能来源于自然的最原始的层次。意识太轻易就离开了自然的法则,但通过对无意识内容的吸收,它还可以重新与自然法则达到和谐一致。通过对这种吸收过程的促进,我们可以引导病人重新发现他自身存在的规律。

在如此短小的篇幅里,我除了触及一下本题的基本原理之外,就再也做不成别的事情了。我不可能当着你们的面一砖一石地砌起一座大厦,这座大厦是在对无意识材料所做的每一次分析中建立起来的,它完工之日就是完整的人格得到恢复之时。连续不断吸收这一方法远不只取得一些医生特别关心的治疗效果,它最终还将导向那个遥远的目标(也许这从来都是生命的第一需要),即将整个人类都带进现实之中——也就是自性化(individuation)。我们医生无疑是第一批以科学的态度来观察这些含混不明的自然进程的人。我们照例只看见了这一发展的病理性方面,而看不见治愈以后的病人。但只有在达到了治愈的效果后,我们才有可能去研究正常的变化过程,而这过程本身就需要费时数年或数十年。如果我们多少知道一点无意识心理的发展方向,如果我们心理洞察的能力并不仅仅得自病理的方面,那么我们对梦所揭示出来的各种作用的认识就没有那么混乱,我们就会更清楚地认识到象征所指的究竟是一些什么东西。我认为,每个医生都应该意识到这样一个事实,即无论是总的心理治疗,还是具体的分析,作为一种程序它们都要深入到一个有目的、有延续性的发展过程中去,有时从这里突破,有时从那里突破,由此挑选出了各个具体不同的侧面,而且这些侧面似乎都遵循着相互对立的发展道路。既然每一个分析都仅仅揭示出更深的发展道路的一部分或一个方面,那么从诡辩似的比较当中所能得出的就只能是令人无可奈何的混乱。因此,我更愿意仅限于讲讲本题的基本原理以及对实际的考虑。只有实际地接触到了事实的真相,我们才能得出令人满意的一致结果。

二 现代心理治疗的问题

医生在对待自己的时候必须要像对待他的病人一样，也表现出同样严厉无情的态度、首尾一贯的精神以及不屈不挠的毅力。把同样的专注力用于对自己的分析，这确实不是一件容易的事。因为他得高度聚精会神，集中所有的批判力。

心理治疗，或者说通过心理学方法来进行的精神治疗，现在人们普遍已经将它与"精神分析"混为一谈了。"精神分析"这个词受到了如此广泛的接受，这使得每一个使用这个词的人似乎都觉得自己同时掌握了它的含义。但情况却并非如此，在外行中极少有人知道它所包括的确切范围。

　　根据创始人弗洛伊德的意思，"精神分析"仅仅是指他自己创立的一种特殊的解释方法，即用被压抑的冲动（repressed impulses）来解释心理症状。由于这种方法是对生活进行特殊研究之后所产生出来的结果，因此精神分析学的观点之中包含着某些理论设想，弗洛伊德的性欲理论就是其中之一。精神分析的创立者自己明确地坚持应该有此界限，但尽管弗洛伊德如此坚持，外行人士仍然滥用精神分析这一概念，把现代运用科学方法对精神所做的各种探索都归在它的名下。因此，阿德勒①学派也不得不忍受被人们贴上"精神分析"的标签，尽管

------

　　①　阿德勒（Alfred Adler，1870—1937），奥地利心理学家，"个体心理学"的创建者。早期与弗洛伊德合作，但由于观点不合，终于另立门派。——中译者注

阿德勒的观点和方法与弗洛伊德的对立显然是难以调和的。由于这种对立,阿德勒不把自己的理论称为"精神分析",而把它称为"个体心理学"(individual psychology)。至于我,则愿意将自己的研究称作"分析心理学"(analytical psychology)。我希望我这个名称能够代表一个总的概念,这个概念既包括了"精神分析学"和"个体心理学",也包括了在这一领域内的其他成果。

既然精神对人类来说是一个共同的现象,外行的人就自然会以为只存在一种心理学,凭此他可能会把各学派之间的分歧看作纯粹主观的诡辩,或者是某些平庸之徒企图抬高自己、窃取宝座,将其作为掩饰陈腐不堪的一种伪装。除了包括在"分析心理学"这一总称之下的诸学派之外,我还可以提及其他体系,轻而易举列出一长串"心理学"的名单。事实上,确实存在着许许多多的方法、立场、观点以及信念,它们都在彼此地进行着攻击——这种情况的主要原因是它们相互之间缺乏理解,因此谁都不承认其他方法的合理性。我们时代的心理学观念所具有的多面性和门类繁多令人深感惊异,因此对它们不可能做出一种总的考察。这种情形在外行人看来无疑是迷惑难解的。

如果我们在病理学课本中发现,给同一种疾病所下的几种药方竟是形形色色、各不相同的,那么我们可以断定它们绝不会特别灵验有效。同样,如果人们对心理研究提出了许多不同的方法,我们也可以肯定它们绝不会确定无疑地达到目标,尤其是那些以狂热和盲信为基础的方法。当今,"心理学"门派众多这一点本身就无异于对复杂性的承认。人们已经确切无疑地相信了接近精神的困难性,用尼采的话来说,看来精神本身就是一个"长角带刺"(horned)的问题。难怪人们越来越多地努力攻克这个难以捉摸的不解之谜,先从这一面着手,继而又从那一面着手。我们刚才所说的那些各种彼此矛盾的立场和观点，正是这种努力的必然结果。

读者无疑会同意，在讨论精神分析时我们不应局限于其狭义的定义，而应该广泛地涉及当代各门各派为解决心理这一问题所取得的成就和招致的失败——所有这些派别正如我们所同意的那样，都将被包括在分析心理学这个概念之中。

再进一步发问，人们对于人类心理为何突然产生了那么大的兴趣，将其视为某种新鲜的事物呢？这种情况数千年以来都没有发生过。我只希望提出这个相关的问题，而不想对它加以解答。实际上这一问题无关紧要，因为我们在通神学（theosophy）、神灵学（occultism）、占星术（astrology）等诸如此类的现代运动中都能发现这种对心理的兴趣。

今天的外行人士划入"精神分析"范围的所有东西，都起源于医学实践，因此它的大部分属于医学心理学。它带着医生诊断室里的印记，绝不会让人认错——这个事实不仅有一套术语可以证明，而且还有它的理论框架。我们不断地碰到一些假设，它们是被医生从自然科学中，特别是从生物学中，借鉴过来的。这一事实极大地导致了现代心理学与哲学、历史以及古典学术等研究领域之间的敌对状态。现代心理学是实证的，接近自然的，而上述这些研究则是以智识（intellect）为基础的。自然和精神之间那段最难跨越的距离被医学和生物学上的术语扩大了，尽管这些术语有时具有实际的用途，但在更多的情况下它们严重地挫伤了我们的善良愿望。

鉴于概念上存在着的混乱，我感到上述的一般性评论是完全必要的。现在我想回到眼前的任务上去，并对分析心理学的实际成就加以考虑。既然归在这一名称之下的各派所做的探索如此类型各异,要采取一种包罗一切的立场就极端困难了。因此,我在根据这些探索的目标和成果来划分类型或者阶段时,便是带着保留的态度来做的。我仅仅把这种划分看作一种暂时性的排列,并且承认它可能是武断的,就像测量员对一个国家的领土所做的三角测量一样。尽管如此,我还是将所有的发现分成了四类:倾诉(confession)①、解释(explanation)、教育(education)、转变(transformation)。现在我将着手来讨论这些看似不同寻常的名称的意义。

最原始的分析治疗法可以在它的原型——忏悔(confession)中找到。但是,这两种实践并没有直接的因果关系,而是从一个共同的心理根源发展而来的,所以,局外人难以一眼之下就看出精神分析和忏悔这一宗教制度在它们各自基础上的关系。

一旦人类能够形成原罪观念以后,他就开始对心理进行隐藏了——或者用分析的语言说,压抑就开始出现了。任何被隐藏的事情都是秘密,保密的行为就像一剂心理上的毒药使秘密的拥有者与集体疏远开来。这剂毒药如果剂量小,可能会成为一副治病的良药,甚至可能会成为某种个人分化(the differentiation of the individual)的必要前提。这是一种异常普遍的情况,甚至在原始阶段,人类就已经难以抗拒地感到了一种制造秘密的需要;对秘密的拥有使他免于完全消融于集体生活的无意识之中,因此也就使他免于受到致命的心理创伤。大家都知道,许多古代的神秘教义及其仪式都是为这种分化本能服务的,甚至

---

① Confession 一词在宗教和古代背景下是"忏悔"之意,在精神疗法中为"倾诉"。这种方法就是让病人彻底地说出困扰着他内心的一切,从而达到一种宣泄净化的作用。因此,在心理作用和意义上来说,倾诉法与基督教中的忏悔仪式是相同的。——中译者注

基督教的圣礼在教会早期也被看成神秘的仪式,并且都是在密室里举行的。比如洗礼就是如此,人们在提及这些仪式时也只能用隐喻的语言。

一个能与众人分享的秘密有着很大的好处,但是一个纯粹私人的秘密有着破坏性的后果。它就像一种罪孽感一样,把不幸的拥有者与其同胞们的联络割裂开来。然而,如果意识到了我们所隐藏的东西,比起不知道我们所压抑的对象——或者比起根本不知道我们还有所压抑——损害要小得多。在后一种情况中,不仅仅是将一个东西有意识地保存在私人的秘密中,而且还将它对我们自己也隐藏起来。于是它就作为一种独立的情结从意识当中分裂出去,在无意识里孤立地存在着。它在无意识的领域里既不能被意识思想所纠正,也不受意识思想的干扰。由此,这一情结就成为心理中一个自主的部分,它就像经验所表明的那样,发展出了一种自身特有的幻想生活。我们称之为幻想的东西实际上就是自发的心理活动,当意识的压抑行动松懈或者完全停止时,比如在睡眠中,它就涌现了出来。在睡眠中,这种活动以梦的形式表现出来。在非睡眠生活中,我们仍然在继续做梦,只不过是在意识的阈限之下做着梦而已。如果这种活动受着某种被压抑的情结的限制,或者受着某种因其他缘故而处于无意识之中的情结的限制,那么情况就更为突出。应该顺便说一下,并非所有的无意识内容都曾经是有意识的,是因为被压抑之后才发展成无意识情结的。绝非如此,无意识有着它自己的特殊内容,这些内容慢慢地从深渊里浮动上来,最后才进入了意识之中。因此,我们绝不应该把无意识仅仅描绘成一只容器,只能用来接受为意识所抛弃的内容。

一切心理内容都影响着我们的意识活动,无论这些心理内容是从下面接近了意识的阈限,还是从上面略微沉降到了意识的阈限之下。既然心理内容自身不是有意识的,那么这些影响也就必然是间接的了。我们大部分的口误、笔误、记忆错误等都可以追溯到这些影响;同样,一切神经症也可以追溯到它们身上。这些失误几乎总是有其心理根源的。例外的情况也有,譬如由炮弹爆炸或其他原因造成的冲击效果。神经症最温和的形式就是已经提到过的"失误"——讲话时所犯的错误,忽然忘记了名字和日期,出人意料的笨拙所引起的受伤或者事故,对个人动机的误解,或者对我们听到的、读到的东西的误解,以及所谓的记忆幻觉——这种记忆幻觉使我们错误地认为自己说过或者干过实际上并没有说过或干过的事情。在所有这些情况之中都存在着一个内容,它间接地、无意识地歪曲了我们的意识行为。只要我们做一个彻底的调查,这一点就可以显示出来。

因此,总的来说,一个无意识的秘密较之有意识的秘密更为有害。我看见过很多病人陷在生活困境之中,这些困境有可能驱使意志薄弱的人走向自杀的道路。这些病人时常有自杀的倾向,但他们内在的理智不允许这种自杀倾向进入意识。于是它便活跃于无意识之中,造成了各种各样的危险事故——例如,在一辆汽车开向前来时突然感到一阵晕眩或者犹豫,把氯化汞当作咳嗽剂吞吃了下去,突然心血来潮要表演危险的杂技动作,如此等等。如果有可能使这种自杀倾向变成有意识的,那么常识就会从中加以有益的干涉,病人于是就可以辨认出那些引诱他们进行自我毁灭的情境,并加以避免。

如我们所见,每一个私人的秘密都具有某种罪孽或犯罪的效果——不管怎样,从普遍道德的立场来看,可以说是一个错误的秘密。隐藏还有另一种形式,这就是"克制"(withholding)行为——通常是对感情的克制。如同对待秘密一样，我们在这个问题上也必须有所保留：自我克制是健康的和有益的，它甚至是一种美德。我们发现，自律之所以是人类最早的道德成就之一，其原因也就在这里。它在原始民族的入会仪式(initiation cere-monies)中占据着重要的位置，这主要表现为苦行禁欲和斯多葛①似的对痛苦和恐怖的忍耐，但在这里实践的自我克制是秘密社会中所有人共同承担的。如果自我克制是完全个人的事情，而且没有任何宗教方面的意义，那么它就同个人秘密一样富于危险性。这种自我克制使得那些过于克己求善的人常常心绪恶劣、易动肝火，这已是一个众所周知的现象。对感情的克制也同样是一种隐藏行为——我们甚至可以把这些感情隐藏得连自己也不知道——这种艺术是为男人们所尤其擅长的，而在女性之中，除极少数人之外，都断然反对这样不公正地对待自己的感情，这是她们的天性使然。遭受抑制的感情就像一个无意识的秘密一样，把我们孤立起来，扰乱我们的内心，使我们也变得自感负罪深重。可以这样说，如果我们所掌握的某种秘密并非为整个人类所拥有，本性就会对我们报之以恶意；同样，如果我们对同胞抑制住自己的感情，本性也会对我们自己心怀怨恨。在这方面，本性绝对不能容许真空状态。感情抑制必然会造成一种人际关系上的不冷不热的"和谐"，这种和谐最终必将变得令人难以忍受。被压抑的感情常常是我们希望保密的，但更为常见的情况却是：根本就不存在任何名副其实的秘密，有的只不过是一些完全可以宣示出来的感情而已；这些感情在某些关键时刻遭到了抑制，因而便成了无意识的。

---

① 斯多葛(Stoic)，公元前315年希腊一哲学学派的创始人。该学派认为美德是最高的善，对现实生活中的苦乐毫不介意。——中译者注

一种神经症极有可能是因为秘密占据了优势而造成的,而另一种神经症则是由于受抑制的感情占了上风所致。无论如何,那些自由表达感情的歇斯底里症患者,在大多数情况下都是某种秘密的拥有者,而那些强迫性神经症患者则因为不能接受自己的感情而受着折磨。

　　心怀秘密或抑制感情,从心理的角度来看都是不良的行为,本性最终会因此用病态来报复我们的——当然这仅指我们在私下干这些事情的时候。一旦与他人共同遵循这些行为时,它们便能够满足本性,甚至还会被视为有用的美德。只有在个人范围内,并且因为个人的原因而实施的抑制才是不健全的。人类好像有着某种不可剥夺的权利,可以窥视同胞内心中一切黑暗的、不完美的、愚蠢的和罪恶的东西——因为这些正是我们要加以隐藏以便保护自己的东西。然而在本性的面前,隐藏自己的缺陷似乎是一桩罪孽的行为——正如完全生活在自卑之中是一桩罪孽一样。人类存在着一种良心,对于那些时时刻刻都防御自己、保护自己的人,这个良心会突然给予他严厉的惩罚。因为无论他的自尊心要付出多大的代价,他都应该在某些时候违反常态,承认自己毕竟是要犯错误的,毕竟是人性的。如果不能做到这一点,他就始终不能感受到自己是人类的一员;一堵难以穿透的厚墙将始终把他隔离开来,使他体味不到这样一种生活经验。在这里我们终于找到了一把钥匙,它足以向我们展示那真正的、并非陈规俗套的忏悔所具有的巨大意义——这一意义可见于古代世界的一切入会礼和神秘教义之中,正如希腊神话中的一句古谚所揭示的那样:"放弃你所有的,然后你才能获得。"

　　我们完全可以把这句古谚作为心理治疗第一阶段的警句。事实上,精神分析的开端基本上是对一个古老的真理做出了科学的再发现,甚至给最早的治疗方法所做的命名——宣泄疗法(catharsis)——也是来自于古希腊的入会仪式。早期的宣泄疗法可借助于催眠作用,也可以不借助于催眠作用,它使病人接触到他自己的心灵深处——也就是说,使病人进入一种东方瑜伽体系所描述的冥想或沉思的状态。而精神分析的目的与瑜伽修炼中的沉思状态相反,它是为了对无意识心理中那些幽暗不清的表象进行观察——不管这些表象是以意象的形式还是以情感的形式呈现——它们在无意识心理中自发地发展着,不需招呼就会出现在内省者的面前。通过这种方式,我们重新发现了那些被压抑或遗忘了的东西。尽管这可能是痛苦的,但其本身就是一种收获——因为卑下的甚至是无价值的东西作为我的影子为我所有,并给予我形状和实质。如果我不能投射出一个阴影来,我怎么可能是实体的呢?倘若我要成为完整的,我就必须要有黑暗的一面;既然我意识到了我的阴影,我也就记住了我与其他任何常人一样。无论如何,当我记住了这一点,那使我得以完整的事物就会被重新发现,这将使我回复到患神经症或者情结分裂以前的状态。但是,如果只把这一事物持为个人的秘密,我就仅是获得了部分的疗愈——因为我还继续停留在我的孤立状态之中。只有借助于倾诉的形式,我才能投身于人类的怀抱,最终解脱掉道德放逐的重负。宣泄疗法的目标就是要达到彻底的倾诉——不仅在理智上承认这些事实,而且必须以心灵来巩固这些事实,真正地释放出被压抑的感情。

很容易想象,这些倾诉对单纯的人来说有着极大的影响,它们的治疗效果常常是惊人的。但我并不希望把有些病人在这一水平上被治愈当作心理治疗的主要成就;我希望提醒大家注意的是对倾诉的意义所做的一贯强调。正是这一点才切中了我们大家的要害之处。这是因为我们都以某种方式被自己的秘密所分裂开来，但并不企求以倾诉的方式去架接将彼此隔离开来的深渊，而是选择了自欺欺人的观点和幻想这一捷径便道。但我这样说，远不是希望宣布一条总的准则。如果过分谴责那种常见的两人之间的互诉衷肠，那未免求之过于苛刻了。心理学所树立的事实仅仅是这样的：我们是在处理一件十分微妙的事情。我们不能直接地或者就事论事地去对待它，因为它向我们提出了一个异常"棘手"的问题。对下一个阶段——解释阶段——进行一番考虑将会使这一点变得清楚起来。

显然，如果宣泄疗法证明了自己是万灵药的话，那么这门新的心理学就会只停留在倾诉阶段上。首先一点，它并不总是能够使病人与无意识紧密接近起来，从而使病人足以发现自己的阴影。确实，有许多病人，多半都是极为复杂和意识程度很高的人，他们异常坚定地固执于意识之中，任何方法都不能使他们有所松懈。在任何时候，只要有人企图将他们的意识推卸开去，他们往往就会形成最猛烈顽强的抵制；他们希望与医生谈论那些他们充分意识到的事情——以此使他们的困难易于被人理解，并且一起来讨论这些困难。他们会说已经倾诉得足够多了，不必为此而转向无意识。对于这些病人，需要有一套完整的技术促使他们转向无意识。

正是这一事实严重地限制了我们一开始时对宣泄疗法的应用。另一个限制将在稍后时提出，对它的讨论马上就会把我们带到第二阶段——解释阶段——的诸多问题面前。让我们来设想一个特定的病例。在这个病例中，为宣泄疗法所需的倾诉已经进行过了——神经症已经消失，或者至少是症状已经消失。如果单就医生的任务而言，病人现在已经治愈，可以离去了，但病人——尤其是女病人——却离不开。他们似乎通过倾诉的行为而与医生紧密地联系起来了。如果这种看起来毫无意义的依恋（attachment）被勉强切断，就会出现非常糟糕的旧病复发。

但在有些病例中，并没有出现这种依恋的情形，这既令人奇怪，同时又很有意义。病人显然痊愈了，离开了医生——但他变得着迷于自己的内心深处，这使他为了活下去的目的，自己不断地施行着宣泄。他与无意识——与他自己——但不是与医生连在一起而不能分开了。他显然是分享了提修斯及其战友皮里索斯①潜入地狱将冥府女神带回阳世的经验。在返回的路上，他们觉得累了，于是坐下来休息一会儿，但他们却发现自己与石头长在一块儿，再也起不来了。

这些奇怪而出人意料的事情必须得向病人解释清楚，同时，对于那些最先提到的病人，由于无法在他们身上应用宣泄法，因此必须采用解释法来对待他们。尽管这两类病人有着显著的差别，但在某一点上都需要应用解释的方法——在出现了固置现象（fixation）的时候，这正是弗洛伊德早就认识到的。在经受过宣泄治疗的病人中，这种固置现象是非常明显的；而在那些仍然依恋医生的病人身上，它则表现得尤其清楚。在催眠疗法产生的不良效果中，也有着某种类似的东西，这已经为人们观察到了，但是这种联结的内在机制还不为人所知。现在看来，这种有问题的联结基本上与父子关系是一致的。病人陷入了一种童年的依赖状态，甚至用理智和真知灼见也不能使自己免于这种状态。固置在有些时候有着惊人的顽强性——这使人怀疑支持固置现象的那些力量绝不是一些等闲之物。但既然移情过程（the

①　提修斯、皮里索斯，均为希腊神话中的人物。——中译者注

process of transference)是无意识的,病人也就无法提供这一过程的任何情况。我们无疑面对着一种新的症状——由治疗直接诱发的"神经症",因此就出现了这样的问题:如何对待这一新的困难呢? 这种情形有着一个明显的外部标志,即记忆中的父亲意象及其对感情的强调一起转移到医生身上。不管后者愿意不愿意,只要他以父亲的角色出现,病人就进入了一种孩子气的关系中。他当然不是因为有这种关系才变得像儿童;在他身上始终都存在着某种儿童的特点,只不过被压抑了而已。现在它浮到表面上来了——长期失去的父亲又被重新发现了——于是,他身上的这种儿童特点就试图要制造他儿童时代的家庭环境。弗洛伊德给予了这种症状一个非常适当的名称——"移情"(transference)。在某种程度上对帮助过你的医生有所依赖,这自然是正常的和可以理解的。不正常的和出人意料的只是移情作用所具有的异常的顽固性,以及它那不能被意识所改正的特征。

弗洛伊德的杰出成就之一就是解释了这一联结的性质——至少是根据人们个人的历史来解释了这点——因此他为心理学知识的一个重要进步扫清了道路。今天再也没有人怀疑这一联结是由无意识幻想所引起的了。总的来说,这些幻想都具有一种我们所谓的"乱伦"性质;这一性质几乎足以解释这一事实:为什么这些幻想总是处于无意识状态之中,而从不出现在最彻底的倾诉里。尽管弗洛伊德总把这些乱伦幻想说成是被压抑了的,但是进一步的经验却向我们展示:在许多情况下,它们从来都没有变成有意识的,顶多不过被人们以最朦胧不清的方式感觉到过——因此它们不可能是被有意压抑的。最近还有更多的研究似乎也表明,乱伦幻想通常是无意识的,它们一直保留在无意识中,直到被分析疗法拖入光天化日之下为止。我这样讲并不是说,把它们从无意识中拖上来是一种干预本性的行为,因而应该加以避免;我仅仅是希望提示一下,这道程序几乎与一次外科手术一样剧烈。但是这道程序又是全然无法避免的,因为分析疗法会诱导出一种反常的移情作用,而且只有通过深入触及乱伦幻想才能得到处理。

虽然说宣泄法归还给自我的那些内容,是能够进入意识中并且通常是包括在意识中的;但是澄清移情作用这一过程所揭示出来的那些内容,则因其性质而不能进入意识之中。这就是倾诉阶段和解释阶段的主要区别。

我们已经讨论了上述两类病人:一类是那些不能用宣泄法对待的病人,另一类是那些采用宣泄法即可收到效果的病人。我们更进一步讨论到这样一类病人,他们的固置倾向以移情的形式表现了出来。除此之外,我们还提到一些病人,他们没有形成对医生的依恋,但形成了对他们自己的无意识的依恋,他们纠缠于无意识,如同落入一张网之中。在这种情况下,父母的意象不是被转移到了一个人类对象的身上,而是被看成了一种幻想,然而它所施展的吸引力和造成的依恋却与移情作用别无二致。

对于那些无法毫无保留地屈从于宣泄疗法的病人,我们可以根据弗洛伊德的研究来进行理解。可以看到,他们在就诊之前,就已经以他们的父母亲自居了;并且还从这种自居作用中获得了权威的力量,获得了独立性和批判能力。这一切足以使他们能够成功地对治疗进行抵抗。这一类主要是一些有教养、有个性的人。虽然另一些人束手无策,变成了无意识的父母意象的受害者,但他们在无意识中自居为父母,从这一意象中吸取了力量。

就移情这一问题而言,借助于倾诉的方法不能给我们带来任何结果。正是这一点促使弗洛伊德对布洛伊尔原有的宣泄技术进行了根本性的革新,从而得出了他自己所宣称的"解释法"(interpretative method)。向前迈进的这一步是必然会接踵而至的,因为移情作用所造成的那种关系尤其需要加以解释。外行们难以体会其中的重要意义,但医生对这一点看得太清楚了,因为他突然发现自己被纠缠在一堆难以理解的、狂思乱想的概念之网中。他必须向病人解释这种移情作用,即向他解释他投射在医生身上的那些东西。既然病人并不知道那究竟是些什么,医生就只好被迫从病人那里搜索一鳞半爪的幻想,并对这些幻想进行分析解释。首先是我们的梦提供了这种重要的材料。有些愿望与我们的意识立场是极为不符的。弗洛伊德在对这些愿望的压抑进行调查时,深入地研究了梦,想从梦中找到这些愿望。在这个过程中,他发现了我说过的那些乱伦的内容。当然,这并不是弗洛伊德的调查所揭示出来的唯一材料,他还发现了人性中一切可能的污秽——对这些臭名昭著的人性污秽,即便只是粗略地开列一下,恐怕也要花一辈子的时间。

弗洛伊德解释法的最终产物,就是巨细无遗地对人的阴暗面进行了阐明。这是以前从未有过的事情。这种阐明作为能够想象得出的最有效的解药,足以摧毁有关人性的一切理想主义的幻觉,难怪四方蜂起,猛烈地反对弗洛伊德及其学派。原则上说,对于那些信仰幻觉的人,我们不指望他们会有其他反应。但我认为在解释法的反对者中间,有着为数不少的人对阴暗面不存任何幻想,然而他们也反对只从阴暗面对人做偏颇的描画。毕竟,根本之处并不在于阴影,而在于投射阴影的身体本身。

弗洛伊德的解释法所凭借的基础是"还原"解释法(reductive

explanations），而这一方法确定无疑地要将人向后和向下引导，因此，片面地和过分地应用弗洛伊德的解释法，就会产生一种破坏性的影响。但心理学还是从弗洛伊德的开创性工作中获益不浅，它知道了人性中也有阴暗的一面，而且这一阴暗面不仅为人所独有，也为人的作品、典章制度以及人的信念所拥有。我们最纯洁最崇高的信仰甚至也可以追溯到最粗野的根源。用这种方式来看待事物确实有合乎情理的一面，因为一切生物有机体的开始都是简单的和低级的；比如，我们的房屋是由下往上建造的。任何一个热爱思想的人都不会否认，萨洛蒙·雷纳克（Salomon Reinach）利用原始图腾观念对《最后的晚餐》所做的解释充满着意义。同样，他也不会反对关于希腊诸神的神话中出现的乱伦主题。不可否认，要解释那些从阴暗面辐射出来的事物，并由此将它们降格到根源处的污秽丑陋之中，确实是一件令人痛苦的工作。但在我看来，如果从阴暗面所进行的解释具有破坏性影响，那么这不过是美好事物中的一种不完美之处，不过是人类的弱点。我们从弗洛伊德的解释中所感到的恐惧，完全应该归因于我们自己原始的或幼稚的天真。怀着这样的天真，我们竟然相信所有的高度可以不伴随着相应的深渊；这种天真蒙蔽了我们的双眼，使我们不能得见真正的"终极"真理，以至于难以理解对立面每至极端便终必相遇。我们的错误在于，我们认为光明面已不复存在，因为它们已经从阴暗面被解释过了。这是一个令人遗憾的错误，弗洛伊德就落入了这个错误之中。然而阴影是属于光亮的，正如邪恶属于善良一样；反之亦然。因此，尽管对西方式的错觉与狭隘所进行的暴露使我们受到震惊，但我并不为此而感到遗憾；相反，我欢迎这种暴露，并且认为这种暴露有着一种难以估量的意义。它是钟摆的一次摆动，这种摆动的运动,正如历史向我们显现出的那样,是从一极摆向另一极,因此拨正了偏差,使事物重新恢复了正常。这就迫使我们接受了一种现代的哲学相对主义,这种相对主义如同爱因斯坦为数理物理学所阐述的一样,是那遥远的东方土地上的一个根本性真理。它最终对我们产生的影响是我们无法预测的。

知识观念对我们行为的影响可谓是最小的。但是,当一个观点表现了某种心理经验,而这种心理经验又在源远流长、历史相异的东方和西方各自结出了果实时,我们就必须细细地研究这个问题了;因为这种观点所代表的那些力量超出了逻辑证明和道德制裁之外,它们永远比人类和人类的头脑更为强劲有力。人类总相信是他们塑造了这些观点,但事实上却是这些观点塑造了人类,使人类在不知不觉之中成为了它们的代言人。

再回到固置现象这一问题上来,我们现在希望对解释过程的作用进行论述。当病人的移情行为被追溯到黑暗的根源以后,病人便会意识到他与医生的关系是不正常的;他不可避免地看到他的要求是多么不适当和孩子气。如果在此之前他因为感到自己有着某种权威而傲然自得的话,那么现在他会以一种低下谦逊的态度来代替那种高高在上的位置,并且还会接受一种不安全、不稳定的地位——这种地位被证明是健全而有益的。如果他还没有抛弃对医生所怀有的那些孩童时期的要求,那么现在他也会认识到一项必然的真理,即对别人有所要求是一种孩子气的自纵行为,他必须以自己更强的责任感来代替这种行为。那些具有洞察力的人将会得出自己的道德结论。当他确信了自己的欠缺之后,他就会运用这种知识来保护自己;他将投入到为生存而进行的斗争中,在渐进不息的工作和经验中消耗那渴望的力量——正是这种力量导致了他固执地紧抱着童年的乐园,或者至少是频频回头凝望。一种正常的适应以及对自己缺点的容忍和耐心,将会同他主导的道德原则一致起来,他将尽力去摆脱自己身上的感伤情调和幻觉。这一切的必然结果将是:他会离开无意识,如同离开软弱和诱惑之源——这一堆积着道德挫折和社会失败的渊薮。

病人现在面临的问题是如何被教育成一个社会的人,由此我们进入了第三阶段。对于那些具有道德敏感性的人来说,能够洞察自身就已经足够了,他们有充分的动力可以把自己推动向前;但对于那些在道德价值问题上缺乏想象力的人来说,仅仅达到对自身的洞察就远远不够了。没有外在需要的刺激,自我的知识对他们就全无效应,即使他们对这种知识深信不疑也同样如此——当然就更不用说那些被分析医生的解释所打动,但终究还抱着怀疑态度的人了。最后这一种人是从心理上受到过训练的人,他们领会了一种"还原"解释的真理,但还不能接受这一真理,因为它使他们的希望和理想归于无效。对于这类人来说,仅有对自身的洞察也是不足以解决问题的。这正是解释法的弱点之所在。只有在那些敏感的人身上,也就是那些能够从对自己的认识中得出独立的道德结论的人身上,解释法才能够获得成功。不错,依靠解释我们可以更加深入一些,这比起只依靠未经解释的倾诉进了一步,因为解释至少训练了头脑,因此有可能唤醒一些沉睡的力量,使它们插手进来给我们以帮助。但是,在很多情况下,最彻底的解释也只能做到使病人完全理解,他们依然还会像孩子一样无能为力。出现这种情况的问题在于,弗洛伊德根据快乐原则及其满足做出的解释是片面的,因此是不充分的。在后期发展阶段中运用这种解释尤其如此。这种观点并不能用以解释每一个人;即使每一个人都有着这一面,但这一面并不总是最为重要的。一位艺术家在他饥饿时宁要面包而不愿要一幅美丽的油画,一个男子在恋爱时会更钟情于一个女人而不是更看重他的公务。尽管如此,对前者来说,油画可能是最重要的;而对后者来说,办公室可能是最重要的。一般说来,那些轻易就获得了社会适应和社会地位的人,可以更注重于以快乐的原则来加以解释;但对于那些不能适应的人来说,他们在社会方面的缺点使他们渴望着权力和重要性。步随父亲的后尘而获得了显赫地位的长兄可能会被他的情欲所折磨;但年轻的兄弟则会受到一种要赢得别人尊敬的野心或渴望刺激,因为他生活在父兄阴影之下,感觉备受压抑。他甚至还可能完全屈服于这一热情之下,其他任何事物对他都不再有什么重要性。

现在我们意识到了弗洛伊德解释事物的不足之处,正是在这里,他从前的学生阿德勒出来填补了这一真空。阿德勒极有说服力地向我们指出:许多神经症的例子,如果用某种权力欲进行解释的话,比起用快乐原则来解释要令人满意得多。因此,他的解释法是设法向病人表明:他们的症状是自己有意"安排"出来的,他们利用自己的神经症以获得一种虚构的重要性;甚至于他们身上的移情现象以及其他固置现象,都是为了他们的权力意志服务的。因此,这一切都代表着一种"男性钦羡"(masculine protest),它针对着某种想象中的隶属和屈从的地位。阿德勒显然是着眼于那些受压抑的人和在社会上失败的人,这些人的热情就是为了进行自我表现。他们之所以成为神经病患者,是因为他们老是在幻想的风磨上将自己想象为受压迫和受打击的人。这样一来,他们就把自己所最为渴求的目标放到了难以企及的地方。

从本质上来说,阿德勒的方法是从第二阶段开始的。他用上面指出的观点来解释症状,并在这个程度上诉诸病人的理解,但阿德勒的特色是并不过高地寄希望于理解,他朝前迈进了一步,清楚地认识到了社会教育的必要性。如果说弗洛伊德是一个调查者和解释者,那么阿德勒则主要是一个教育家。他拒绝把病人继续留在一种小孩子的状态中,尽管已经获得了一切宝贵的认识和理解,但是依然无能为力;他尝试着每一种教育的方法,以使病人变成正常适应社会的人。正是在这些地方,阿德勒修正了弗洛伊德的治疗程序。他在进行这一切工作的时候显然深信不疑地认为,社会适应和正常化是必不可少的——它们甚至是一个最渴望的目标和最适宜的成就。阿德勒学派所具有的广泛社会影响正是这种观点的结果——正如他有时忽略了无意识,有时似乎意味着对其完全否定。也许这是钟摆的一次摆动——一次对弗洛伊德强调无意识所做的反动;我们注意到,在那些为获得适应和健康而斗争的病人身上存在着一种对强调无意识的自然反感,这次反动与这种反感情绪是一致的。如果无意识仅仅被当作一只容器,用以接纳人性中一切邪恶的阴暗事物,甚至包括原始的烂泥沼泽,那么我们实在看不出为什么还要在这个曾经深陷其中的泥潭的边沿徘徊流连。研究者可以在这泥潭中看到一个充满了奇迹的世界,但对于普通人来说,他们宁愿对这个泥潭背转身去。这种情形就正像早期佛教不承认神一样,因为它继承了近两百万个神,它必须使自己从这笔浩大的财产中解放出来;心理学也必须这样,如果它要进一步发展,就只能抛弃弗洛伊德那种以根本否定的态度来研究无意识。

阿德勒学派怀着教育的意图在弗洛伊德弃置不顾的地方开始了自己的工作,因此,它帮助那些已经学会了内省自身的病人找到了一条通往正常生活的道路。对于病人来说,只知道自己是怎样生病的和为什么会生病，这显然不足以解决问题，因为理解了罪恶的原因远不等于医治好了罪恶。我们绝不能忘记，神经症所经历的曲折道路会导致许多顽固的习惯，不管对这些习惯的理解达到了什么样的程度，它们都绝不会消失。它们会一直存在着，直到被另外一些习惯所代替为止。但是，习惯只有通过反复的训练才能获得，要达到这一点，唯一的办法就是适当的教育。可以这样说，我们必须把病人推到另外的道路上去，这通常需要一种教育意志（educating will）。从这一点我们可以清楚看到，为什么阿德勒的研究方法主要是在牧师和教师中赢得了尊敬，而弗洛伊德学派则是在医生和知识分子中得到了支持和拥护，而医生和知识分子恰好个个都是蹩脚的护士和教育者。

我们心理发展的每一个阶段都伴随着某种独特的终极性的东西。当我们做了有益的倾诉，经历了宣泄净化的过程时，我们就感到终于达到了自己的目标；一切都已经水落石出、真相大白了。我们已经历经了每一种焦虑，浇洒了每一滴泪水，现在事情终将按其应有的样子发展了。在解释工作以后，我们也同样深信自己知道了神经症是怎样发生的。最早的记忆被揭发了出来，最深的根子被挖掘了出来；移情作用不是别的，而是一种幻想性的愿望实现，旨在恢复那童年时期的乐园或者回到那旧日的家庭环境中去；通向一种正常清醒生活的道路现在已经坦荡无碍了。但是随后又到了教育阶段，它使我们意识到，任何倾诉、任何解释都不能使一颗畸形的树长成笔直，它必须经过园丁的修剪支撑才能够获得正常的适应。

这种伴随着每一发展阶段的奇怪的终极性导致了这样的情况：今天有一些运用宣泄净化疗法的人竟然从未听说过对梦的解释；弗洛伊德学派的人对阿德勒的话一个字也不理解，而阿德勒学派的人也不希望听到任何人提及无意识。每个人都站在他自己所处的那个发展阶段上,为他那个发展阶段所特有的终极性所蒙蔽,这就造成了各种观点之间的混乱。在这混乱之中,我们发现要找到自己的方向是如此的困难。

但是,这种在各方面都激起了如此偏执顽固态度的终极性究竟是由什么导致的呢? 我只能对我自己解释说,这是因为每一个发展阶段都可以归结在一个基本的真理之中,而反复出现的事例又以一种引人注目的方式证实了这一真理。我们的世界弥漫着那么多的欺骗与虚假,因而一个真理就成了无价之宝,没有人会因为出现了几个与这一真理不相符合的例外情况就让这一真理溜走。谁要是怀疑这一真理,自然就会被看作是一个毫无诚意的堕落者。在这种情况下,盲目狂热与不宽容的调子悄悄地溜进了各方面的讨论之中。

但是我们每一个人都只能举着知识的火炬走一段路,下一个人总会将火炬接过去的。如果我们能以一种超然的态度来接受这一点——如果我们能领悟到自己并不是真理的创造者,而只是它们的代言人,只是清晰地将我们时代的心理需要表达了出来而已——如果情况真能这样,那么许多的刻毒与尖酸就可以省却了,我们将能够领会到人类精神那深刻的和超个人的延续性。

我们通常忽略了这样一个事实:把宣泄疗法作为一种治疗模式加以运用的医生,他并不仅是体现着一个抽象的观点——这一观点只会机械性地产生宣泄,而再不会产生别的东西。医生并不仅此而已,他还是一个人。尽管他的思想肯定会局限于他的特殊领域,但他的行为确实施予了一个完整的人所具备的影响力。他不知不觉地做了很多有利于解释和教育的事情,只不过他没有意识到或者没有给他的行为安上一个名称而已,其他的分析医生也同样做出了有利于宣泄疗法的事情,只不过没有把它们提升到一个原理的高度罢了。

迄今为止,我们已讨论了分析心理学的三个阶段,在这三个阶段中,最后一个绝不能代替第一个或第二个,它们之间的关系绝不属于这种性质。这三个阶段是相互依存的,它们同属一个问题的三个各具特色的方面;它们就像忏悔和赦罪一样,不能互相免除。第四个阶段——转变阶段——也同样如此。它绝不能自称是最后取得的因而是唯一有效的真理。它的作用在于弥补前面各阶段所遗留下来的亏空,以满足一个额外的而且仍未得到满足的需要。

为了弄清楚第四阶段的着眼范围,也为了对"转变"这个奇怪的术语做些解释,我们必须首先考虑那些在其他阶段没有占据一席地位的人类的心理需要。换言之,我们必须确定,较之希望成为一个正常适应的社会人这一要求,还有什么是更令人向往的或者导致更深入的。没有什么比成为一个正常人更有用或者更适宜的了,但"正常人"这一概念却暗示着局限于一般人的范围之内——"适应"这一概念也具有同样的暗示意义。只有一种人才能看到在这一局限性中还有着某种令人渴求予以改进的地方;这种人事实上已经发现难以同日常世界和睦相处了,可以说,他们的神经症已使他们不再适宜于正常的生活了。寻求"正常"只有对于那些不成功者,对于那些还没有获得适应的人,才是一个辉煌的理想。但对于那些能力远远胜于常人之上的人,对于那些从来就能很轻易获得成功和完成他们在这世界上的一份任务的人——对于他们来说,局限于正常就意味着普罗克拉提斯之床①，意味着难以忍受的乏味，意味着地狱般的贫瘠与无望。因此，有许多人患上了神经症，因为他们仅仅只是正常而已；正如许多人患上了神经症，是因为他们不能达到正常。对于前者来说，教育他们达到正常的想法无异于一个梦魇；他们最深的需要其实就是希望能过一种"非正常"的生活。

一个人只能在他还没有占据和拥有的领域内才会希望获得满足和实现，他绝不会从他过多拥有的东西中得到乐趣。成为一个适应社会的人，对于把这点视为儿戏般简单的人来说是毫无魅力可言的。只是把每件事都做得正确，对于那些深明此道的人来说无疑是异常乏味的，但如果是一个永远笨手笨脚的人，他则可能会怀藏着一个秘密的渴望，渴望在遥远的将来能够有一次把事情做得正确。

个人的需要是各不相同的，使一个人获得解放的东西对另一个人则可能是监狱——比如正常和适应就是如此，尽管生物学的理论断言人是一种群体动物，只有作为社会的人存在时，他才是健康的；但是，我们观察到的第一个例子就会对这一断言提出质疑，它可能会向我们证明：人只有在过着一种非正常的和非社会性的生活时，才是健康的。实践心理学不能提供出一些普遍有效的诊断处方和规范，这是一个巨大的不幸。我们手里只有一些个人的病例，这些人各自的需求是完全不同的——这使我们真正难以预料一个特定的病人究竟会遵循一条什么途径。因此，医生应该非常明智地放弃所有过早得出的设想，这并不是意味着他应该抛弃所有的设想，而只是说在任何一个特定的病

---

① 普罗克拉提斯之床（the bed of Procrustes），普罗克拉斯提是希腊神话中的一个强盗，捕得旅客后便将其缚于床上，然后或以断其腿，或拉长其身，以适合床的长短。——中译者注

例中,他都应该把这些设想看作只具有假设的性质。

但是,指导和说服病人并不是医生的全部任务,毋宁说,他必须让病人看到,他是怎么对病人的特殊病情做出反应的。这是因为,无论我们怎样对问题进行扭转,医生和病人的关系仍然是个人性质的,只不过这种关系是处于一个客观的、职业的治疗框架之中。治疗是一种双方互相影响的结果,在这一相互影响中,病人和医生的整个人格都起到了各自的作用。我们无法用任何方法使治疗不遵循这样的原则。在治疗之中,两个主要的因素彼此走到了一起——也就是说,两个人中间,谁也不具有固定的和决定性的重要意义。他们的意识领域可能界定得非常明确,但除此之外,他们还各自带着一个不明确的延伸的无意识领域。因此,医生和病人的人格常常对治疗结果有着更多的影响,而医生说的话或者医生的想法相比之下则有所逊色——当然,对于后一种因素所具有的干扰价值或治疗价值也绝不可低估。两个人格的相遇就像两种化学物质的接触一样,只要这种接触引起了任何反应,那么双方便都被改变了。我们应该期望在每一次有效的心理治疗中,医生都对病人有所影响,但这种影响只有在医生也被病人所影响时才能发生。如果你不接受影响,你也就不能够施加影响。医生保护自己免受病人的影响是毫无用处的,他用父亲权威和职业权威的烟幕把自己包围起来的行为也毫无用处。只要他这样做,他就是在禁止自己使用一个高度重要的信息器官。而反过来,病人对其所施予的无意识影响也并不因此而有所减少。许多心理治疗师都非常清楚病人在医生身上导致的这些无意识改变;它们是由倾诉法产生的特有的紊乱甚至伤害,以一种触目惊心的方式表现出病人对医生的"化学"影响。这当中最为有名的就是由移情现象所激发的反移情

(counter‑transference)。但这些影响经常要更为微妙得多,它们的性质可以用病魔(demon of sickness)这个古老的观念非常好地传达出来。根据这一古老的观念,患病者把他的疾病传送到一个其力量足以降服魔鬼的健康人身上——但这种转移对治疗者的健康状态却不能说没有消极的影响。

在医生和病人的关系中,我们就遇到了这种不可估量的因素,它们导致了一种相互的转变。在这个相互交换的过程中,人格更稳定和更强有力的一方将决定最终的胜败。但在很多病例中,我都看到病人显得比医生更强有力,他们拼命反对一切理论,反对医生的意图。只要出现了这种情况,绝大多数的时候都是对医生不利的,尽管并不是永远如此。医患之间相互的影响以及伴随着的所有事情构成了转变阶段的基础。比四分之一世纪还多的时间过去了,这期间所积累的广泛的实践经验才使我们对这些表现有了清楚的认识。弗洛伊德自己也承认了它们的重要性,因此他赞同我提出的要求:分析家自己也应该被分析。

但这一要求的更广阔的意义是什么呢? 它意味着分析家既是医生也是病人。他是心理治疗过程的一部分,正如病人也是这个过程的一部分一样,因此他也同样暴露在转变的影响之下。实际上,如果他多多少少无法接受这一影响的话,那么他对病人的影响就会相应地被剥夺;如果他只是无意识地受到这一影响,那么他就显露出一种意识的缺陷,使他不能正确地看清病人。在这两种情况下,治疗的结果都会受到损害。

因此,医生也必须面对他希望病人面对的任务。如果问题在于要达到适应社会,他自己就必须做到这一点——或者在相反的情况下,做到恰如其分地不适应。当然,根据病人的特定情况,治疗过程中的这一要求可能会有一千个不同的方面。一个医生相信病人应该克服幼稚心理(infantlism)——因此他必须克服自己身上的幼稚心理。另一个医生相信病人应该把所有的感情都发泄出来——于是他就得发泄自己所有的感情。第三个医生相信病人应该达到完全的意识状态——所以他自己就必须达到一种高级的意识状态。无论在什么情况下,只要医生希望确保自己对病人的适当影响,他就必须始终一贯地努力满足他自己的治疗要求。医生就是面对着这些主导原则,面对着伴随这些原则的重要的道德责任。这些道德责任可以归纳为一个简简单单的规律:想要怎样影响别人就成为怎样的人。纯粹的谈话从来就被认为是空洞的,没有任何计策(不管多么聪明的计策)可以使人长期地避开这一个简单的规律。永恒重要的是,使自己去确信而不是说服他人去相信。

因此,分析心理学的第四个阶段不仅仅要求病人方面的转变,而且还要求医生反过来在自己身上应用他给每一病人所开列的治疗方法。医生在对待自己的时候必须要像对待他的病人一样,也表现出同样严厉无情的态度、首尾一贯的精神以及不屈不挠的毅力。把同样的专注力用于对自己的分析,这确实不是一件容易的事,因为他得高度聚精会神,集中所有的批判力。他必须这样做,好像他得借助于这一切来指出病人错误的道路、结论,以及那些幼稚的托词。没有人报偿医生内省自身的工作,而且我们通常对自身并不感兴趣。再者,我们常常低估了人类心理更深的方面,这使我们把自我检视或者观照自身几乎看成是病态的行为。我们明显地抱持这样一种看法:我们的内心极像一个疯人院,里面隐藏了各种极不健康的东西。医生必须克服他自己身上的所有这类抵制情绪,这是因为,没有受过教育的人怎么能教育别人呢?谁要是对自己都还全然无知,他怎么能够去启蒙他的同胞呢？如果他自己不洁净，他怎能去净化别人呢？

从教育他人到自我教育这一步，就是转变阶段对医生提出的要求。这是对病人的要求——要求他们转变自己并由此而完成治疗的早期诸阶段——所产生的必然结果。这种促使医生转变自己，以便在病人身上引起变化的要求之所以没有得到普遍的赞同，原因有三。首先，这看来不切实际；其二，我们对凝神反思抱有一种偏见；其三，要做到我们要求于病人的每一件事情有时是非常痛苦的。最后一个原因是最为有力的，它可以解释为什么医生应该检查自己这一要求不能得到普遍赞同。这是因为，如果医生认真负责地把自己作为自己的"病人"，他马上就会发现他本性中的一些东西是完全与正常化相反的；或者会发现，尽管已经做了彻底的解释和完全的发泄，这些东西仍然还在极大地困扰着自己。他该拿这些东西怎么办呢？他总是知道病人应该怎样对待这些东西的——这是他的职责，但一当这些东西涉及他自己或者最亲近的人时，他究竟应该怎么办呢？如果检视自身，他会发现某种自卑的方面，这种自卑的一面会使他危险地靠近他的病人，或许甚至还会损伤他的权威。他将如何处理这一令人痛苦的发现呢？不管他认为自己是多么的正常，这一多少有些"神经症"的问题会触及他最敏感的地方。同时他还将发现，那些不但压迫着他而且也压迫着他的病人的最终问题，是任何"治疗"都不可能予以解决的。他会让他的病人看到，指望从别人那里寻求解决方法的行为仍然还是保持童稚状态的一种方式；他自己也会看到，如果找不到解决的方法，这些问题只能重新被压抑下去。

我不能再进一步地讨论自我检视及其引起的众多问题了，因为仍然笼罩着心理研究工作的那种巨大的模糊晦涩不允许我们对其投入过多的兴趣。我宁可强调那些已经说过的话。分析心理学的最新发展使我们面临着人格方面的那些不可估量的因素；我们已经学会了把医生自己的人格放到最显著的前景地位，这一人格既可能是治疗因素也可能是有害因素；我们已经开始要求医生自身的转变——教育者的自我教育。对病人实行的每一件事现在也必须对医生实行，他必须经历倾诉、解释和教育等各个阶段，这样他的人格才不会对病人做出不利的反应。医生再也不能够通过解决他人的困难而从自己的困难中溜掉了，他将记住，一个患有溃疡脓肿的人是不宜于操持外科手术的。

对无意识阴暗面的发现甚至曾迫使弗洛伊德学派对宗教问题进行讨论，同样，分析心理学的最新发现使医生的道德伦理态度也成为一个不可避免的问题。那种要求于医生的自我批评和自我检视彻底地改变了我们对人类心理的观点。这不是站在自然科学的立场上所能领悟的。它不仅仅涉及患者，同样也涉及医生，不仅仅涉及客体，同样也涉及主体，它不仅仅只是大脑的某种功能，而且也是意识本身必要的条件。

从前的医学治疗方法现在变成了自我教育方法，这样，我们现代心理学的视野就被不可估量地拓展开了。关键的东西不再是医学文凭，而是人的素质。这是意义深远的一步，心理疗法在临床诊实践中所形成、精炼和系统化的一切方法现在都听凭我们的驱遣，可以用于我们的自我教育和自我完善了。分析心理学已经不再局限于医生的诊断室，它的锁链已被砸断了。我们可以说它超越了自己，现在正向着前方迈进，去填补那迄今为止标志着西方文化心理不足的空虚之境——这自然是与东方文化相比而言。我们西方人从前学会了使心理驯顺臣服的方法，但我们一点也不知道它有序有理的发展和它的众多功能。我们的文明还很年轻,因此我们还需要那一切驯兽的方法使我们内心反叛的野蛮人变得温顺一些。但当我们达到了一个更高的文明水平以后,就必须放弃强制而转向自我发展,因此我们应该知道一种途径或者一种方法——可是我们至今还不知道。在我看来,分析心理学的发现和经验至少能够为此提供一个基础。这是因为,心理治疗一旦开始要求医生的自我完善,它就从其临床起源被解放出来,不再仅是一种对病人的治疗。现在它对健康的人也同样有所帮助了,或者至少是对那些有权利要求心理健康的人有所帮助——他们的疾病实际上只不过是一种折磨着我们每一个人的忧患。为此,我们希望看到分析心理学变得具有普遍的用途——比那些构筑了它的最初阶段并各自带着一个普遍真理的方法更有用途。但是,在实现这一愿望和现实状况之间还横亘着一道难以跨越的深渊,至今还没有发现能跨越这一深渊的桥梁,我们还得将这座桥梁一砖一石地建造起来。

三　心理治疗的目标

当一个病人有一两次看到他通过绘制一幅具有象征色彩的画儿得以从一种痛苦的精神状态中解脱出来时，他就会在情况变得糟糕的时候转向这种解脱方法。这样，一种宝贵的东西就被获得了，这宝贵的东西就是独立性的增长，这是通向心理成熟的一大进步。

神经症今天已被公认为是心理功能的一种紊乱状态,这种紊乱可以通过心理治疗而得以治愈。可一旦问题涉及神经症的形成和治疗的基本原则时,就不再有任何普遍一致的观点了。我们必须承认,迄今为止,对神经症的性质和治疗的原则都还没有完全令人满意的理解。不错,有两种思想潮流或者学派确实已经引起了特殊的关注,但这两派的学说远没有穷尽我们时代出现的无数分歧的观点,还有许多不属于任何学派的人们在这一观念的大冲突中形成了自己的见解。因此,如果我们要绘制一幅包罗万象的形势图,我们调色板上的颜色就必须要有彩虹般细微的变化方能够应付裕如。

　　只要力所能及,我是很高兴来画这样一幅画的,因为我一直感到有必要对众多的观点进行比较。对于各种分歧的观点,我最终都要给予应有的评价。这些观点如果不是多少有点符合风行于世的某些特殊气质、性格以及基本的心理经验,它们就绝不可能产生出来——更不用说得到人们的支持了。倘若我们将这些观点一概斥之为错误的和毫无价值的,那么我们无异于是在将这种特殊的倾向或者经验拒之门外,无异于把它们视为错误的解释——换句话说,我们是在不公正地对待我们自己的经验材料。弗洛伊德以性欲为原因对神经症所做的解释,以及他认为心理活动主要依赖于幼儿期的愉悦及其满足的观点,赢得了广泛的赞同。这一事实应该对心理学家具有指导意义,它表明这种思想和感受方式符合一个相当普遍的倾向或者精神潮流。这一精神潮流远远不只表现在弗洛伊德的理论之中,它还出现在其他地方和其他情况下,出现在各种各样的头脑中,并表现为各种各样的形式。我喜欢把这种精神潮流称为集体无意识的一种表现。在此,请让我首先指出亨利·哈夫洛克·霭理士①、奥古斯特·法列尔以及《人类繁衍》杂志的各位撰稿人的著作;同时也指出维多利亚后期盎格鲁—撒克逊国家对性问题的态度,以及在一般文学作品中对性问题所展开的广泛讨论——这一讨论是由法国的现实主义作家所首先开创的。弗洛伊德是现代心理倾向(psychic predisposition)理论的倡导者之一,他认为心理学倾向有其自身独特的历史,但基于某些明显的原因,我们不能在此对这一历史进行深入的讨论。

阿德勒在大西洋两岸所受到的赞同并不亚于弗洛伊德,从这一现象可以推导出同一个结论。许多人都相信自卑感刺激了权力欲的增长,他们用这种起源于自卑感的权力欲来解释各自的麻烦并得出了满意的答案。这一事实是不容否认的,但同样不容否认的是,这种观点还解释了那些在弗洛伊德体系中没有

---

① 亨利·哈夫洛克·霭理士(Henry Havelick Ellis,1859—1939),英国心理学家和作家,终身从事科学研究和写作。他的重要著作是一部多达七卷的《性心理学研究》,这部书对性问题的研究做出了宝贵的贡献,并在改变人们对待性的态度方面起过较大的作用。——中译者注

得到适当解释的实际心理事件。我无需详细地提及集体心理和社会因素等各种力量——它们构成了阿德勒观点的一部分基础,而且我也不需要大力提倡这种理论化的形式。这些都是足够明显的问题。

忽略弗洛伊德和阿德勒观点中的真理成分无疑是一个不可饶恕的错误,但将它们任何一方当作唯一的真理同样也是如此。他们两方都是与某些心理现实相对应的。总的来说,这两种理论对有些病例做了最为出色的描述与解释。对弗洛伊德和阿德勒我都不能指责他们犯了错误;相反,我试图尽可能多地运用他们双方的设想,因为我完全接受这些设想的相对合理性。如果不是我所碰到的有些事实使我不得不修改弗洛伊德的理论,我是绝不会想起要与他分道扬镳的;我与阿德勒观点的关系也同样如此。我觉得几乎没有必要声明,我自己观点的真实性也同样是相对的,我把自己同样视为某一种倾向的倡导者。

如果真有一个学科需要我们在今天保持一种谦逊的态度,并且承认一系列显然相互矛盾的观点都各自具有合理的成分,那么,这个学科就是应用心理学。这是因为迄今为止我们对人类心理仍然缺乏彻底的了解,它是人类学研究中最富于挑战性的一个领域。目前我们所拥有的不过是一些不愿调和的、多少有点似是而非的观点,因此,当我对自己的观点进行概括陈述时,我希望不要被误解。我并不是在向大家推荐一种新奇的真理,更不是在宣告一个最高的准则。我所要讲的仅仅是我在解释那些模糊不清的心理事实时所做的各种试验,以及我在克服治疗困难的过程中所做的各种努力。

我想从这最后一点开始讲起,因为这是我们感到最迫切地需要修正的地方。众所周知,我们可以在较长的时间内容忍一种不完备、不充分的理论，但却不能容忍一种不完备、不充分的治疗方法。在我从事心理治疗将近三十年的实践中，我遇到过无数次失败的经验，它们比那些成功的例子给我的印象更深。几乎所有人，上自原始时期的巫师，下至为人祈祷治病的虔徒，都能在心理治疗中获得成功。但一个心理治疗专家从他成功的例子中所能学到的东西却寥寥无几，甚至一无收获，这些例子主要的作用在于使他更深地陷于他的错误之中；而他失败的例子则不然，这些例子是一些无价的经验，它们不仅为他打开了一条通向更高真理的道路，而且还逼迫他改变自己的观点和方法。

我毫不怀疑地承认，是弗洛伊德和阿德勒首先向前推进了我的工作，只要一有可能，我都运用他们的观点对我的病人进行实际的治疗。但我仍然坚持这一事实：我遇到了许许多多的失败；我感到本来是能够避免这些失败的，只要我当时考虑到了某些经验材料，这些经验材料后来迫使我对他们两人的观点进行了修正。要描述我所碰到的所有情况是不可能的，我只能满足于从中挑出几个典型的例子。最大的困难是我在治疗年纪较大的人时出现的——也就是说，是在那些四十岁以上的人身上出现的。在处理较为年轻的人的病情时，我发现弗洛伊德和阿德勒那些为人熟悉的观点非常适用，因为这些观点所提供的治疗方法是将病人带到某种适应和正常的水平上，而又不留下任何令人伤脑筋的后遗症。但就我的经验而言，年纪较大的人的情况常常并不是这样。在我看来，他们的心理因素仿佛在生命的历程中经历了一次显著的改变——这一改变的程度足以使我们将之划分为人生早晨的心理学和人生午后的心理学。年轻人的生活通常表现为一个总的展开倾向以及对某种具体目标的追求，如果他们发展出了某种神经症，那么也能够归因于他们在这一必然倾向面前的畏缩和回避。但较年长者的生活则表现为各种力量的衰退,它标志着对已往成就的肯定,标志着进一步发展的缩减。他们的神经症主要来自于死死抱住年轻时的态度,这种态度现在已不再合宜了。正如年轻人的神经症是害怕生活一样,年长者的神经症则是因为畏避死亡。年轻人的正常目标不可避免地成为了导致年长者神经症的障碍。对于一个年轻的神经症患者来说,由于他不愿去面对世界,因此他早期对父母的正常依赖不可避免地变成一种不利于生活的"乱伦"关系。我们必须记住:阻抗、压抑、转移、"虚构目标"(guiding fiction)等因素,在年轻人身上表现为一种意义,而在年长者身上则表现为另一种意义,尽管其中也有种种相似的地方。治疗的目标毫无疑问应该加以修改以符合这一事实,因此,病人的年龄对我来说就成了一个最为重要的标记(indicium)。

但是,在青年时期内也有各种应引起我们注意的标记。因此,用弗洛伊德的观点来治疗一个只能用阿德勒心理学来治疗的病人,即治疗一个具有幼儿期表现欲的失败者,这在技术上就犯了一个大错误。相反,如果把阿德勒的观点强加在一个以快乐原则为其动机的成功者头上,也同样是一个严重的错误。在一些可疑的病例中,病人所做的阻抗可以被当作有价值的路标。因此,我首先所要做的就是去严肃地对待那些顽固的阻抗,这听起来尽管有些令人感到奇怪,但我还是倾向于此,因为我坚信,医生对于病人并不一定比病人对自己的心理构造知道得更清楚一些。鉴于目前的情形,医生的这种谦逊态度是十分必要的。我们不但还没有一门普遍有效的心理学,而且更为严重的是,我们还不知道心理构造的各种类型,多多少少还有一些个人心理不能归入任何总的体系之中。

大家都知道,对心理构造这一问题,我根据一些早已被许多研究人性的人们所猜测的典型差异假设出了两种不同的基本倾向——内倾型和外倾型。我把这些倾向也当作重要的标记,正如某种心理功能对其他各种功能的支配也是如此。个人生活丰富的多样性使我们有必要不断地对理论进行修改,这种修改常常是被医生无意识地进行的,而在原则上可能与他的理论信条不相吻合。

　　既然我们已经论及心理构造这个问题,我就不得不指出有些人的倾向基本是精神上的,而有些人的倾向则基本是物质上的。我们不应该认为这样一种倾向是偶然获得的或者是出自于某种误解。这些倾向实际上是一些根深蒂固的激情,没有任何批评或劝导能够将它们消除掉;甚至在某些例子里,一种直言坦诚的唯物态度竟植根于对宗教倾向的否定。今天的人们对相反的例子知道得更清楚一些,尽管它们并不比前一种出现得更多。在我看来,这些倾向也是不应忽视的标记。

　　当我使用"标记"这个词的时候,以一般医学的术语来说,可能意味着已经指定这种或那种治疗方法。也许情况应该是这样,但心理治疗肯定还没有达到如此明确的程度——因此,我们的"标记"不幸就只能是对片面性的警告和预防了。

　　人类心理是极为模糊不清的。在每一个具体的病例中我们都必须考虑,是否有一种倾向或者一种所谓的"特性"(habitus)以其自身的权利独立地存在着,或者,这种倾向的存在是否仅仅是作为对其对立面的一种补偿。我不得不承认在这一问题上我经常犯错误,以至于在任何具体的病例中,我都努力避免对神经症的结构以及对病人能够和应该做的事情做任何理论上的预先设想。只要可能,我就让纯粹的经验去决定治疗的目标,这也许看似奇怪,因为人们通常认为治疗专家应该先有一个目标。但我认为,医生最好不要有一个过于固定的目标,在心理治疗中尤其如此。医生绝不会比病人的本能和生存意志更清楚地知道所需要的东西是什么。作为一条规律,人类生活中那些重大的决定更多是由本能和其他神秘的无意识因素所做出的,而不是由清醒的意志和善意的理性所做出的。一个人穿着合适的鞋,另一个人穿就夹脚;没有可以适用于一切病症的处方。我们每一个人都有着他自己的生活方式——一种无法确定的方式,它不能为任何其他方式所替代。

当然,这些考虑不会阻止我们去做任何可能使病人的生活变得正常和理智的事情。如果做这些事情能得出令人满意的效果,我们就尽可以照此走下去;但如果这并不足以解决问题,那么不管是更好还是更坏,治疗专家都必须遵照从病人的无意识中所递交出来的材料了。在这里我们必须遵从本能的引导,但这样一来,医生所选定的途径就不再过多地涉及如何施予治疗的问题,而是更多地涉及如何发展的问题,即如何发展病人的创造性潜力。

我将讨论的问题就正好要从这一点开始,治疗在这一点上已经感到束手无策了,因而必须代之以发展病人的潜在创造力这一方法。我对心理疗法的贡献仅仅局限于那些理性治疗不能产生满意效果的病例。供我支配的临床材料都具有一种特殊的性质,即新病人只占极少数。我的大多数病人都已经接受过某种形式的心理治疗,但通常只获得了部分的效果,或者根本是否定的效果。其中有三分之一的病人没有任何临床症状可以判定他们患有神经症,他们的病来自于生活的空虚与无意义,但我认为这种病正可以被描述为我们时代普遍的神经症。在我的病人中,有三分之二的人已经过了中年。

对待这类特殊的病人是很难以理性方法施行治疗的,因为总的来说,他们都是一些才智出众、社会适应良好的个人,正常化的生活对于他们已经不再具有任何意义了。对于所谓的正常人,我甚至更是手足无措、狼狈不堪,因为我没有现成的人生哲学可以提供给他们。在我大多数的病人中,意识的源泉都已经被消耗殆尽了。面对这种情形你通常只能说:"我束手无策了。"但迫使我去寻找某些潜在可能性因素的却正是这种现状,因为当病人问我"您有什么建议?我该怎么办?"之时,我实在不知道该怎么说,我知道得并不比他更清楚。我只知道一件事,这就是:当我的意识观再没有任何前路可循的时候,我就陷入了"束手无策"的状态中,我的无意识就必将对这种难以忍受的停滞状态做出反应。

这种停滞状态是一种心理事件,它在人类进化的过程中反复地出现着,因而已经成为许多童话和神话的主题。我们听到过"芝麻开门"的故事,或者听到过主人公依靠聪明的动物最终找到了一条秘密通道的故事。我们可以这样来解释这种状态:"束手无策"是一种典型的事件,在时间的进程中这一事件激发了某些典型的反应和补偿作用。因此,我们可以在某种程度上怀着肯定的态度去期望,在无意识的反应中将会出现相似的情形,正如在梦中出现了这种相似的补偿作用一样。

在这种情况下,我的注意力于是就更多地转到了梦的上面。这不是因为我坚信一切问题都必须求助于梦,也不是因为我拥有一套神秘的梦的理论,可以告诉我万物形成之奥妙;我之所以如此,仅仅是出于梦本身所具有的那种错综复杂性。我不知道还能到哪里去寻求帮助,因此我才试图从梦中去找答案。梦至少能提供给我们一些具有暗示作用的意象,这无论如何总比毫无线索可循要好得多。我并没有关于梦的理论,我也不知道梦是怎么出现的。我甚至万分怀疑我处理梦的方法是否能称得上是一种"方法"。

我和我的读者们一样认为,释梦是一桩集模棱两可和独断专行于一身的工作,我与他们一样对这一工作怀有种种偏见。但另一方面我也知道,如果我们长久而彻底地对一个梦进行思考——如果我们反复再三地对它进行研究——就总会从这个梦中得出一些东西来。当然,我们不可能吹嘘这种东西具有科学性,也不可能使其理性化,然而它确实是一种实际而重要的暗示,可以向病人显示出无意识正在把他引向何方。我们对梦的研究究竟会不会产生出为科学所证实的结果呢?对于这一问题我不可能给予它头等的重要性。如果我这样做的话,那就无异于在追寻着一个完全个人的目标,一个因此而具有自恋倾向的目标。我必须满足于这一点:结果只能是某种对病人有意义的东西,并且将使病人的生活重新焕发活力。我只能用一个标准来衡量我对梦的解释是否合理——这就是它是否有效。至于我对科学的癖好——我想探究是什么原因竟然会使梦产生效力——就只好留待闲时再论了。

初期梦的内容都是十分繁杂多样的——我所指的是病人在治疗初期向我讲述的那些梦。在很多情况下,这些梦都直接指向过去,并使病人们回忆起早已被他们忘记和遗失的事情。正是这些遗失导致了片面性的产生,从而引起了那种尾随停滞状态而至的方向迷失(disorientation)。用心理学的术语说,片面性可能会引起力比多(libido)的突然消失,这将导致我们以前的一切活动都变得令人乏味,甚至毫无意义,我们以前所追求的目标也失去了它们的价值。在一个人身上出现的某一时的心绪，在另一个人身上成了长期的、慢性的状况。在这些病人身上，个性发展的其他可能性因素常常潜伏在过去的某种经历之中，任何人甚至病人自己也不知道这些可能性的存在，但梦可以揭示出它们的线索。在另一些病人的例子中，梦所指向的则是一些现实的状况，诸如婚姻或社会地位等，这些事实从来没有被意识当作问题和冲突的根源而加以接受过。

这些可能性都在理性解释的范围之内，因此要解释这些初期梦并不困难。真正的困难是在梦并不指向任何明确之物的时候，这是常有的事情——尤其是在它们显示出一种对未来的预知的时候。我并不是说这样的梦就一定具有预言性，但它们确实是在期待着或者"窥伺"（reconnoitre）着。这种梦只是包含着可能性的细微迹象，因此无法将它们向一个外行人解释明白。甚至在我看来，它们也并不常常是那么有道理的，碰到这种情况时我就对我的病人说："我不相信，但顺着这个线索说下去吧。"正如我说过的那样，令人感奋的效果才是唯一的标准，我们根本没有必要去理解这种效果为什么会发生。这一点尤其适宜于含有神话意象的梦，它们有时候奇怪和迷离得令人难以置信。这些梦所蕴涵的东西有点像是"无意识的形而上学"（unconscious metaphysics）；它们表现出了未分化的心理活动，在这种心理活动中常常埋伏着意识思想的萌芽。

在我那些"正常"的病人中，有一个人曾讲述过一个很长的初期梦，梦境的主要部分是关于他妹妹的孩子生病的事情。这孩子是一个两岁的小姑娘。从前他的妹妹确实有一个孩子因病而死去，但其他的孩子并没有谁得病。开始时，生病孩子这个意象使他感到困惑不解——因为这根本不符合事实。既然在做梦者和他的妹妹之间并没有直接的和密切的关系,他在这一意象中就难以找到他个人的因素。但他突然想起两年前他曾对神灵学(occultism)进行过研究,正是这一点将他引向了心理分析。那个孩子明显地代表着他对心理事物的兴趣,这一点我是绝不会自动想到的。从理论的角度来看,这一梦中的意象既能够暗示任何事物又能够什么也不暗示。因此我们可以提出反问,一件事情或者一个事实是否在表达它自身所蕴涵的某种意义呢?我们唯一能够确定的是,总是人在进行解释,也就是说,是人在把意义加在事实的头上,这正是心理学的精义所在。这个梦使做梦者获得了一种新奇有趣的认识,即他对神灵学的研究可能是某种病态的行为。果然这一想法击中了要害。这种解释产生了效果,这才是关键的一点,而不管我们如何解释它为什么有效。对做梦者来说,这一想法之中包含着一种批评态度,由于这种态度的作用从而导致了某种程度上的转变。通过这些难以用理性设想出来的细微转变,事物于是又开始活动起来,死结终于被解开了。

在评论这一例子时,我可以用一种修辞的手法说,这个梦的含义是,做梦者对神灵学的研究有某些病态的成分。在这个意义上我也可以说是"无意识的形而上学",如果这个梦使做梦者想到了这点。但是我走得更远一些;我不仅给病人一个机会,使他搞清楚他想起了什么与梦有关的东西,而且我还让我自己也这样做。我把我的猜测和观点提供给他,以期能对他有益。如果在这样做的时候我必须采用所谓"暗示"(suggestion)的方法,我看也没有什么值很惋惜的地方。众所周知,我们只会接受那些早已与我们吻合的暗示。就算是在这猜谜的过程中迷了路,那也不会有什么危害可言。心灵迟早是会将错误排挤掉的,这就好像有机体会排斥异体一样。我不必去证明我对梦的解释的正确性,这是一项我无能为力的事情,我所必须做的只能是帮助病人上找到那些激发了他们的东西——我几乎总是能说出实际的情况。

对我来说,尽可能多地懂得原始心理学、神学、考古学和比较宗教学尤其重要,因为这些领域向我提供的那些相似之处,可以促进我理解我的病人的联想。如果我们将所有这些联想都放在一起进行研究,就可以发现有些明显无关的事物实际上充满着意义,这样我们就可以极大地增强梦的效力。对于有些人来说,进入直接经验的领域是最刺激性的,这类人往往在个人生活方面和理性生活都已获得最大的可能,但仍未发现意义和获得满足。这样一来,实际和平常的事物就逐渐地改变了平庸的现象,甚至于还获得了一种新的光彩;因为事物完全有赖于我们怎样看待它们,而不是它们本身是什么形象。即使是生活中最微不足道的事物,只要被赋予了某种意义,也会比没有这层意义的最大的事物更有价值。

我并不认为我低估了这一任务的危险性,这任务就好像是要建造一座空中楼阁一样。确实,我们甚至可以认为——这正是人们所经常做的事情——医生和他的病人遵照这种方法,无异于陷入凭空幻想之中。我并不把这种看法当作某种非难之辞,反倒是认为它说到了点子上。我甚至竭力要把病人引入幻想之中。说实话,我对幻想有很高的评价。我认为幻想实际上是属于男性精神中的母性创造力方面。不管怎样想尽办法、费尽唇舌,我们还是从来都不能抵御幻想。不过,确实也有一些无价值的、不适当的、病态的和难以令人满意的幻想,但任何一个具有常识的人都能够很快地鉴别出这些幻想的贫乏无用。但是仅凭这一点,自然是不能否定创造性想象的价值的。人类的一切成就都源于创造性的幻想,既然如此,那么我们有什么权利贬低想象呢?在事物总的进程中幻想是不会轻易误入歧途的,它异常深刻,与人类本能和动物本能的联系异常紧密。它总能够以令人惊异的方式纠正自己的偏差。想象力的创造性活动使人摆脱出"仅此而已"(nothing but)的束缚,它解放出人们心中的游戏精神。正如席勒所说的那样,人只有在他游戏的时候才是完全的人。

　　我的目的是要诱发一种心理状态,在这种状态中我的病人可以开始用自己的本性来进行实验——这是一种流动的、变化的和发展的状态,其中再没有任何事物是一成不变的和僵化难解的。当然,要把我的这种技术方法在这里介绍出来,只有通过陈述它的一般原理才能办到。在处理一个梦或者一个幻想的时候,我一向的原则是:一旦获得了能对病人产生效果的某种意义就立即止步,绝不超出这一界限;对每一个病人我都只是努力使他尽可能地意识到这一意义,以便于他也能够知道这一意义的各种超个人的联系。这一点非常重要,因为,当某一件很普遍的事情发生在一个人身上时,如果他只把这件事看作是自己的一个独特经验,那么他的态度就明显地错了,也就是说,太个人化了。这种态度会把他从人类社会中分离出去。我们不仅需要一种现在的、个人的意识,而且还需要一种向历史延续感开放的超个人意识。不管这听起来多么遥远陌生,但经验告诉我们,很多神经症都是因为这样一种情况而引起的,即人们出于对理性启蒙的幼稚热情而故意对自己的宗教冲动视而不见。今天的心理学家应该永远记住,我们已不再是在处理教义和信条的问题了。宗教态度是心理生活中的一个因素,它的重要性不能被低估。

正是由于有这种宗教观,才使得历史延续感成为不可缺少的。

再回到有关技术方法的问题上来,我自问在多大程度上受惠于弗洛伊德。无论如何,我是从弗洛伊德的自由联想法上学到了我的方法,我把这一方法看作是自由联想的进一步发展。

只要我还在帮助我的病人发现他梦中的有效因素,只要我还在试图向他表明他的象征的一般意义,他从心理上来说就仍然还处于一种童年的状况之中。这时他是在依靠他的梦,总是在问自己下一个梦是否会提供一点新的线索。而且,他还有赖于我对他的梦的看法,有赖于我用我的知识去增进他的洞察力。因此,他仍然处于一种很不理想的被动境况之中,这一境况中的一切事情都是不确定的和有问题的;无论是他还是我都不知道这一旅程的尽头。通常这比起当年以色列民族在埃及的黑暗中摸索好不了多少。在这种情况下,我们不能指望获得非常显著的效果,因为不确定性太大、太强了;而且我们还时常要担当风险,以防我们白天取得的进展晚上又退回原处。危险之处在于,没有任何东西被经历过了,没有任何东西保留了形状。在这些例子里,病人常常都会做色彩斑斓或者光怪陆离的梦。他们会对我们说:"您知道吗?如果我是画家的话,我会把它画出来的。"这些梦可能涉及照片、油画、素描或者插图的手稿,或许还可能涉及电影。

我对这些暗示做了实际的运用,现在我催促那些处于这种境况下的病人画出他们在梦中或者幻想中所看到的东西。我照例会遇到反对,他会说:"我不是画家。"对此我通常回答说,我们谁也不是现代艺术家——正因为如此,现代绘画才是绝对自由的——况且问题也并不涉及画美不美,而仅仅是涉及画中所表现的病状。最近我曾要求一个很有才气的肖像画家画出她的梦,这时我才知道了我这种方法与"艺术"是多么的毫不沾边。这位很有才气的肖像画家不得不一切都重新做起,动作笨拙得令人可怜——完全就像她从来没拿过画笔似的。显然,画那些摆在我们面前的东西与画我们在内心里看见的那些东西完全是两码事情。

我的病人中有许多进展得快的人于是就开始画画了。每个人都会把这看作一种完全无用的艺术尝试,我非常能够理解这一点。但需要记住的是,我们所谈及的那些人已经不必证明他们的社会有用性了,他们对社会是有价值的,但他们自己却再也不能在这种价值中找到任何意义了,他们已经触及了他们个人生活中那种更深沉、更危险的有关意义的问题了。充当群体的一员,只对那些还没有达到这一阶段的人才具有意义和魅力,而对那些已经满足地体验过这种经验的人则毫无意义和魅力可言。那些以培养群体成员为荣的"教育者"可能会否认个人生活的重要意义,但是任何人迟早都会被逼到为自己寻找这种意义的境地中。

虽然我的病人所绘制出的那些作品时常具有艺术美的价值,也许足以值得送到现代"艺术"展览会上去展出,但我还是根据严肃艺术的标准把它们当作完全没有价值的东西。这一点甚至非常重要,绝不能把这种价值加在它们头上,否则我的病人也许就会想象自己是个艺术家,从而毁掉这种方法的良好效果。这不是一个艺术的问题——或者说这不应该是一个艺术的问题——而是另外的东西,是某种超出了纯粹艺术的东西,也就是说,它对病人自身具有即时的效果。个人生活的意义,尽管从社会的角度来看,其重要性是微不足道的,但在这里它被赋予了最高的价值。因为这种缘故,病人挣扎着要把那些难以表现出来的东西表现出来,而不管表现形式是怎样的粗糙和幼稚。

但我为什么要鼓励病人在某一个发展阶段上用画笔、铅笔或者钢笔来表达自己呢?我在此的目的与我处理梦的目的相同:我希望产生出一种效果。病人在上述的幼稚境况下处于一种被动的状态,但现在他开始扮演一个积极的角色了。首先他在纸上画下出现在他幻想中的东西,这样他就把这些东西提高到一种有意识的行为。他不仅仅是谈论它,而且实际地把它画了出来。照心理学的观点说,与医生一周做两次有趣的谈话是一回事——这种谈话的结果是悬吊在半空中的——每次几小时费尽心力,用难以驾驭的画笔和颜料描画出某种东西又是另一回事。而这种最后制作出来的作品就其表面价值看来纯粹是无意义的,但他的幻想对他来说真的毫无意义吗?如果他描绘他的幻想时所费的心力是那样令人厌倦,那么要他再把它重复一次,他可能是绝不会干的。既然他的幻想对他来说并非毫无意义,那么如此忙碌一番就势必会增加幻想所产生的效果。而且,给予梦中的意象以一种可见的形式,将会加强对它的各个部分的研究,这样它的效果就可以得到完全的体验了。绘画的规则赋予幻想某种现实的因素,从而也赋予它更大的重要性和更强的推动力。我必须承认,这些粗糙的绘画所产生的效果确实很难描述。当一个病人有一两次看到他通过绘制一幅具有象征色彩的画而得以从一种痛苦的精神状态中解脱出来时,他就会在情况变得糟糕的时候转向这种解脱方法。这样,一种宝贵的东西被获得了,这宝贵的东西就是独立性的增长,这是通向心理成熟的一大进步。他再不依赖于他的梦了,再不依赖他的医生的知识了,而是用绘画的方式来表达出他内心的经验。因为他所面对的都是积极的幻想——正是这些幻想激活了他。他自己就是那内在积极的因素,但是这个"他自己"并不是在从前错误意义上的他自己,因为在从前的错误中他是把他个人的自我(ego)当作了自性(Self)。这是新的意义上的"他自己",因为他的自我现在已成为一种被内在生命力所驱策的事物。他努力想在他的系列绘画中尽可能地呈现出自己内心活跃的事物,最后发现它正是那永恒未知和陌生的东西——心理生活隐秘的基础。

我不可能向你描述这些发现在多大程度上改变了病人的观念和价值,也不可能描述病人们是怎样转移了人格的重心。自我(ego)就像是地球,它突然发现太阳(或者自性)才是行星轨道和地球轨道的中心。

然而,难道我们从来就不知道情况原本如此吗?我自己相信我们从来都知道这一点。但我的头脑所知道的东西,我身上的另一个人却可能远不知道;而且,我也可能会就这样活着,好像我并不知道这东西一样。我的大多数病人都知道更深刻的真理,但他们没有依照这种真理来生活。他们为什么会这样呢?这是因为有一种偏好使我们所有人都将自我放在了生活的中心——这种偏好来自对意识的过高估价。

对一个仍然没有适应社会而且还没有取得任何成就的年轻人来说,尽可能有效地塑造意识的自我——也就是说去培养意志——有着极其重要的意义。如果他不是一个天才,那么他甚至可能不相信内心活动的任何事物,只要它们与他的意志不相符合。他肯定会觉得自己是一个有自觉意志的人,他会心安理得地贬斥内心的一切杂念,或者认为它们是臣服于他的意志的——因为,如果没有这种错觉,他就根本不可能获得社会适应性。

但那些生命已进入后半期的病人则不是这种情况,他们不再需要培养自己的自觉意志了,而是需要学着去体验自己的内心存在,以理解他们个人生活的意义。对于他们来说,社会有用性已不再是一个目标,尽管他们并不对这一目标的吸引力提出疑问。他们早已完全意识到了自己的创造性活动对社会来说来已无足轻重,因此他们把这种活动看作进行自我发展并由此获益的一种方法。这一活动同样使他们逐渐地摆脱了一种病态的依赖,由此获得了一种内心的稳定,一种对自己的新的信赖。这些最后的进展反过来又推进了病人的社会存在,因为一个内心健全和自信的人将会比一个不能与他的无意识和善相处的人更能胜任自己的社会任务。

我有意避免我的论文被理论弄得过分沉闷,为此,有些东西就无法加以解释而不得不任其显得含糊。但为了让我的病人所绘制的那些图画更能够为人理解,至少有几点理论是必须提一提的。所有这些图画的一个共同特征就是它们的原始象征意义,这无论是在线条上还是在色彩上都表现得非常明显。这些画的色彩通常相当粗野,而且还体现出一种原始的性质。这些奇异的特征指明了绘制这些图画的创造力所具有的性质,它们是人类进化过程中非理性的、象征的潮流。它们是如此的古老,以至于我们能轻易地从考古学和比较宗教学的领域中获得许多相似的表现。因此我们可以认为,这些图画主要是从我称之为集体无意识的心理生活领域中发源而来的。我使用"集体无意识"这一术语指的是一种无意识的心理活动,这种心理活动存在于一切人类之中,它不仅产生了今天那些象征性的图画,而且也是以往那一切相似产物的源泉。这些图画源于一种自然需要,并且反过来满足这种自然需要。这有点类似通过这些图画,我们把深入原始过去中的那部分心理表现了出来,并且使其与现在的意识取得了和解,从而缓和了它施加在后者之上的令人不安的影响。

但我还必须做一点补充,仅仅绘制出这些图画并没有获得所需要的一切。除此之外,还有必要在知识和感情上对这些图画进行理解;把它们有意识地结合起来,使其易于为人理解并为道德法则所接受。我们还必须使它们通过一道解释的程序。不过,尽管我经常用这种方法来治疗病人,但我仍然不能将这一过程对更多的人解释清楚,也仍然不能将这一过程归纳成一种适于发表的形式。迄今为止,我所做的还只限于以零散的方式将它表达出来。

关键的问题在于,我们是在一个完全陌生的领域内,获得成熟的经验是首要的条件。鉴于一些非常重要的原因,我希望避免过于匆忙地做出结论。我们是在与一个处于意识以外的心理生活领域打交道。我们观察它的方法是间接的,迄今为止,我们仍然不知道正在探索的是一个怎样的深渊。正如我在上面指出的那样,这对于我来说似乎是某种定心作用的问题,因为病人感到许多图画坚定地指明了这个方向。这种作用导致了一种新的平衡中心,就像自我折入了它周围的一条常规轨道。这一作用的目标起初可能会保持在朦胧不清的状态,我们只能评论它对意识人格的重要影响。但这种影响所引起的变化提高了病人对待生活的热情,维持了生命中的流动,从这一事实出发,我们可以断定其中固有一种特殊的目的性。也许可以把它称之为一种新的幻觉——但什么是幻觉呢?我们用什么标准来判断某种事物究竟是不是幻觉呢?心理之中存在着可以称之为“幻觉”的东西吗?也许我们喜欢称作幻觉的东西,对心理来说正是生活中最重要的一种因素——正如氧气对有机体不可缺少一样——一种具有最高的重要性的心理真实。大概心理并不屑于麻烦自己去纠缠于真实的范畴,因而我们更聪明的办法是说:一切活动的都是真实的。

　　想对心理进行探测的人切不可将心理与意识混为一谈,否则他就会对自己所希望探索的事物视而不见。如果想要承认心理,甚至得学着去看清心理是怎样不同于意识的。我们称之为幻觉的东西,极有可能对心理来说是真实的,因此我们不能把心理真实看作与意识真实相对应的东西。在心理学看来,没有什么比某些传教士的观点更愚蠢的了。他们宣称"可怜的异教徒"的众神都是一些幻觉,但不幸的是我们一直都在同一教条主义的路线上瞎撞,好像我们所称之为真实的事物不是同样充满着幻觉。在心理生活中,正如在我们每一处的经验中一样,一切活动的事物都是真实的,不管人们为它们选择了什么样的名称。理解这些事件所具有的真实性——对我们来说才是最为重要的,而不是去给它们另换一个名称。精神即使被称为性欲,对心理来说它仍然无疑还是精神。

　　我必须重复说明,加在这些心理事件头上的各种术语及其各种改头换面的形式,都根本没有触及上述作用的本质。意识的理性概念绝不会领略到它,正如生活本身绝不会领略到它一样。我的病人由于感觉到了这一真实的全部力量,因此他们才转向了用象征的手法来表现这一真实。在表现和解释这些象征的过程中,他们发现了比理性解释更有效和更能适应他们需要的东西。

四 心理学的类型理论

事实上，身体特征和心理特征非常紧密地交织在一起。我们不仅可以根据身体构造对心理构造做出深刻的推断，同样也可以根据心理特征推断出相应的身体特征。后一种推断过程的确要困难一些，但这并不是因为身体对心理的影响更大，它完全出自于另一个原因。

性格乃是一个人的个性所具有的固定形式。既然与身体的形式并存的还有行为或心理的形式，那么，一门总的性格学就必须向人们展示出身体特征和心理特征的意义。人类那神秘的整体性所导致的必然结果就是：身体特征并非仅仅属于身体，而心理特征也并非仅仅属于心理。在自然的连续性之中不存在任何对立的区分（antithetical distinctions），它们不过是人类的智力为求理解之便才不得已确立起来的。

心理与身体的区分是一种人为的二分法。这种区分所凭借的基础无疑只是人类理解力所具有的性质，而远非事物本身所具有的自然性质。事实上，身体特征和心理特征非常紧密地交织在一起，我们不仅可以根据身体构造对心理构造做出深刻的推断，同样也可以根据心理特征推断出相应的身体特征。后一种推断过程的确要困难一些，但这并不是因为身体对心理的影响要大于心理对身体的影响，它完全是出自于另一个原因。如果把心理当作出发点，我们的研究工作就是从相对未知的事物推及那些已知的事物；但如果情况相反，我们就是从已知之物——有形的身体——开始,这样我们就获得了更为优越的条件。不管我们认为今天拥有了多少心理学知识,但比起有形的身体外表,心理仍然还是晦涩模糊的。它仍然还是一个未经探索的陌生领域,我们对它只有一些间接的了解;它只有通过各种意识功能才能够表现出来,然而意识功能遭受蒙蔽的可能性又几乎是无穷无尽的。

既然如此,那么对我们来说,更安全的方法便是遵照由外及里、由已知及未知、由身体及心灵的方向进行。正是由于这一原因,性格学所进行的一切探究都是从外部世界开始的;古代的星相学甚至转向宇宙星空,以确定那一条条为人类所遵从的命运轨迹。属于这一类型,即从外部标记出发来进行解释的,还有手相术、盖尔①的颅相学(phrenology)、拉瓦特②的观相术研究(study of physiognomy),更近一点的有笔迹学(graphology)、克雷奇默③的生理类型研究,以及罗夏④的墨迹测验法。可见,难以计数的解释途径都是从外到内、从身体到心理的。研究工作大有必要遵循这一方向,直到完全有把握地确立起某些基本的心理事实为止。可一旦这些事实被确立起来以后,这一程序就可以倒转过来了。于是,我们可以提出这样一个问题:什么样的身体特征与某种特定的心理状态是相关的呢? 可惜的是,我们甚

---

① 盖尔(Franz Joseph Call,1758—1828),德国解剖学家、生理学家,颅相学的创始人。——中译者注

② 拉瓦特(Johann Kaspar Lavater,1741—1801),瑞士作家,爱国者、新教牧师和观相术的创立者。他相信身心互相影响,这使他从面容上去寻找精神痕迹。他的四卷本《相面术札记》使其在欧洲获得了极大的声誉。——中译者注

③ 克雷奇默(Erust Kretschmer,1888—1964),德国精神病学家,试图将体态、体质与人格特征及精神疾病联系起来。著作有《体格和性格》《癔症、反射及本能》《天才者的心理学》等。——中译者注

④ 罗夏(Hermaunn Rorschach,1881—1922),瑞士精神病学家,因发明广泛应用于精神病临床诊断的墨迹测验法而著名。——中译者注

至还没有发展到能够粗略地回答这一问题的程度。第一步所需要做的是确立心理生活的基本事实，目前这一任务还远没有完成。确实，我们刚刚才开始对心理做点收集整理的工作，而且迄今为止所取得的成果还并非总是成功的。

单单确立某些事实——诸如某些人有这样或那样的相貌特征——是毫无意义的。重要的是，这些相貌特征要能够使我们推断出与之相关的心理特征。只有在确定了某些心理特征伴随着某种身体构造时，我们才算是真正地学到了一点东西。没有心理的身体对我们没有什么价值可言，没有身体的心理同样如此。当我们试图从某种身体特征中得出某种相关的心理特征时，这就正如已经说过的那样，是从已知的事物推及未知的事物。

非常不幸的是，我必须强调这一点，因为心理学是一门最为年轻的科学，因而最苦于各种前有观念的束缚。心理学的发现只是最近的事情，这一事实本身就足以表明，我们用了那么长时间才将自己和心理中的内容区分清楚。在未达到这一步之前，我们是不可能客观地研究心理的。作为一门自然科学而言，心理学确实是我们最新的成就，但迄今为止，它还一直耽于幻想和武断之中，犹如中世纪的自然科学一般。因此，人们一直认为心理学可以不要经验数据，似乎是由天意而创设的——如今我们依然还挣扎在这一偏见之下。然而，心理生活事件是对我们最直接的事件，并且显而易见是我们最为熟悉的事件。确实，我们对这些事件已经远远不只是熟悉，而是熟悉到了一提到它们就会打呵欠的程度。这些永恒的寻常之物的平庸和陈腐令我们惊异不已；简而言之，在我们自身心理生活的这种直接性之下，我们经受着折磨，因而想尽一切办法避免去想到它。于是，心理本身变得无比直接,我们自己变成了心理,由此我们几乎被迫认为自己对它的了解已经透彻见底。这就是为什么我们每个人都对心理学有一种个人的见解,甚至于坚信不疑地认为自己比任何人都知道得更多。这种盲目的偏见促使每个人在心理学的问题上都把自己当作最为了解自己的权威。心理医生也许是首次意识到这一盲目偏见的职业团体,因为他们必须与病人的家属和监护人进行斗争,而这些人对心理学的"理解"我们大家都知道是怎么一回事。当然,心理医生也可能会犯自以为"无所不通"的错误。曾经就有这么一位心理医生,他竟然声称:"这个城市里只有两个正常人——另一个是 B 教授。"

　　心理学的现状既然如此,我们就必须承认,与我们关系最密切的反倒是我们了解得最少的,尽管看起来我们好像对它知道得最多。而且我们还必须承认,其他人对我们的了解有可能比我们对自己的了解更清楚。作为一个起点,无论如何这都是一个最有用的富于启发性的原则。我已经说过,正是由于心理与我们异常紧密的缘故,才使得我们这么晚才发现了心理学。心理学作为一门科学来说仍然还处在它的初期阶段,因此我们缺乏那些能够借以捕捉住各种事实的概念和定义。尽管我们缺乏概念,但我们并不缺乏事实;相反,我们被事实团团围住——几乎被湮没于这些事实之中。这与其他科学中的状况形成了一个显著的对比。在其他科学中,首先需要发掘事实,随后进行的是对基本事实的归类。比如,化学对元素的归类,植物学对种(genera)的归类,通过这种归类才促使各种描述性的概念得以形成,然后才是借助这些描述性的概念来指称某些特定的自然秩序。但对于心理来说情况则完全不同。经验的和描述性的观点只会使我们在自身主观经验那不可遏制的潮流中无所适从,所以,如果有一个包容广泛的概念从那印象的混沌世界中浮现出来,它往往并不是概念,而只是一种症状。因为我们自己就是心理,我们几乎不可能在放任心理事件的同时又不被融入这些心理事件之中。一旦被融入心理事件之中,我们就失去了识别差异和进行比较的能力。

这是困难之一。另一个困难在于:我们在研究那没有空间性质的心理时,越是背离了特殊的现象,就越不可能用精确的测量来确定任何事物,甚至要确立事实也会变得困难起来。举个例子,假如我想强调某个事物的不真实性,我会说我只是想过这个事物而已。我会这样说:"如果不是发生了某某事情的话,我甚至连这种想法也不会产生;何况,我也从来不像这样想事情。"这种话非常普遍,它们表明心理事实是极端模糊的,或者毋宁说心理事实在主观方面是极端模糊的——其实,它们犹如历史事件一样客观和明确。但问题在于我确实是如此这般想过,这是事实,而不管我给这一事实加上了什么样的条件和规定。许多人不得不同他们自己进行搏斗,才能承认这一极其明显的事实,并且往往还需要他们搬出巨大的道德力量。如果我们要根据外部观察到的事物对心理状况做出推断,那么,上述的一切便是我们将要面临的困难。

现在我更加专注的工作范围已不是对外部特征做临床上的确定了,而是对这些从外部特征推断出来的心理材料进行调查和分类。这项工作的第一个成果就是对心理进行描述性研究,它使我们能够提出某些有关其结构的理论。对这些理论的实证性应用最终导致了一种心理类型概念的形成。

临床研究以症状描述为基础,然后再从这一步发展到对心理本身的描述性研究。这一过程有点类似于从纯粹的症状病理学发展到研究细胞和新陈代谢的病理学。这种发展意味着，对心理的描述性研究已经使我们发现心灵深处那些产生临床症状的心理过程。我们知道，对这些心理过程的洞察是运用分析方法所获得的成果。今天，我们对心理的描述性研究已经足以使我们能够确定各种情结，因此，我们对那些产生神经症的心理过程已经有了确切的了解。无论在那朦胧不清的心理深处还会发生什么事情——围绕着这一问题还有相当多的观点和看法——但有一点可以肯定：在那里起着重要的作用首先是所谓的情结（具有某种感情色彩和一定自主性的内容）。"自主情结"（autonmous complex）这一表达经常遭到人们的反对，但在我看来这些反对都没有多大道理。除了"自主"一词外，我确实再也找不到一个更好的词来描述无意识中那些活跃内容的行为方式了。这个术语乃是用来表明这样一种事实：情结会对意识目的进行抵抗，并且来去自由。根据我们对它们的最佳认识，情结是一种处于意识控制之外的心理内容。它们同意识割裂开来，单独存在于无意识之中，并且无时无刻不准备对我们的意识倾向进行阻断或者加强。

对情结的进一步研究必然要牵涉情结起源的问题，目前存在着相当一部分彼此不同的情结起源理论。撇开这些理论不谈，经验告诉我们，情结总是包含着某种冲突——它们不是冲突的原因就是冲突的结果。总之，情结所具有的那些特征都是冲突所具有的——如惊悸、骚乱、心理痛苦、内心挣扎，等等。在法语中，这些情结被称作黑色野兽（betes noires），而我们则称之为壁柜中的骷髅架①（skeletons in the cupboard）。它们是我们绝不

---

① 比喻家庭或个人讳莫如深的隐私。——中译者注

愿想起、更不愿其他人提起的"致命弱点"，但它们常常不招自来，以一种最不受人欢迎的方式回到我们的头脑之中。在它们之中总是包含着那些我们从来不能与之真正和谐相处的回忆、希望、恐惧、责任、需要或者观点。因此，它们不断以一种令人不安而且常常有害的方式来干扰我们的意识生活。

情结显然代表着一种最广义的自卑——对于这句话我必须马上予以说明。有情结并不必然就意味着自卑。它仅仅只表明存在着某种不能调和、不能同化并且冲突矛盾的事物——这种事物的存在也许是一个障碍，但也可能是一种刺激，刺激人们投入到更大的努力中去。因此，它可能是一道大门，为获得成就打开了许多新的可能性。在这个意义上，情结因而是心理生活的焦点或者结点(focal or nodal points of psychic life)，我们不希望没有它们。它们是确实不能缺少的，否则心理活动就会步入一种致命的停滞状态。然而，情结又体现了个人种种不可解决的问题，它们代表着个人遭受了失败的那些方面，至少是他现在遭受的失败，代表着他既无法回避也无法克服的事物——也就是说，代表着他各个方面的弱点。

情结的这些特征已经为其起源投射了一线意味深长的光芒。它显然是起源于一种冲突，而这一冲突则是产生于个人对适应的需要以及个人气质对这一需要的无法满足。根据这一点来看，情结就成了一种可以帮助我们诊断个人气质的症状。

经验告诉我们，情结是无限复杂多变的，但细心的比较会为我们揭示出一些典型的基本模式，而这些基本模式都植根于童年期最早的经验之中。事情必然如此，因为个人气质就是童年时期的一个因素，它与生俱来，而非得自生活的历程之中。因此，父亲情结或者母亲情结不是别的，而只是某种冲突的最初表现,而这种冲突就是现实与个人气质之间的对立,因为个人气质无法满足这一现实对他所提出的要求。情结的最初形式只能是父亲情结或母亲情绪,因为父母是子女与之发生冲突的第一个现实。

因此,父亲情结或母亲情结并不能告诉我们多少有关个人特殊气质的情况。实践经验很快就使我们明白了,问题的关键并不在于有没有父亲情结或母亲情结,而在于这一情结在个人生活中起作用的特殊方式。就这种方式而言,我们于其中观察到了许多最为显著的差异,在这形形色色的差异中,只有很少一部分的特点可以归因于父母亲的影响。常常有几个孩子处于相同的影响之下,但他们每个人对这一影响的反应却全然不同。

我已经将我的注意力转到了这些差异之上,因为我相信,通过这些差异才能认识到具体的个人气质。为什么在一个神经症家庭里,一个孩子的反应是歇斯底里,另一个孩子的反应是强迫性神经症,第三个是精神病,第四个则根本就没有任何反应呢?这是一个有关"神经症的选择"(choice of neurosis)的问题。弗洛伊德也曾经遭遇过这个问题,它使父亲情结或母亲情结失去了其本身所具有的一切病源意义,而把探究的重心转移到了做出反应的个人身上以及个人的特殊气质之上。

尽管弗洛伊德为解决这一问题所做的各种努力完全不能使我满意,但我自己也无法回答这一问题。确实,我认为提出这一问题(即神经症的选择)的时机还没有成熟。在着手解决这一极为困难的问题之前,我们还必须对个人反应的方式知道得更多一些。这个问题是:一个人是怎样对某种障碍做出反应的?譬如,我们来到了一条没有架桥的溪流边,溪流太宽,无法跨越,只能跳过去。为了使这一行为成为可能,我们于是调动了一个复杂的功能系统,即心理动力系统(psychomotor system)。这一系统是早已发展完备了的,现在仅仅需要将它释放出来而已。但在进行这一行为之前,会发生某种纯粹心理性质的事情,即对于如何解决这一问题做出决定。随之而来的便是解决这一问题的各种行动,每个人的行动都各不相同。但非常有意思的是,我们极少——如果不是从来不的话——把这些事件当作某些特征,因为我们向来是看不清自己的,或者只有在最后才能看清自己。也就是说,正如心理动力装置(psychomotor apparatus)自动听凭我们的驱遣一样,与此同时还存在着一个为我们制定决策所专有的心理装置。这一心理装置也是通过习惯而起作用的,因此可以说是无意识地发生影响的。

这个心理装置究竟是什么样子,在这一问题上有各种天差地别的观点。只有一点是肯定的:每个人都用他自己习惯的方式去执行决定和对待困难。一个人会说他跳过溪流是为了好玩;另一个会说因为没有别的选择;第三个人说他遇到的每一个障碍都刺激他去将之克服;第四个人则根本就不跳过去,因为他讨厌做无用的努力;第五个人忍住不跳,因为他觉得并没有跳到那一边去的迫切需要。

我故意选了这样一个平常的例子,目的是要表明这些激发因素(incentives)看起来是多么的互不相关。它们从表面上看确实毫无用处,以至于我们宁愿把它们整个儿推到一边去,而代之以我们自己的解释。然而,又正是这些各自不同的地方使我们获得了对个人心理适应系统(individual system of psychic adaptation)的宝贵洞察。如果在生活的其他环境中去研究那个为了寻求愉快而跳过溪流的人,我们也许会发现,他做的事和不做的事在绝大多数情况下都取决于其是否能给他带来愉快。我们还会观察到,那个因为没有其他办法才跳过溪流的人,是一个生活得小心翼翼但并不心甘情愿的人,他总是无可奈何地做出一些勉强的决定。在所有这些例子中,各种特殊的心理系统都准备着随时执行各自的决定。我们可以轻而易举地想象得出,这些态度千差万别,数不胜数。它们之间的差异就像水晶石的差异一样无法计数,但我们却可以分辨出它们是属于这个系统还是那个系统。正如水晶表现出一些相对简单的基本一致性一样,这些个人态度也表现出某些基本的特征,根据这些特征我们便可以对各种个人态度进行明确的分类。

从最遥远的时代开始,人们就不断地企图对个人进行类型划分,他们希望藉此将秩序引进混乱之中。就我们所知,在这个领域内最古老的尝试就是东方星相学家发明的所谓气、水、土、火四元素和十二宫。气宫组按其出现在星相图中的位置由黄道十二宫中属"气"的三宫组成,即宝瓶宫、双子宫和天秤宫;火宫组由白羊宫、狮子宫和人马宫组成。根据这一古老的观念,出生在这些宫内的任何一个人都禀赋了气性或火性,并且显示出与之相应的气质和命运。这一古代的宇宙论体系便是古典生理类型理论的始祖。根据古典的生理类型理论,上述四种气质分别与人体中的四种体液相对应。先前为黄道十二宫所代表着的那些东西后来出现在希腊医学之中,用生理学的术语把它们分类为黏液型(phlegmatic)、多血型(sanguine)、胆质型(choleric)和抑郁型(melancholic)。这些术语仅仅代表着人体内假设的四种体液而已。大家都非常清楚,这种分类法延续了将近十七个世纪;至于星相学的类型理论,至今依旧完好无损,甚至还在成为一种新的时髦。这不能不使有识之士感到吃惊。

对历史的这一回顾能够使我们坦然承认这样一个事实:尽

管在创立类型理论的问题上,科学良知已不允许我们再回到那些古老的直觉的方法,但是,我们现代人为此所做的努力却并不是什么新鲜的和前无古人的。对这一问题,我们必须找到我们自己的解答——找到一个能够满足科学需要的解答。

在此我们遇到了类型问题的主要困难即标准问题。星相学的标准非常简单,由星座的位置来决定。然而,人类的性格因素何以能够归因于黄道十二宫和行星呢?这是一个笼罩在史前迷雾之中的问题,至今尚未得出答案。古希腊人根据四种生理气质所进行的分类,将个人的外貌和行为当作标准,这正是今天现代生理类型理论所依据的标准。但我们的心理类型理论将去哪里寻求标准呢?让我们回到先前提到的那个众人过河的例子去吧。我们应该怎样和从什么角度来划分他们的习惯性动因(habitual incentives)呢?一个人是为了求得愉快,另一个人之所以行动是因为不行动将更为麻烦,第三个人不行动是由于他有另外的想法,如此等等。在进行分类时这些可能性几乎无穷无尽,但也几乎毫无用处。

我不知道其他人将会怎样着手这一工作,因此,我只能告诉你们,我自己是怎样开始研究这一问题的。我不得不忍受这样的指责,说我解决这一问题的方法是出于我个人的偏见。确实,这一指责是完全正确的,我简直不知道或如何来回答它。也许我只能引哥伦布以自慰,因为哥伦布就是根据主观的设想,根据一个错误的假设,而采取了一条为现代航海所抛弃的路线,但他却发现了美洲。不管我们看什么,不管我们怎样看,我们都是用自己的眼睛在看。因为这一原因,一门科学从来不是由一个人创设的,而是创设于许多人之手。个人只不过是做出他的那份贡献罢了。只有在这个意义上,我才敢于说出我看待事物的方法。

我的职业总是迫使我考虑个人的特异之处,这就使我不得不确立起某些普遍适用的真理。同样的情况,在多年的行医过程中,我不得不对难以数计的已婚人士进行治疗,因此我被迫要使我的观点让丈夫和妻子双方都能够接受。举个例子,不知道有多少次我不得不这样说:"考虑一下这一点吧,您妻子是一个天性很活跃的人,不能指望她把全部的生活都放在操持家务上。"这就是一种类型理论的开始,这是所谓统计学上的真理:有积极的天性(active nature)和消极的天性(passive nature)。但这一古老陈旧的真理并不能使我满意。于是,我接下来就试图表明:有些人是思考型的(reflection),有的人则是非思考型的(un-reflection);因为我发现,那些表面上天性消极的人在做预先考虑时实际上并不那么消极。他们首先要考虑一下形势,然后才会行动。由于他们习惯性地这样做,所以失去了很多不需预先考虑而只需立即行动的机会,因此他们便被贬为消极的一类了。那些不做思考的人在我看来总是急于投入到某一环境之中去,他们不做任何预先的考虑,而到头来也许只是发现自己陷入了窘境。因此,他们可以被认为是属于"非思考型",这个叫法似乎比"积极"一词更合适一些。在某些情况下,预先考虑是一种重要的活动形式,比起那种不惜代价急于行动者所表现出的激动浮躁,这也是一种更为合理的行动程序。但我很快就发现,这种人的犹豫踌躇并不总是因为他们在做预先的考虑,而另一种人迅速行动也并不是必然缺乏思考。前者的犹豫常常起因于习惯性的胆怯,或者至少是一种习惯性的退缩,就好像是碰到了一项太过繁重的任务一样;而第二种人的那种迅捷行动之所以成为可能,是因为他们对于对象有一种居高临下的自信心。这一观察使我提出了如下这些典型的差异：有一类人在对某种环境做出反应时，总是先退缩几分，好像是吐出了一个没有发出声音来的"不"字，只有在这之后他们才能够有所反应；而另外有一类人，在同一种情况下，总是以迅速的反应迎上前去，他们显然非常相信自己的行为是正确无误的。因此，前一类人的特点是与对象之间的某种否定性关系，而后一类人则是与对象之间的某种肯定性关系。

如我们所知，前一类人相应于内倾型态度（introverted attitude），后一类人则相应于外倾型态度（extroverted attitude）。但这两个术语本身并不包含任何内容，这种情况有点类似于莫里哀的"布尔乔亚绅士"发现自己通常是用散文说话一样。只有在我们意识到了伴随着此类型的一切其他特征以后，这些差异才会获得意义与价值。

一个人如果内倾或者外倾，那么他在每一个方面都只可能内倾或者外倾。"内倾"这一术语指的是，一切心理事件的发生方式都是我们断定为内倾人所应有的那种方式。与此同理，仅仅只确立某人外倾这样一个事实，无异于同证明这个人身高六英尺、金发、短脸这些事实一样，与事物的本质毫不相干。这些话除了它们自身所表达的明白事实以外，并没有提供多少新的东西。但"外倾"这一表达法还有更多的意义，它表明了，如果一个人是外倾型的，那么他的意识以及无意识就具有某些明确的性质。他总的行为，他与人们的关系，甚至他的人生道路，都会显示出某些典型的特征。

内倾或者外倾作为一种典型的态度，意味着一种基本的倾向，这一倾向制约着整个心理过程，建立起个人习惯性的反应（habitual reactions）。因此，它不仅决定了一个人的行为风格，而且还决定了他的主观经验的性质。除此之外,它还指明了个人特有的无意识补偿活动(compensatory activity of the unconscious)的类型。对这种无意识的补偿活动,我们是可望有所发现的。

当习惯性反应被确定下来以后,我们就可以相当肯定地说已经达到了目的,因为这些反应一方面控制着外在的行为,另一方面又铸造着具体的经验。某种特定的行为带来相应的效果,对这些效果的主观理解产生了某些经验,这些经验反过来又影响了行为。个人命运的圆圈就这样完成了。

习惯性反应无疑使我们触及了一个决定性的问题,但尽管如此,仍然还存在着一个微妙之处:我们是否已经把这些习惯性反应的特点令人满意地表达出来了。甚至在那些同样熟悉这一特殊领域的人中间,对这一问题也会持不同的观点。在我讨论类型的书①中,我罗列了所有能够找到的材料以支持我的论点,但我表明得非常清楚:我并不认为我的类型理论是唯一正确或唯一可能的。这个理论非常简单,只由内倾和外倾之间的对比所组成。但不幸的是,简单的阐释常常是有问题的阐释,它们将种种现实的复杂性轻描淡写地掩盖过去,因而使我们蒙受欺骗。我是以我的切身体验在说话,因为,当我万分恼火地发现自己受骗了以后,我就再也没有发表过最初用来阐释我的标准的那些理论了。一定是有什么东西出了故障。我是企图以一种过于简单的方式来解释过于繁复的内容了。在做出某种发现之后的第一阵欢悦之情中,常常会出现这样的情况。

现在我认识到了这样一个不可辩驳的事实:人固然可以按

---

① 《心理类型》,纽约:哈摩—布雷斯出版社,1923 年。——原注

内倾型或外倾型来分类,但这种差异并不能概括双方之间个人所具有的全部不同之处。这些个人之间的差异是如此巨大,以至于我不得不怀疑我最初做的观察是否正确。我几乎用了十年时间来进行观察和比较,最终才澄清了这一怀疑。

在同一类型的人之间所观察到的巨大差别,使我陷入了未曾预料到的困难之中,在很长时间内我都不能把握这些困难。要观察和识别这些差异也不太麻烦。我现在的困难归根结底还是同以前一样,是标准问题。我将怎样去为那些个性差别找到正确的术语呢?在这里我是第一次,并且也是在完全的程度上,意识到了心理学是多么年轻。它比起一团混乱依然还好不了多少,它依然还是由一堆武断的观点所组成,而这些观点中较好的一部分似乎都是得自于书房或诊断室,是从那些知识渊博的学者孤立而雄奇的大脑中自发产生出来的。由于我不希望我对自己的专业缺乏虔敬之心,我就只好让心理学教授也去正视妇女的心理、中国人的心理,以及澳洲黑人的心理。显然,我们的心理学必须拥抱所有的生命,否则我们就将继续封闭在中世纪之中。

我已经意识到,在当代心理学的一团混乱之中,不可能找到任何健全的标准。这些标准首先必须被创造出来——当然不能从整块的布料中把它们裁剪出来,而应该以许多人所完成的宝贵的准备工作为基础。对于那些为此做出了准备的人,心理学史是不会让他们的名字湮没无闻的。

在这篇文章的范围内,我不可能提及我所做过的每一次观察,但正是从这些观察之中我挑出了某些心理功能,并将它们作为标准用以指代那些现在正在讨论的差别。我只希望在我能够把握住这些差别的前提下,向大家表明我是怎样看待这些差别的。我们必须意识到,一个内倾型的人不仅在对象面前退缩和犹豫,他的退缩和犹豫还遵循着一种明确的方式。进而言之,他的行为在一切方面都不同于其他任何一个内倾型的人,而有一种他个人独特的方式。正如狮子击倒它的敌人或者猎物时用的是前爪,而不像鳄鱼那样用的是尾巴,这是因为前爪是它的力量汇聚之处。同样,我们的习惯性反应也通常有这样的特征,即倾向于运用我们更可靠和更有效率的功能,这就是我们力量的一种表现。但是,这并不会阻止我们有时候以一种暴露出自身的具体弱点的方式来进行反应。由于某种功能占据着优势地位,这使我们必然要去建立或者寻找某种特定的环境,而同时避免另一些特定的环境,因此我们就获得了为自己所特有的并且区别于其他人的经验。一个聪明的人特通过他的聪明才智去完成他对世界的适应,而绝不会采用一个末流拳师的方式,即便有时在盛怒之下他也会动用自己的拳头。在生存和适应的斗争中,每一个人都本能地使用他最发达的功能,这就是他的习惯性反应的标准。

现在的问题是:怎样才能将所有这些功能划归在一些普遍的概念之下,以便于能够将它们从偶然事件的一团混乱中区分开来?在社会生活中,这类粗略的分类很早以前就已经出现了,结果我们有了农民、工人、艺术家、士兵、武士等各种不同的职业。但这种分类与心理学无关,因为——正如一个著名的学者曾刻薄地说过的那样——有些博学的人不过是"知识搬运工"而已。

一种类型理论必须更精妙一些,譬如,仅仅说聪明是不够的,因为这是一个太一般、太模糊的概念。几乎任何一种行为都可以称为聪明的,只要它进行得顺利、迅速、有效、达到目的。聪明就像愚蠢一样,不是一种功能,而是一种形式(modality)。它所告诉我们的不过是一种功能所起的作用。道德标准和美学标准也同样如此。我们必须指出的是,在个人的习惯性反应之中,究竟是什么东西在起着显著的作用。为此,我们被迫求助于某种事物,这种事物乍看之下与十八世纪那种古老的学院心理学有着惊人的相似,然而在实际上,我们所求助的对象不过是日常语言中的流行观点而已,每个人都能够接近和理解它们。譬如,当我说"思想"的时候,只有哲学家才会不知道我表达的是什么意思,而不会有任何一个普通人觉得难以理解。他们每天都在使用这个词,并且总是在这个词通常所具有的那种意义上使用它,即使突然要求他给思想下一个清楚明确的定义,他也不会感到有丝毫的为难。"记忆"或"感情"等词也同样如此。不管科学地定义这些概念并由此使它们成为心理学的概念是多么困难,但它们在通行的语言中却是很容易理解的。语言是一个建立在经验基础之上的意象仓库,因此过于抽象的概念不容易在里面扎下根来,即使扎下根来,也会因为缺乏同现实的接触而很快趋于消失。但思想和感情是如此逼人地真实,以至于任何一种处于原始水平以上的语言都会有许多绝对无误的方式来表达它们。从这一点我们就可以肯定,这些表现方式与某些非常明确的心理事实相是对应的,而不管这些复杂事实的科学定义可能是什么。举个例子,每个人都知道意识是什么;无论科学对这一概念所下的定义如何令人不满,但绝不会有任何人怀疑它指代的是一种明确的心理状态。

因此,我根据通行语言中所表述的那些概念,形成了我的各种心理功能的概念。我把它们当作标准,用它们来判断同属一种类型倾向的不同个人之间所具有的差异。比如,我是按照通常所理解的那种意义来看待"思想"一词的。因为许多人给我留下了极为深刻的印象,与另外一些人比较起来,他们习惯性地思考得更多一些,因此,他们在做重要的决定时就更加注重思考。他们用自己的思考来理解世界和适应世界,无论在他们身上发生什么事情,都是服从于思考和反思的,或者至少也是遵循着某种为思想所认可的原则。而另外的那些人则明显地忽略思考而偏重情感因素,即偏重感情。他们始终不渝地遵循着一种听命于情感的"政策",必须出现某种万不得已的情况才能使他们进行思考。这些人与前一种人形成了一种明显的对比,其间所表现出的差别在某些情况下会显得非常突出,比如,当分别属于这两种类型中的两个人成为了生意上的或者婚姻中的伙伴之时。不过,无论一个人属于外倾型还是属于内倾型,他都有可能偏重思想,但他使用思想的方法总是带着他那种类型倾向的特征。

但是,根据某种功能所占据的优势地位来进行解释,并不能囊括在个人之间业已发现的全部差异。我称之为思想型和情感型的那两类人又有着某种共同的东西,这种共同的东西我除了用理性(rationality)一词来命名外,就再也找不到其他的词了。思想在本质上是理性的,对于这句话谁也不会有所争议,但当我们这样论及情感时,就会有反对的意见出现了。我不想简单地驳回这些反对意见,相反,我随时都承认,情感这一问题一直使我大伤脑筋。但我不想用这一概念现存的各种定义来加重这篇文章的负担,我只准备简洁地阐述我自己的观点。情感问题的主要困难在于:"情感"一词可做各种不同的使用。这在德语中尤其如此,英语和法语在某种程度上也有相似之处。那么,我们首先就必须仔细区分情感和感觉这两个概念,后者是用来指代各种感官过程的(sensory processes)。其次,我们必须辨明,某种内疚感是不同于诸如天气将要变化或者铝矿股票的价格将会上涨这样一些"感觉"①的。因比,我建议在第一种情况下用"情感"这个术语,而在后两种情况下则不再用这个词——当然这只限于心理学术语的范围。当涉及感觉器官时,我们应说"感觉"(sensation);如果我们涉及的是某种不能直接追溯到意识感官经验的知觉(perception),那么,我们则应该称之为"直觉"(intuition)。因此。我把感觉定义为通过意识感官过程所获得的知觉,而把直觉定义为通过无意识内容和联系所获得的知觉。

自然,我们可以就这些定义是否合适一直争论到世界末日,但这一争论所触及的最终不过是一个术语问题,就好比我们争论不休的只不过是为了确定该把某种动物称为美洲豹还是山地狮。然而,真正需要的是应该搞清楚,我们希望以某种方式来予以命名的究竟是些什么样的东西。心理学仍是一片未经探索的研究领域,它的特殊用语必须首先确定下来。众所周知,温度可以用列氏、摄氏或者华氏温标来进行测量,但我们必须指明我们所用的是哪一个体系。

因此,我显然是把情感自身当作一种功能,并且把它区别于感觉和直觉。谁要是把情感一词更狭窄的意义同后两者混为一谈,他就自然不能承认情感的理性倾向。但如果后两个词与情感一词区分开来了,那么非常清楚,情感价值和情感判断——也就是说我们的情感——就不仅是理性的,而且还有辨别力、逻辑性、一致性,完全同思想一样。这种说法在一个思想型的人看来似乎会觉得奇怪,但是,只要意识到了下面这样一种情况,我们就能够理解这一点,即一个具有突出的思想功能的人,他的情感功能总是处于一个较低的发展程度上,总是更为原始,因此被其

---

① 在英语中,内疚感和后文提到的对天气要变的某种感觉都是用 feeling 一词。——中译者注

他的功能所污染——而其他的功能则正是一些没有理性、缺乏逻辑和不能进行价值评判的功能，即感觉和直觉。当我们思考时，我们是为了做出判断或者得出某种结论；当我们产生情感时，我们是为了获得对某物的正确评价。但感觉和直觉则相反，它们是感知到的——它们使我们意识到正在发生着什么事情，但并不对这一事情进行解释或评价。它们不会按照原则做出有选择性的行为，而只是简单地接受事实。但"事实"是纯粹自然的，因此从本质上来说是非理性的。没有任何推理模式可以证明行星有多少颗行星，或者证明这类或那类热血动物有多少种。缺乏理性是一种缺点，需要有思想和情感来给予弥补——但理性也同样是一种缺点，应该由感觉和直觉来完善。

有很多人的习惯性反应是非理性的，因为他们主要是以感觉或直觉为基础。感觉和直觉这两者不可能兼而有之，因为感觉与直觉是对立的，正如思想和情感是对立的一样。当我试图用眼睛和耳朵来使自己确信正在发生的事情，我就不可能同时又求助于梦和幻想来告诉我转角处有什么东西。然而，这正是直觉型的人所必须依据的方式，以便使无意识或者使对象得到充分自由的活动。可以很容易看到，感觉型与直觉型处于相对的两极。不幸的是，我不能在这里讨论非理性类型中那些颇为有趣的差异了，这些差异可能是由外倾型的人造成的，也可能是由内倾型的人造成的。

不过，我愿意在此补充一点：当一种功能受到偏重时，其他功能通常所受到的影响。我们知道一个人绝不会同时把一切都兼而占有了，他绝不会是完全的，而总是以牺牲某些能力为代价以发展起另一些能力。完整是从来也不会达到的，但那些没有得到过训练，没有被有意识地带入日常应用中的不发达的功能又怎么样了呢？它们多少还仍然停留在原始状态和幼儿状态之中，常常是半意识的，甚至是完全无意识的。这些相对发展低下的功能构成了一种具体的自卑，这种自卑在每种类型中都各具特色，成为了整个性格的一个组成部分。对思想的片面强调总是伴随着情感方面的自卑，而感觉和直觉居于突出地位时也同样有害。一种功能突出与否可以很容易地根据它的力量、稳定性、经常性、可靠程度以及它的适应性辨别出来。但某种功能方面的自卑则常常不能被如此轻易地描述或辨别出来。描述或辨认它的一个基本标准就是自足性（self-sufficiency）的缺乏，以及由此产生的我们对他人和环境的依赖；另外还有，它使我们受控于糟糕的情绪和过分的敏感，它的不可靠性和模糊不清的特征，以及它使我们易受暗示影响的倾向，等等。使用这样一种具有自卑性的功能总是十分不利的，因为我们不能对它发号施令，事实上甚至还常常成为它的受害者。

既然在此我必须局限于勾勒出一种心理类型理论的基本观点，因此，我不得不非常遗憾地放弃根据这一理论详细地描述个人的特征和行为。我在这一领域中目前的全部结果就是总结出了两个总的类型，它们所代表的就是我称之为外倾和内倾的两种态度。除此之外，我还提出了一个四重性的分类，分别对应于思考功能、情感功能、感觉功能和直觉功能。这些功能又根据总的态度而有所不同，这样就有了八种变化的类型。有人几乎是用责难的态度问我，为什么不多不少刚好是四种功能呢？这是因为正好有四种功能，这是一个经验事实的问题。但下面这一考虑将会表明，这四种功能达到了某种完整性。感觉确立起实际的事实，思想使我们认识到它的意义，情感告诉我们它的价值，最后，直觉指出这些直接事实何去何从的各种可能性。这样，我们就可以完整地确定我们对待这一直接世界的方针和态度,这正如我们可以用经纬线完全地标明一个地方的地理位置一样。这四种功能有点像罗盘上的四个点,并且像这四个点一样是一定的和不可缺少的。我们尽可以随意把东南西北四点朝一个方向或另一个方向移动多少度,也可以给这四个点另外起一些不同的名字,但这充其量不过是一个习惯和理解的问题。

现在,我必须承认一件事情:在进行心理学探索的旅程中,我无论如何不会抛弃这只罗盘。这不仅是出于每个人都钟爱自己的观点这一明显的、太富于人性的原因;我重视这一类型理论更是出于一个客观的原因:它提供了一个进行比较和确定方向的体系,这一体系使一门长期缺乏的批判心理学成为了可能的事物。

五　人生诸阶段

我们常常爱说人生的早晨和春天，说人生的傍晚和秋天，这些并不是多愁善感的套话。我们以此表达出了一个心理的甚至是生理的事实：因为人生正午时分的颠倒甚至也改变了身体的特征。

讨论与人类发展的各阶段相联系的那些问题，是一项非常艰难的工作，因为这无异于需要展现人类心理生活从摇篮到坟墓的一幅全景图。在本文如此狭小的篇幅内，这样一幅图画只能以最粗略的线条勾勒出来；并且，大家还必须了解，本文将不会对各个阶段内的正常心理事件进行描述。我们宁可只局限于讨论某些特定的"问题"，也就是说，只讨论那些困难的、有疑问的或者模棱两可的事物；总而言之，只讨论那些不只拥有一个答案，而是拥有许多答案——并且这些答案总是易于受人怀疑——的问题。因此，我们必须在自己的思想里对许多东西都打上一个问号。但更糟糕的是，我们将不得不盲目地接受某些事物，而有时我们又甚至必须要沉溺于思考之中。

　　如果心理生活仅仅是由某些明显的事件所构成——在原始人那里情况确实如此——那么我们只需要有一种坚实的经验主义就足够了。但是，文明人的心理生活中却是充满问题的；除了用问题来说明它以外，我们根本不能想象它还会有其他的样子。

在很大的程度上,我们的心理过程是由思考、怀疑以及实验组成的,这一切东西对于原始人类那种无意识的、直觉似的头脑来说几乎是完全陌生的。我们感谢意识的成长,这才导致了问题的存在,这些问题是文明奉送给我们的可疑的礼物。正是人对本能的背离——他把自己与本能对立起来——才创造出了意识。本能是自然,它寻求自然的永恒与不朽,而意识则只能寻求文化及其否定。甚至当我们为卢梭似的渴望所激发而返归自然时,我们也"教化"了自然。只要我们还被淹没在自然之中,我们就仍然是无意识的,就是生活在本能的安全之境中;因为本能是不知道有任何问题存在的。我们身上依然属于自然的一切,在问题面前都退避开去;因为问题的名字就叫怀疑,怀疑在哪里占据着支配地位,哪里就会出现不确定性,就会有各种分歧的可能性。当几种方法可能同时并存的时候,我们就会背弃本能明确的引导,而被转入恐惧的手掌之中。因为,从前总是由自然为其儿女们做的事情——即做出一个确定的、清晰无疑的决定——现在需要由意识来完成了。在此,我们为一种太过于人性的恐惧所搅扰,我们深恐意识——所谓的普罗米修斯似的成就——最终将不能代替自然而为我们效劳。

就是这样,问题将我们拖入了一种孤立无援的状态,我们被自然抛弃,被驱向意识。没有其他的道路向我们敞开;从前我们把自己托付给自然事件,而现在我们被迫寻找解决方法与做出决定。因此,每一个问题都带来意识扩展的可能性——但同时它又需要我们告别幼稚的无意识,告别我们对自然的信赖。这一需要是一个具有重要意义的心理事实,它构成了基督教基本的象征性教义之一。这就是纯粹自然人的牺牲——无意识的、天真的人的牺牲,他从在乐园中偷吃苹果时起就开始了自己悲剧性的生涯。《圣经》中人类堕落的故事展现了意识的曙光,但这种意识的曙光却被当作一种诅咒。实际上,对于每一个把我们逼向更高意识的问题,对于每一个把我们与无意识童年的乐园愈加分离的问题,我们首先都是以这种态度来对待的。我们每个人都很高兴对自己的问题背转身去;如果可能的话,不提及这些问题,甚至更彻底些,干脆否认它们的存在。我们希望使自己的生活简单、确定和顺利——于是问题就成了禁忌。在确定的事物和怀疑之间,我们选择了确定的事物——在结果和试验之间,我们选择了结果——我们甚至没有看一看,只有通过怀疑才可能出现确定的事物,只有通过试验才可能取得结果。人为地否认问题并不能导致坚定的信念;相反,我们需要一种更广阔和更高度的意识给予我们确定性和清晰性。

尽管这个导言太长,但我认为它是完全必要的,它有助于弄清我们题目的性质。当我们不得不解决各种问题时,我们都本能地拒绝穿越黑暗和模糊之境,而只希望听到明晰清楚的结果;我们完全忘记了,只有勇于投入黑暗并再次从黑暗之中浮现出来,才可能得出这些结果。但是,我们必须聚积起意识所能提供的一切光明的力量以穿透这黑暗;正如我已经说过的那样,我们甚至还必须沉溺于思考之中。在对待心理生活的问题时,我们会不断地冲撞形形色色的原理,这些原理分别属于一些迥然不同的知识领域。我们打扰和激怒神学家的程度并不亚于打扰和激怒哲学家的程度,医生如此,教育家也同样如此。甚至于我们还在生物学家和历史学家的领域中到处摸索。这种过度的行为不应被归咎于我们的傲慢无礼,而应该归咎于这样一种情况,即人类心理是众多因素的一个独特的综合体,这些因素也构成了各个相距甚远的研究部门的特殊课题。因为人类是从他自身之中,从他自身的特殊构成中创造出他的各门科学。这些科学都是人类心理的征兆。

因此,如果我们对自己提出那个不可规避的问题:"为什么人明显地不同于动物世界而有着各种问题?"——我们就闯入了那个难以解开的思想之结;这各种思想聚积的纷乱是成千上万敏锐的头脑在数千年的时间进程中而形成的。对这个纷乱的杰作,我不会去重复西西弗斯①似的劳动,而只想简单地表明,在人类企图解答这一基本问题的努力中,我做出了什么样的贡献。

没有意识就没有问题。因此,我们必须以另一种方式来表述这一问题:意识是怎样出现的? 没有人能够说得很肯定,但我们可以观察小孩子获得意识的过程。每一位父母只要留心观察,都能够看到这一点。下面就是我们观察到的东西:当孩子认出了某人或某物——当他"知道了"一个人或者一个东西时——我们就感到他有了意识。毫无疑问,这也是为什么在伊甸园中只有知识之树才结出了如此致命之果的原因。

但在这个意义上的认知或者知识是什么呢? 当我们将一个新的知觉与一个已经建立的背景成功地联系起来,这样我们在意识中不仅保留了这一新的知觉印象,而且还保留了这个背景,这时,我们就说我们"知道"了某物。因此,"知道"是以心理内容之间有意识的联系为基础的。对于不相关联的内容,我们是不能够知道的,甚至也不能够意识到它们。于是,我们所能观察到的意识的第一阶段就只在于两个或更多的心理内容之间的联系。在这个层次上,意识只是零散的,局限于一些联系的表象,

①　西西弗斯(Sisyphus),希腊神话中的人物。他是个暴君,死后被处罚在地狱把巨石推到山上。但他将要把巨石推到山顶时,巨石又滚下山,于是他又重新开始,如此循环不已。——中译者注

并且随后就将内容忘记掉了。事实上,在生命的头几年里并没有连续的记忆;最多不过有一些意识的岛屿,像漫天黑暗中孤立的灯火或发光的东西。但这些记忆之岛与心理内容之间的初期联系不同,它们还包含着某种新的甚至更多的东西。这东西就是由许多相互联系的内容所组成的系列,这一系列具有高度的重要性,正是它们构成了所谓的自我(ego)。自我非常相似于早期的内容系列(initial content - series),它是意识中的一个客体,因此,小孩最先总是客观地使用第三人称称呼自己。直到后来,当自我的内容本身被充足了能量以后(这很可能是练习的结果),才产生了主观感(the feeling of subjectivity)或"自我"(I-ness)感。这显然是发生在小孩开始用第一人称称呼自己的时候。在这个层次上,记忆的连续性开始了。因此,从本质上来说,记忆的连续性是自我记忆(ego-memories)中的一种连续性。

在儿童的意识阶段还不存在任何问题,那时还没有什么东西对主体有所依赖,因为儿童自己还完全依赖着他的父母。他就像还没有完全出生一样,依旧封闭在他父母的心理气氛之中。按事物的正常进程,精神的诞生发生在性生活突然介入的青春期;伴随着精神的诞生,自我有意识地同父母区分开来。一种心理上的变化随着生理的变化而至,因为身体方面的各种现象使自我受到了如此的强调,使得它常常毫无节制地表现自己。这个时期有时也被称作"难以忍受的年纪"。

在达到这个阶段以前,个人的心理生活基本上是被冲动控制着,很少或者根本不会遇到任何问题。甚至当外部限制与主观冲动对立时,这些限制也不会使个人与他自己产生不一致。他服从于这些限制,或者避开它们,仍然与自己保持着统一。他还不了解由问题导致的那种内部紧张状态。这种状态只有当一种外部限制变成一种内在的障碍时,只有当一种冲动与另一种冲动对立时,才可能产生出来。用心理学的术语我们可以这样说:如果与自我内容系列并列出现了第二组具有同样深度的系列,这时,由某个问题所导发的这种状态——与自己不相一致的状态——就产生了。这第二个系列因其能量价值(energy value)而具有一种与自我情结相等的功能意义;我们或许可以把它称之为另一个或第二个自我,在特定的情况下它能够从第一个自我手中夺去支配权。这就导致了它们彼此之间的疏远——这种状态就预示着一个问题。

根据以上所述,我们可以概括如下:意识的第一个阶段,即由辨认或者"知道"构成的阶段,是一种无秩序的或混乱的状态;第二个阶段——自我情结得到了发展的阶段——是一个单一化的或者一元化的时期;第三阶段意识往上再迈进了一步,它认识到了一个人的分裂状态,这是一个二元化的时期。

这样我们才接触到实际的主题,即人生诸阶段的问题。首先,我们必须讨论青年时期。这一时期大致从青春期以后一直延续到中年,而中年则是从 35 到 40 岁之间开始的。

可能有人会问,为什么要选择人类存在的第二个阶段作为开始,难道没有任何与童年时代有牵连的难题吗?儿童复杂的心理生活对父母、教育者和医生来说,无疑是一个头等重要的问题;但是,如果儿童是正常的,他在这个时期就不会有真正属于他自己的问题。只有当一个人长大了,才可能对自己有所怀疑,才可能与自己对立起来。

我们所有人都非常熟悉出现在青年时期的那些问题的来源。对于大多数人来说,是生活所提出的要求粗暴地结束了童年的梦幻。如果个人有着充分的准备,那么,向职业生活的过渡就会进行得很顺利。但如果他紧紧抓住与现实相矛盾的幻觉不放,就必然会产生问题。没有任何人在步入生活之前不做一番预想——有时这些预想是错误的。这就是说,他们可能会不适应自己被抛进的环境。通常这得归因于期望过高、低估困难、盲目乐观,或者某种否定的态度。我们可以列举出一大堆这种错误的预想,正是它们导致了最早的意识问题。

但是,导致问题产生的也并不总是主观预想与外部事实之间的对立,它也往往可能是内部的、心理的骚乱。这些骚乱甚至在外部世界的事物顺利发展时也可能存在。通常这是由性冲动引起的心理平衡的失调,也可能是源于某种难以忍受的敏感的自卑。即使人们无需明显的努力就获得了对外部世界的适应,这些内部的困难仍然可能存在。我们甚至看到这样的情形:那些不得不为生存而艰苦奋斗的年轻人似乎免除了内部问题的困扰,而那些因为某种原因非常容易就完成了适应的人,则似乎要遭遇性的问题或者是自卑感所造成的冲突。

那些因其本身的气质而导致问题的人通常是神经症患者,但如果因此把问题的存在与神经症混淆起来,则是一个严重的误会。在这两者之间有一个明显的区别:神经症患者正因为意识不到自己的问题,因而是有病的;而一个气质阴沉的人可能遭受着自身意识问题的折磨却没有任何疾病。

我们从青年时期中发现了几乎是难以穷尽的、各种各样的个人问题,如果从这些问题中抽出那些普遍的、基本的因素,则差不多在每个例子中都会碰到这一特殊的性质:人们多少有些明显地对童年意识水平存在依恋——对存在于我们自身之中和自身之外的各种重大力量进行反抗,这种力量倾向于把我们卷进这个世界之中。我们自身内的某种东西希望仍然是一个孩子;希望处于无意识状态,或者最多只希望意识到自我;它希望排斥一切陌生的事物,至少也要使它们服从于我们的意志;它希望万事不为,或者无论如何要放纵我们对快乐或权力的渴望。我们在这种倾向中观察到了某种类似于物质惰性(inertia of matter)的东西,它留存于至今依然还存在的那种状态之中,这种状态的意识水平较之二元阶段的意识层次要狭小、自私得多。这是因为,在后一个阶段中,人们发现自己不得不承认并接受不同的、陌生的事物,将其作为自己生命的一部分——作为某种"我的同体"(also‐I)。

二元阶段的基本特点在于生活地平线的扩展——对于这一扩展也有抵抗的力量存在。当然,这一扩大——或者用歌德的表达法,这一"舒展"——是早在这之前就开始了的。它开始于诞生之时,在那个时刻,小孩抛弃了母亲子宫的狭窄范围;从那时起,它就稳步地增长,直到抵达了那一阶段里的转折点,个人便为问题所缠扰,因而开始了与它的斗争。

如果他轻易就将自己改变成另一个异质的"我的同体",并让早期的自我消逝于过去之中,那将会发生什么样的情况呢?可以认为这是一个非常切实可行的过程。宗教教育,从劝诫人们抛弃掉老亚当起,一直上溯到原始种族的再生仪式,其目的都是为了要将人改变成一个新人——一个未来的人,并让生命的旧有形式消亡。

心理学告诉我们,在某种意义上,没有陈旧的心理,没有任何东西能够真正地、肯定地消亡。甚至在保罗的肉体中也还留下了一处刺痛。谁要是抗拒新的和陌生的东西而回复到过去,谁就会陷入神经症的状况;同样,与新的事物取得一致而弃绝过去的人,也必将陷入相似的状况中。其间唯一的差别在于:一类人疏远了过去,而另一类人疏远了未来。原则上他们是在做着相同的事情,都在挽回一种意识的狭隘状态。可供我们选择的道路是:用两极对立中的紧张——二元阶段中的紧张——来打碎这种状态,从而建立起一个更广阔、更高级的意识状态。

如果在生命的第二阶段能够出现这种结果,那将是最为理想的——然而障碍正在这里。首先,自然对一个更高的意识层次绝不表现出丝毫的关切,情况恰恰相反。其次,社会并不十分重视这些心理的功绩;它的奖励总是赋予成就而不赋予人格——即使后者能够获得奖励,在绝大多数情况下也是身后之事了。既然如此,对这一困难的特殊解决方法就成为了强迫性的:我们不得不将自己局限于能力可及的事物,不得不发掘特殊的才能,因为能干的个人才会得到社会的器重。

成就、有用性,以及诸如此类的东西好像就是我们的理想,它们似乎引导我们走出了那由成堆问题造成的混乱之境。在扩展和巩固我们精神存在的冒险历程中,它们是指引我们的北极星——帮助我们在这个世界中扎下根来——但是,它们不可能指引我们去发展那更为广阔的意识,也即我们所说的文化。无论如何,这一过程在青年时期是一个正常的过程,并且,在一切环境下它都比只在问题的混杂纷乱中摇荡颠沛要可取得多。

因此,这个困境常常以这种方式得到解决:过去赋予我们的一切都被用以适应将来的各种可能性和各种需要。我们将自己限制于可及之物的范围内,这就意味着对一切其他潜力的放弃。一个人失去了一段宝贵的过去,另一个人失去了一段宝贵的未来。每个人都能回忆起某些曾经前程远大和理想主义的朋友或同学,但当数年以后再相遇时,他们似乎已变得枯萎了,他们被束缚在一个狭窄的模子里面。这些人构成了上述解决方法的典型例子。

　　然而,这些严肃的生活问题从来没有得到过完全的解决。如果什么时候它们表现出得到了完全解决的样子,那么这就标志着失去了某种东西。一个问题的意义和目的并不在于它的解决,而在于它使我们不断地寻求着解决它的办法。仅此一点就足以使我们免于愚蠢和僵化。对青年时期——我们将自己限制在可及之物范围内的行为构成了这个时期的特征——的各种问题的解决也同样如此:在更深层的意识上,这种解决只是暂时有效的,而不是持续长久的。当然,在社会中为自己赢得一席之地并改变自己的本性,使其多少适应于这一生活,这无论在什么情况下都是一项重要的成就。这是一场战斗,它不仅在我们自身内部进行着,也在我们的外部进行着,它极其类似于儿童为捍卫自己的自我而进行的那场斗争。我们必须承认,这场斗争的绝大多数情况是难以观察到的,因为它发生在黑暗之中。不过,只要我们能够看到,在以后的岁月中人们是如何固执愚顽地紧紧抓住他们童年的幻觉、设想和自私的习惯,我们就能够意识到形成这些东西的能量是多么强大。那些理想、信念、主导观念和态度也同样如此,它们在青年时期引导着我们走进生活——我们为之而斗争、受难、胜利。它们与我们自身的存在长成了一体,我们明显地变成了它们的样子,因此我们愿意使它们得以永存和不朽。事实上,这种情况就像儿童在世界面前表现他的自我时不顾一切一样——有时甚至是恶意地对待自己。

　　我们越是接近中年生活,就越是容易固守我们个人的观点和社会地位,就好像越是找到了正确的道路、理想和行为准则。因此,我们把这一切看成是永恒有效的,终生不渝地坚守着它们,并把这当作一种美德。我们完全忽略了一个基本的事实,即为社会所赞赏的那些成就是以人格的萎缩为代价而获得的。生活的许多方面——太多的方面——同样是我们应该体验的,但它们却在尘封的记忆中堆积在贮藏室里。有时候,这些方面甚至就像是掩盖在白色灰烬之下的燃烧的炭火。

统计数字表明,在四十岁左右的男人中,精神抑郁症的出现率明显地有所上升;而在妇女中,具有神经症性质的各种困难通常出现得更早一些。我们看到,在生活的这个阶段——三十五至四十岁之间——人们的心理中正在孕育着一次重大的变化。开始时,这并不是一个有意识的、明显的变化,而更多只是变化降临前的一些间接的预兆。这一变化似乎是从无意识中发源出来的,它常常好像是在个人性格中发生的一种缓慢的变化。而在另一种情况下,某些消失于童年时期的特征又浮现了出来,或者,现有的爱好和兴趣开始衰退,另一些爱好和兴趣取而代之。此外,还经常发生这样的情况:从前一直被接受的信念和准则——尤其是道德准则——开始坚固和强硬起来,而且变得越来越严厉,一直要持续到大约五十岁左右(一个不宽容和盲目狂热的时期)为止。这种情形就好像是这些准则遭受到了危机,因而更需要对它们加以着重强调一样。

青春之酒并不总是随着岁月的递进而变得清澈起来,它常常会变得混浊不堪。上面提到的一切在一个片面的人身上表现得最为明显,它们有时出现得早一些,有时又出现得迟一些。据我看,这些表现常常因为一个人父母的在世而被延迟了。父母的存在似乎过分地延长了青年时期。我在那些父亲长寿的病人身上将这一点看得尤为清楚,所以,父亲的死亡有着某种影响,它促成了一种过于匆忙的——几乎是灾难性的——成熟。

我认识一个非常虔诚的教会执事,他从四十岁起在道德和宗教方面的事情上表现出一种越来越不宽容的态度,这种不宽容终于发展到令人难以忍受的地步。与此同时,他的性格也明显地糟糕起来。最后,他地地道道地变成了一个阴暗卑劣的"教会支柱"。这种状态一直持续到他五十五岁的时候。一天夜里,他突然坐起来,对他妻子说:"我现在终于清楚了!我完全是个彻头彻尾的坏蛋。"对自己的这一认识并非毫无结果。在他生命走下坡路的年月里,他过起了一种放荡的生活,挥霍了他大部分的财产。毫无疑问,这是一个两个极端都能达到的可爱的人!

在成年时期常见的神经性不安都有一个共同之处:它们都表现出一种企图,企图要把青年时的心理气质一直带过成年时期的门槛。谁不知道那些多愁善感的年老绅士呢?他们总要重温学生时代的好时光,他们只有靠回忆那英雄般的青春岁月才能煽起生命的火焰——除此之外,便是完全地沉陷在麻木绝望的市侩主义之中。但作为一条规律可以肯定的是,他们身上有一处优点不容我们低估,即他们并不是神经症患者,而只不过显得乏味或者陈腐罢了。神经病患者绝不会喜欢他们过去的事情又重新出现,因此,他们绝不是能够体味和玩赏过去的人。

神经症患者从前不能从童年中挣脱出来,现在又难以同他的青年时代分离。他在老之将至的阴沉念头面前退缩。由于感觉到横亘在面前的前景难以忍受,因此他总是努力把目光转向他的身后。正如小孩在世界和人生的未知之前退缩一样,成年人则是面对着生命的后半部分退缩,仿佛前边等待着他的是未知而危险的任务,仿佛他将遭遇的是他不希望接受的损失和牺牲,要不然就是他迄今为止的生活过于美好和珍贵,以至于他不能没有它。

也许这归根到底是对死亡的恐惧吧?但在我看来这不太可

能。死亡还在遥远的地方,因而还被看作某种抽象之物。经验告诉我们,这一转变时期所出现的一切困难,其基础和原因都在于心理中发生的某种深刻和独特的变化。为了说明这一变化的特征,我必须以太阳的日常运行来作比喻——但这个太阳被赋予了人的情感和人受限的意识。早晨,这太阳从无意识的夜海中升起,放眼凝望着面前那广阔而明亮的世界。当它慢慢地爬上苍天,它的视野也一点点地更加开阔起来。它自身的升起拓展了活动的场所。在这一拓展中,太阳将发现它自己的意义,它将把达到最高的极点——它福泽广被的最大范围——当作自己的目标。怀着这一坚定信念,太阳追随那通达巅峰的不可预见的旅程;之所以不可预见,是因为它的发展是独特的和个体性的,它的极点不能预先计算。当正午的钟声敲响之时,它的降落便开始了。这一降落意味着一种颠倒,颠倒了在早晨怀抱的那一切理想和价值。太阳掉进了与自己的对立之中,它仿佛要收回它的光芒,而不再照射大地。光明和温暖衰竭了,而最后终于熄灭。

一切比喻都是蹩脚的,不过这一比喻不会比其他的比喻更为蹩脚。法国有句格言玩世不恭、无可奈何地对此做了总结:愿年轻人有智慧,愿老年人有精力(Si jeunesse savait, si vieillesse pouvait)。

有幸的是,我们人类并不是升起又降落的太阳。如果那样的话,我们文化价值的发展就会极其糟糕。但在我们身上有着某种类似于太阳的地方。我们常常爱说人生的早晨和春天,说人生的傍晚和秋天,这些并不仅仅是多愁善感的套话。我们以此表达出了一个心理的甚至是生理的事实;因为人生正午时分的颠倒甚至也改变了身体的特征。尤其是在南方的种族中,你可以观察到,老年妇女的声音变得粗糙、浑沉,唇上开始长出茸须,面部表情变得坚硬,同时还具有其他一些男性特征。另一方面,男性体格则因为出现了女性特征而有所减弱,譬如肥胖以及较柔和的面部表情等。

在民族学文献中有一则非常有趣的报告,记录了一个印第安武士头领的事迹。他中年的时候,伟大的神灵显现于他的梦中,神灵向他宣示,从此以后他必须坐在女人和孩子当中,穿女人的衣服,吃女人的食物。他服从了这个梦,而没有丧失威望。这一幻觉真实地表现了人生正午——衰落开始时——所发生的心理变化。人的价值乃至他的身体都将经历一次向对立面的转变。

我们可以把男性气质和女性气质连同它们各自的心理成分比喻成贮藏于同一仓库中的两种物质。在生命的前半段,对这两种物质的使用是不均衡的。一个男人消耗了他身上那大部分的男性物质,而留下了那一小部分的女性物质,现在,他不得不使用那一小部分的女性物质了。女人则是相反的情况,她让自己身上那部分未经使用的男性气质变得活跃起来。

这一转变在心理领域中比在身体领域中具有更重的分量。下面这种情况是经常出现的:一个四十岁或者五十岁的男人停止了他的生意,他的妻子于是接管过来当了家,开起了一爿小店,而他在这小店里只是偶尔干一下手艺人的活儿罢了。许多妇女都是在四十岁以后才唤醒了自己的社会责任感和社会意识。在现代的商业生活中——尤其是在美国——四十至五十岁或者五十岁以上的人因神经紧张而垮掉的例子太司空见惯了。如果对受害者做一点深入的研究,我们就会发现,垮掉的是迄今为止一直支撑着场面的男性生活风格,剩下的不过是一个女人气的男人罢了。相反,我们可以观察到,处于人生后半部分的女人在这一完全相同的领域中则发展出一种不同往常的男性气概和敏锐机智,而将感情和柔弱心肠抛到了一边。这种颠倒通常伴随着各种婚姻上的灾难,因为不难想象,当丈夫发现了自己软弱的情感而妻子发现了自己敏锐的头脑时,将会发生什么样的事情。

最糟的事情是,聪明而受过教育的人有着这些倾向,但他们却不知道这类转变的可能性。他们毫无准备地开始了人生的后半部分。如果有专为四十岁的人开办的大学就好了,这些大学能够使他们做好准备,以迎接将要来临的生活,并适应这一生活的各种要求,就像普通的大学使我们的年轻人获得有关世界及生活的知识一样。但是,没有这样的大学。我们在完全缺乏准备的情况下步入了人生的下午;比这更坏的是,我们迈出这一步的时候,还带着一个虚假的预想,以为从前的真理和理想还将一如既往地为我们服务。但我们是不能按照人生早晨的程序来度过人生下午的——因为,早晨伟大的东西在下午将变得渺小,早晨真实的东西在下午将成为谎言。我对太多的渐趋晚景的人进行过心理治疗,窥见了他们太多灵魂的奥秘;而他们并不知道这一基本的真理。

老年人应该知道,他们的生活已不再是登高和拓展;相反,一种不可改变的内在历程迫使着生命进行收缩。对于一个年轻人来说,过于专注自身几乎是一桩罪孽——自然也是一大危险;但对于一个老年人来说,严肃地关注自己则是一种责任和一种必需。当太阳把它的光芒洒向世界以后,它又吸收回它的光芒以照亮自己。但许多老人却并不这样,他们情愿成为疑病症患者、教条主义者、吝啬鬼,情愿沉浸于辉煌的过去和永不再来的青春——这一切可悲可叹地代替了老人们对自己的关注,而这都是由于错误地相信人生后半部仍然必须受制于人生前半部原则的缘故。

我刚才说过,我们没有为四十岁的人专门开设的学校,但情况并不完全如此。我们的宗教在过去一直都是这样的学校,但今天还有多少人这样看待宗教呢? 我们有多少中年人是真正经受过这种学校的培养,真正做好了准备去迎接人生的后半部,去迎接老年、死亡和永恒的呢?

如果长寿对于长寿者所属的种族来说毫无意义,那么一个人自然不会活到七八十岁。人类生活的下午必须有它自己的意义之所在,而不能仅仅是可怜地依附在生命的早晨之上。早晨的意义无疑在于个人的发展,在于我们植根于外部世界,在于我们种族的繁衍和对孩子的照料。这是自然的明确的目标,但是当这一目标已经达到甚至超过以后,难道我们还应该超越一切理由和意义,去继续着眼于金钱的获得、征服领域的扩大和生活范围的拓展吗? 如果一个青年人还想继续保持他童年时代的利己主义,他就必将为这一错误付出社交失败的代价;同样,谁将早晨的法则——即自然的目的——带进下午,谁也必将为此付出灵魂遭受创伤的代价。挣取金钱,社会生活,家庭和后代,这些都明白无疑地属于自然——而不是文化。文化存在于自然的目的之外。难道人生后半部的意义和目的碰巧就是文化吗?

我们可以观察到,在原始部落中,老人几乎总是秘密和律法的护卫者,部落的文化遗产就是在这些秘密和律法中得到表现的。但我们现在的情形又是怎样的呢? 我们老人们的智慧到哪里去了呢? ——他们宝贵的秘密和幻觉到哪里去了呢? 我们的老人们绝大多数在试图与年轻人竞争。在美国,父亲作为儿子的兄弟,母亲——如果可能的话——作为女儿的妹妹,这几乎已成为一种理想。

我不知道这一混乱在多大程度上是对以前过分夸大年龄尊严的反动,在多大程度上应归结于虚假的理想。这些虚假的理想无疑是存在的,那些抱着这些理想的人,他们的目标是在过去,而不是在未来。因此,他们总是努力地回转过身去。对于这些人我们必须承认,除人生前半部分所提供的那一熟悉的目标而外,很难看到生命的后半部分还会提供什么其他的目标。生活的拓展、有用、效率,成为社会生活中的重要人物,精明地将后代导入适宜的婚姻和良好的地位,等等——难道这些目的还不够吗?不幸的是,对许多人来说这并不能成为全部目的,也不具有足够的意义;这些人把老年的到来仅仅看作是生命的消减,他们把早期的理想仅仅看作某种褪色和耗竭的东西。当然,如果他们早先就已经注满过生活的酒杯,并将这杯生活之酒倾底饮完,那么他们现在对一切的感受就会全然不同;如果他们将一杯酒一饮而尽,一切能够着火的东西都烧光,那么他们将会欢迎老年的安静。但我们切不可忘记,只有极少数的人是生活中的艺术家;在一切艺术中,生活的艺术是最为杰出和稀罕的艺术。有谁曾畅快淋漓地饮完过这满满一杯酒呢? 所以,对很多人来说,生活中还留下了太多未曾经历过的空白——有的时候,有些潜在的可能性是他们用最大的努力也绝不可能经历的。就这样,当他们靠近老年的门槛时,还怀着种种未曾满足的要求,因而必然要向过去投去不舍的目光。

对这种人来说,缅怀过去是极为有害的,他们不可或缺的是关于未来的一幅前景和一个目标。这就是一切伟大的宗教之所以许诺一种彼岸生活的原因所在。这彼岸的生活使尘世凡人以同样的坚定和目标去度过人生的后半部,它使世人的坚定和目的毫不逊色于人生的前半部分。对今天的人来说,生活的扩大和生活的顶峰是可能的目标,但死后的彼岸生活这一观点则是有问题的和不值得信仰的。然而,只有当人生已变得乏味,我们将高兴于它行将结束时;或者,只有当我们坚信,太阳沉降下去与它上升时表现出同等的坚定——"去照耀遥远的种族"时,生命的终止(即死亡)才会作为一个目标被接受下来。但信仰在今天已变成一门如此困难的艺术,人们尤其是受过教育的那部分人,再也难以接受信仰的道理了。他们已经非常习惯地认为,当涉及永存不朽和诸如此类的问题时,有许多互相矛盾的观点,但没有任何令人折服的证明。自从"科学"成了当今世界的流行口号,成了足以左右信与不信的力量以后,我们就只愿听从"科学的"证明。但受过教育、能够思想的人都知道,这类证明是不可能找到的。我们对此简直是一无所知。

由于这同样的原因,不知我能不能这样说,我们绝不会知道一个人死后会发生什么样的事情。回答既非肯定也非否定。不管从哪方面我们都没有明确的科学证明,因此,我们问这类问题时的处境与我们问火星上是否有人居住时完全相同。而且火星上如果有居民的话,他们绝不会关心我们是肯定还是否定他们的存在。他们可能存在着,也可能不存在。永存不朽的情况也正是这样——因此,我们可以暂且把这一问题搁置一旁。

但我医生的良心在这里苏醒过来,催促我说出自己的意见,这意见对眼前的问题来说是不可缺少的。我观察到,一种有所引导的生活比起一种毫无目标的生活来总要更好、更丰富和更健康一些;顺着时间之流往前走较之逆流而动要更好一些。在心理医生看来,一个不能告别生活的老人如同一个不能拥抱生活的年轻人一样虚弱和病态。实际上,就很多病人而言,在他们身上存在的是同一种幼稚的贪婪、恐惧、固执和任性,而不管他们是年轻人还是老年人。作为一个医生,我深信:将死亡认作人们能为之努力的目标是"健康的"——如果我可以用这个词的话,在死亡面前临阵畏缩则是不健康的和不正常的,它使人们的后半生失去了目的。因此,我认为宗教的来生训谕符合心理卫生的观点。如果我生活在一所房子里而同时又知道这房子两周后将倒塌,那么我一切重要的功能便会因这一想法而遭到损害;但如果情况相反,我感觉到自己是安全的,那么我就能够正常地、舒适地安居于这座房子之内。因此,从心理治疗的观点着眼,理想的方法是将死亡仅仅当作一个过渡——当作生命过程的一部分,而这一生命过程的广阔性和延续性是不为我们所知的。

尽管大多数人并不知道为什么身体需要盐,但每个人都出于一种本能的要求而摄取着盐分。心理事件正同此理。大部分人从记忆难以企及的洪荒时代起就感受到了有必要信仰生命的延续性。因此,心理治疗所提出的要求并不是要把我们引入任何歧途,而是要把我们带回到前人踏出的坦荡大道上。所以,尽管我们并不理解我们思考的东西,但在人生的意义这一问题上,我们的思想却是正确的。

我们理解自己所思想的东西吗?我们只理解这样一种思想——它仅仅是一种公式,我们向里面投进多少东西,里面就出来多少东西。这就是智力的活动方式。但在这种思想之外,还有一种用原始意象——象征来进行的思考。这些象征比历史记载的人类更为古老,这些象征从鸿蒙初辟的时代就固结于人类的心中,它们具有永恒的生命,历经了千载人寰,今天依然还构成着人类心理的基础。只有与这些象征和谐相处，我们才可能有最完全的生活。所谓智慧，就是向这些象征的回归。这既非信仰的问题，也非知识的问题，而是我们的思想与无意识中的原始意象和谐一致的问题。它们是我们一切意识思想的来源，而来世之生的观念便是这一切原始思想中的一则。科学与这些象征是没有共同尺度的。它们是想象力不可或缺的条件，它们是最初的事实——对于这个事实，科学无法随意否认其存在的权利和依据。科学只能把它们视为现成的事实而对之进行探索，如同探索某种功能一样，例如甲状腺的功能。在十九世纪以前，甲状腺被看作一个毫无意义的器官，但这仅仅是因为人们对它不了解。今天，如果我们称原始意象是无意义的，我们就会犯同样的目光短浅的错误。在我看来，这些意象是一些类似于心理器官的东西，我以最为谨慎小心的态度来对待它们。有时候，我必须对一个中年病人说："您的上帝形象或者您的不朽观念衰退了，因此您心理的新陈代谢功能出了故障。"古代的长生不老药（athanasias pharmakon），远比我们所想象的更深刻和更有意义。

这里我想再用一点时间回到太阳的比喻上去。人生那道一百八十度的弧线被分成四部分。位于东方的第一部分是童年——在这一状态中，我们对别人构成了一个问题，但我们还没有意识到我们自身的问题。第二和第三部分是充斥着意识问题的时期；而在最后一部分——极端衰老的时期——我们又重新下降到那起始的状态之中，不再为我们自己的意识状态所惑，并重新成为其他人的问题。童年与极老的年龄肯定是完全不同的，但它们有一个相同的地方，即淹没于无意识的心理事件之中。一个儿童的精神是从无意识中发展出来的，因此，他的心理过程尽管也不那么容易就能探视到，但并不像要探测老年人的心理过程那么困难。老年人又重新投入进无意识中去了,并且在无意识中慢慢地、逐渐地消失了自己。童年和老年都是没有任何意识问题的人生阶段,因此我在这里没有把它们纳入考虑之中。

六　弗洛伊德和荣格的对比

　　我不是弗洛伊德的反对者，只是由于弗洛伊德自己及其学生们的短浅目光才把我推到了这个位置上。任何有经验的心理治疗师都不会否认，他至少曾经遇到过数十个病人，他们在一切基本点上都符合弗洛伊德的描述。

弗洛伊德和我在观点上的差异本该由第三者来加以评论，这个第三者应该不受我们双方观点的影响。难道可以相信我足够公正能够超越自己的观点吗？其他人能够做到这一点吗？我对此表示怀疑。如果有人告诉我，已经有人完成了这一壮举，其成就堪与闵希豪生男爵①的功绩相比拟，那么我敢肯定，他的观点都是从别人那里借来的。

　　确实，为人们广泛接受的观点从来就不是所谓作者的私有财产；相反，作者是他自己观点的奴隶。那些给人留下了深刻印象并被称为真理的观点有着它们的独特之处。尽管它们诞生于某个特定的时候，但总是无时间性的。它们产生自那富有繁殖力的心理生活的王国。从这心理生活的王国之中长出了个人短暂的精神，它就像树木一样开花、结果，然后凋零、死亡。观念产

---

　　①　闵希豪生男爵(Baron Munchausen，1720—1797)，德国乡绅，以善讲故事闻名。他曾在俄罗斯军队服役，与土耳人打过仗。退伍后回乡，在汉诺威一带讲述故事。这些故事第一次出版时称为《快活人手册》，后来又出了各种版本，深受欢迎。他曾在故事中声称，他有一次提着自己的头发把自己从泥淖中拔了出来。——中译者注

生的源泉并不在个人的生命之中。我们并没有创造观念,而是观念创造了我们。每当我们接受和传播观念时,就不可避免地要表现出这一点,因为,观念不但揭示出了我们身上最优秀的成分,也同样暴露出了我们最糟糕的缺陷和个人的弱点。有关心理学的观点尤其如此。这些观点除了来自生活中最主观的方面之外,还能够从哪里来呢?对于客观世界的经验能够使我们免于主观的偏见吗?即使在最好的情况下,每一种经验在很大程度上难道不都是主观的解释吗?而另一方面,主体也同样是一个客观的事实,同样是世界的一个部分。从它身上产生出的东西毕竟来自那普遍的土壤,正如最稀有最珍奇的有机体也同样要接受这地球的供奉与滋养一样,我们大家都共同分享着这个地球的恩惠。正是最主观的观点,由于最接近自然和最接近生命体,才堪称最真实地观点。但什么是真实呢?

鉴于心理学的目的所需,我想我们最好不要以为今天所处的位置,能够使我们对心理的性质做出"真实的"或者"正确的"判断。我们所能获得的最好的成就只能是真实的表达。我所指的真实表达就是公开地供认和详尽地表现出一切具有主观倾向的事物。一个人可能强调这些主观材料的各种表达形式,因此他相信在自身内部所发现的那些东西是他创造出来的;另一个人则会着重于他自己观察者的身份,他将意识到自己的接受倾向,并坚持认为他的主观材料是自动向他呈现出来的。真实位于二者之间。真实的表达就是将形式赋予被观察到的东西。

作为一个现代心理学家,不管他的希望是怎样的广阔无边,他都难以言称他所获得的成就已经达到了正确的接受方式和合理的表达方式。我们目前所拥有的心理学无非只是少数几个人对他们自身内部现象的证明而已。他们赋予这些现象的形式有时是恰当的,有时则是不恰当的。既然每一个单个的人都多多少少地属于某种类型,那么他的证明就可以被看作对许多人都有效的描述。而属于其他类型的那些人也同样是属于人类的,因此,我们可以断定这一描述对他们也同样适用,尽管其适用程度不如前一种那么高。弗洛伊德对性欲、幼儿期快乐,以及它们与"现实原则"的冲突所发表的看法,还有他在乱伦以及诸如此类的问题上所发表的看法,都可以被看作是他对自身心理构成的最真实的表达。对他在自身内部注意到的东西,他都给予了适当的表达形式。我不是弗洛伊德的反对者,只是由于弗洛伊德自己及其学生们的短浅目光才把我推到了这个位置上。任何有经验的心理治疗师都不会否认,他至少曾经遇到过数十个病人,他们在一切基本点上都符合于弗洛伊德的描述。弗洛伊德将其在自身内部发现的一切坦然公布于世,由此而促成了一个伟大真理的诞生,一个有关人的伟大真理的诞生。他将其整个的生命和精力都贡献给了建立一门心理学的事业,而这门心理学就是对他自己的阐述。

我们看待事物的方式受我们存在状态的限制。其他人由于其自身的构成不同,因而会以不同的方式来看待事物,以不同的方式来表达自己。弗洛伊德最早的学生之一阿德勒就是一个典型的例子。他采用的经验材料与弗洛伊德完全相同,但他却从一个完全不同的角度对它们进行了研究。他看待事物的方式至少与弗洛伊德的方式同样具有说服力,因为他也代表着一种大家都熟知的类型。我知道,这两个学派的追随者都断然认为我是错误的,但我可以相信,历史以及一切具有公正思想的人将会为我作证。按照我的思维方式来看,这两个学派都应该受到指责,因为它们过分强调了生活中病理的一面,并且完全根据人的缺陷来对人进行解释。在弗洛伊德方面,一个颇具说服力的例子就是,他不能够理解宗教经验。这一点在他的《幻觉的未来》一书中表现得非常清楚。而就我来说,我宁可依照人身上健康和健全的因素来看待人,使病人从充斥于弗洛伊德每一页著作的那种观点中解放出来。弗洛伊德的学说具有明显的片面性,他在进行归纳和概括时所依据的那些事实只与心理的各种神经症状态有关。因此,这种归纳和概括的有效范围就只限于这些状态。在这个范围之内,弗洛伊德的学说是真实的和有效的。即使它有错误也同样是真实的和有效的,因为错误毕竟也属于这幅整体图画的一部分,它带着那种坦诚供认的真实性。总而言之,弗洛伊德的学说不是一种关于健康心灵的心理学。

弗洛伊德心理学中的变态症状在于,它是以一种未经批判的甚至是无意识的世界观为基础的,这在相当大的程度上容易把人类的经验和理解力局限于一个狭窄的领域之内。弗洛伊德对哲学的鄙视是他的一大错误。他从未对自己的前提进行过批判,甚至从未对那些构成了他个人观点之基础的种种假设进行过批判。然而,做这种批判却是必须的,从我上述的话中我们可以得出这一结论。如果他批判性地检查过自己的那些假设,他就绝不会将自己独特的精神气质幼稚地展示于众,如同他在《释梦》一书中所做的那样。无论如何,他会尝到一点我所遇到的那些困难的滋味。我从不拒绝品尝哲学批判那苦中带甜的酒,只是我非常谨慎,一次只饮一小点。我的反对者会说太少了,但我自己的感觉告诉我那几乎是太多了。自我批评过于容易毒害一个人的天真,这天真是一笔无价的财富,或者说是一种禀赋,任何一个具有创造性的人都不能缺少它。总之,哲学的批判使我看清了,每一种心理学——包括我自己的心理学——都具有一种主观坦白的性质,但我必须阻止我的批判力毁掉我的创造性。我很清楚,我说的每一个字都带着我自己的某种东西——都带着我那独特的自我的某种因素,这个自我有着它特殊的历史以及它自己特殊的世界。甚至于当我在讨论经验材料时,我也必然是在谈着我自己。只有接受这一事实并把它当作某种必然,我才能够服务于人类企图了解自身的目的——这一目的是弗洛伊德也希望能为之尽力的,而且不管如何,他已经为此尽了自己的力量。知识不只是建立在真理之上,它也建立在错误之上。

也许正是在这里,出现了是否接受以下事实这一问题:每一种由个人建立起来的心理学说都具有主观的色彩,弗洛伊德与我自己之间有着一条鲜明的分界线。

我认为,我们之间的一个更进一步的差别在于:在关于这个世界的问题上,我尽量使自己摆脱一切无意识的,因此也是未经批判的假设的影响。我只能说"我尽量",因为谁能肯定他已经摆脱了一切无意识假设的影响呢?我至少是尽量使自己避免那些最鲁莽的偏见,因此,我倾向于对各种各样的神都予以承认,只要它们还活跃在人类的心理之中。我不怀疑自然本能或者驱力是人类生活中的推动力,无论我们把它们叫做性欲还是权力意志都无关紧要。我也不怀疑这些本能与精神相冲突,因为它们确实经常要与什么东西相冲突,我们为什么不可以把这种东西叫做精神呢?我根本不知道精神自身究竟为何物,也不知道本能是什么东西,两者对我来说都是神秘而不可知的。但是,我无法用后者来解释前者,从而排斥掉前者。那样对待它将是纯粹的误解。地球之外只有一个月亮,这个事实不是一种误解。在自然界中没有误解可言,只有在所谓的"理解"中才存在着误解。本能和精神自然都是超出我的理解力之外的。我们用这些词来表示各种强烈的力量,至于这些力量的性质我们是不知道的。

可以看到,我对一切宗教都赋予了积极的价值。我在它们的象征体系中辨认出的那些形象,正是我在我的病人的梦中和幻想中所遇到的。在宗教的道德训示中,我看到这些宗教所做出的努力与我的病人的努力完全相同或者相似。当病人在其自身洞察或灵感的引导下,去寻求正确的方式以对待内心生活中的各种力量时,他们就会做出这样的努力。典礼、仪式、入会礼以及苦行禁欲等,都使我产生了极深的兴趣。这一切形式及其各式各样的变种都是一些方法,通过它们可以达成一种与内心生活的力量适当相处的关系。我同样也对生物学,对整个自然科学的经验主义赋予了一种积极的价值,我看到它们为了理解人类心理所做出的艰苦努力,它们是从外部世界来对人类心理进行研究的。我把诺斯替教①看作是同样巨大的事务,这是一个在相反方向上的巨大事务;它努力要从内部取得关于宇宙的知识。在我所描绘的世界图画中,有一片广阔的外部领域,也有一片同样广阔的内部领域。人就站在这两个领域之间,时而面对着这个领域,时而又而对着那个领域;有时还根据自己的情绪或气质,通过否定或牺牲一方,而把另一方当作绝对的真理。

当然,这一图画是假设性的,但它所提供的假设有极大的价值,因此,我不会放弃它。我认为这一假设从启发的意义上和经验的意义上都能够得到证明,而且它还为一般常识所支持。尽

---

① 诺斯替教(Gnostie religion 或 Gnosticism),融合了各种信仰的通神学和哲学的宗教,主要盛行于二世纪。其最早的导师据说是西门以及西门的门徒梅南德。三世纪以后,诺斯替教作为一种运动便基本上消失。诺斯替教的教义主要是讲人和人在宇宙中的位置;其主要宗旨是解教人,使人不受星象的左右。——中译者注

管我可以想象,是经验引导我发现了这一假设,但实际上它肯定来自一个内在的源泉。从这一假设中产生出了我的类型理论,同时,这一假设也使我与不同的观点,比如弗洛伊德的观点,重新达成了和解。

在一切事件中我都看到了两极对立的运动,从两极对立的概念中我得出了我的心理能量(psychic energy)观点。我坚持认为,心理能量包含着两极对立的运动,这与物理能量的情况完全相同。物理能量包含着不同的潜力,也就是说,存在着诸如冷热、高低这样的对立因素。弗洛伊德最初把性欲作为唯一的心理驱力,在我与他决裂以后,他才给予了其他心理活动以平等的地位。而我则将各种心理驱力或力量都归在能量这一概念之下,以此避免那种只讨论驱力或冲动的心理学所必然会出现的独断专行。因此,我不是在说个别的驱力或力量,而是在说“价值强度”(value intensities)[①]的问题。我这样说并非要否认性欲在心理生活中的重要性,但弗洛伊德却固执地认为我正是在否认这一点。我所要做的无非是要为“性”这个过分猖獗的术语定下界限,因为它大有威逼之势,极可能会扰乱我们对人类心理所进行的一切讨论。我希望把性欲置于一个适当的位置上。常识总会回到这样的事实上来:性欲只是生命本能的一种——只是心理与生理功能的一种——尽管这一种无疑是非常深刻和非常重要的。

毫无疑问,在今天的性生活领域中存在着一种明显的混乱状态。大家都知道,当我们牙痛得厉害时,我们就想不到别的什么事情了。弗洛伊德所描述的性欲实际上是一种性的困扰,每

---

①　参见《论心理能量》一文,载《对分析心理学的贡献》,纽约:哈科斯·布雷斯出版社,1928年。——原注

当病人达到某种程度时,这种性的困扰就会表现出来;病人在达到了这种程度时,就需要有人逼迫他或引导他脱离出错误的态度或环境。这是一种被过分强调的性欲,在闸门后面越积越深,但只要发展之路畅通无阻,它就会马上退回到正常的水位。现在它被禁锢于对父母亲属那老一套的怨愤之情中,被禁锢于家庭环境那令人生厌的感情纠葛之中,这种家庭环境最容易造成各种生命能量的封闭阻碍。正是这种受阻现象不断地在所谓的"幼儿期"性欲中表现出来。实际上,它并不是真正的性欲本身,而是一种不自然的紧张排解,而这些紧张完全属于生活的另一个领域。既然如此,那么在这洪水泛滥的水乡泽国中划几下船桨又有什么用处呢?直截了当的思想无疑将会承认,打开排水渠道才是更为重要的任务。我们应该在态度的改变中或者在新的生活方式中,去努力发现那不同的潜力,这才是被阻遏的能量所需要的东西。如果我们做不到这一点,一种恶性循环就会建立起来,这实际上就是弗洛伊德心理学所导致的危机,它无法指出任何道路以走出生物规律那毫无变更的循环。这一无望将驱使人们像保罗一样地呼喊:"我是可怜的人啊,谁帮我逃离这死亡的躯体?"于是我们的有识之士走上前来,摇头说出浮士德的话语:"你只意识到一种单一的动力。"这就是那肉体束缚的动力。这肉体的动力向后则指向父母,向前则指向那从我们肉体中生发出来的子孙——这就是与过去"乱伦",与未来"乱伦";这就是家庭环境那永恒不灭的原罪。除了精神,这一生命中对立的动力之外,没有任何东西能使我们从这一束缚之下解脱出来。精神不是肉体的孩子,而是"上帝的孩子",它们是知道自由的。在恩斯特·巴拉赫关于家庭生活的悲剧性小说《死亡之日》中,那母鬼最后说道:"奇怪的事件是,人都不知道上帝才是他们的父亲。"这是弗洛伊德绝不会知道的,也是与弗洛伊德观点相同的那些人禁止自己知道的。他们至少是从来没有发现过开启这一知识之门的钥匙。神学不会帮助那些寻找钥匙的人,因为神学所需要的是诚心,诚心是不能被制造出来的;它在最真实的意义上是一种上帝的恩赐。我们现代人面临着一种必须——必须重新发现精神的生活,必须为了我们自己去重新体验这种精神的生活。如果要冲破那束缚着我们的魔咒,把我们牢牢束缚于生物事件循环之中的魔咒,这就是唯一的出路。

我在这个问题中所处的位置是我与弗洛伊德观点之间的第三点差异。因为这一点,我被指责为神秘主义者。人类随时随地自发地发展出宗教的表现形式。从遥远的上古时代起,人类心理就浸染了宗教情感和宗教观念。这是一个事实,但我认为这事实绝不应归咎于我的责任。谁要是看不见人类心理的这一面,他就是瞎子;谁要是想把这一面搪塞过去,或者是通过"开导"把它排斥掉,他就是缺乏现实感。难道我们能在弗洛伊德学派的创始人及其全部成员所创立的"恋母情结"中找到具有说服力的证据,证明那来自不可变更的家庭环境方面的任何值得一提的慰藉吗?这一"恋母情结"被人们以如此的固执和过分的敏感盲目而狂热地维护着,但它实际上是一层外衣,遮盖了那被误解的虔诚;它是以生物学和家庭关系的方式所表现出来的神秘主义。至于弗洛伊德的"超我"观念,则是企图在心理理论的伪装下偷换上耶和华那古老的意象而已。如果一个人在干着这样的事情,那么他最好是公开地说出来为妙。至于我,我是宁愿用那些一向为人们所熟知的名称来称呼事物的。历史的车轮不可倒转,人类向精神生活的前进伴随着原始的入会仪式就已经开始了,这一前进绝不可否定。科学尽可以区别开它们各自探寻的领域,去建立起有所限制的假设,因为科学必须遵循这样的道路;但是,人类心理绝不能被区分开来。它是一个整体,它拥抱着意识,是意识的母亲。科学思想作为人类心理众多功能中的一种,永远也不可能穷尽生命的一切可能性。心理治疗师绝不能用病理学的有色眼镜来改变自己的视觉;他绝不能忘记,病态的精神也是一个人的精神,尽管它有着种种病患,但它总的来说仍然还分享着人类的精神生活。心理治疗师甚至还要能够承认,自我之所以生病,是因为它被割裂开来,离开了整体,失去了与人类以及与精神的联系。自我的确是一个"恐惧之地",正如弗洛伊德在《自我与本我》中所说的那样。但是,自我只有无法返回到"父亲"和"母亲"①那里时,才是如此。弗洛伊德在尼哥底母②的那个问题上触了礁:"一个人能够第二次进入母亲的子宫里并被重新生出来吗?"如果把小的事情与大的事情进行比较,我们就可以说,历史在这里又重复了自身,因为在现代心理学今天的内部之争中,这一问题又重新被推到前台来了。

千百年来,入会仪式一直在告诉我们如何获得精神的再生,但非常奇怪的是,人们一次又一次地忘掉神圣诞生的意义。显然,这不是精神生活强大的证明;而对于误解的惩罚也是沉重的,这惩罚就是神经病似的崩溃、痛苦、衰退和缺乏创造性。把精神赶出家门是非常容易的,但我们这样做了以后,人生就势必变得平淡无味了。幸运的是,古代入会仪式的中心教义一代一代地传了下来,从这一事实我们可以证明,精神总是在不断地更

---

① "父亲"和"母亲"这里指精神与自然。——英译者注

② 尼哥底母询问耶稣:"人已经老了,怎么重生?难道他能够再次进入母亲的子宫,再次被出生来吗?"耶稣回答道:"我实实在在地告诉你,人若不从水和圣灵中重生,就不能见神的王国。"——中译者注

新着它的力量。人类当中不时地出现这样一些分子，他们理解上帝是我们的父亲这一事实的意义。世界并没有失去肉体与精神的平衡。

弗洛伊德和我的对比可追溯到我们的基本假设上的本质差异。假设是不可避免的，既然如此，装出一副我们根本没有做任何假设的样子就是错误的。这就是我对根本性问题进行讨论的原因，以这些根本性问题作为出发点，就能够最清楚地领会到弗洛伊德和我在观点上多重的和细致的差异。

七　古代人的心理

今天的文明人也同样表现出这些古代的心理过程，而且，这些过程并不是在现代社会生活层次上偶尔出现的"返祖现象"；相反，每一个文明人，不管他的意识发展程度如何之高，但在心理的深层他仍然是一个古代人。

古代的（archaic）一词意即最初的，原始的。对今天的文明人进行任何有意义的评论，都是一件最困难的工作，并且是一件最吃力不讨好的工作。比较之下，如果要对古代人做一番评论，我们现在所处的位置显然要优越一些。在评论现代人时，尽管我们力求要达到一种居高临下的观点，但实际上，我们也同样被卷入各种先定观念之中，同样被各种偏见迷住了双眼，这情况与我们希望予以评论的那些人毫无二致。但在对待古代人时就有所不同了，我们在时间上远离他们的世界，我们的智力远比他们的发达。因此，我们完全可能占据住一个制高点，从这一点上，我们可以俯视他们的世界以及那个世界对他们所具有的意义。

上面这句话对这篇文章所包含的主题做出了界定。要让我在有限的篇幅里绘制古代人的画像，我感到实在难以胜任，除非我仅限于描述古代人的心理生活。我将把自己仅仅限制在使这幅图画具有足够的包容性，而不拟考虑人类学对原始种族所做出的那些发现。通常，当我们谈论人类时，我们并不触及有关人类的解剖学知识——他头颅的形状或者皮肤的颜色等，而是指他的心理世界、意识状态和生活方式。这一切都是属于心理学的题材，但在这里，我们主要讨论古代人或者原始人的心理。尽管有这一限制，但实际产生的结果是，我们扩展了自己的主题，因为并不仅仅是原始人才具有古代的心理过程。今天的文明人也同样表现出这些古代的心理过程，而且，这些过程并不是在现代社会生活层次上偶尔出现的"返祖现象"（throwbacks）。相反，每一个文明人，不管他的意识发展程度如何之高，但在心理的深层他仍然是一个古代人。人类的躯体将我们与哺乳动物联系在一起，并且它还显示出无数早期进化阶段的残迹，这些早期进化阶段甚至可以回溯到爬行动物时期；同样，人类心理也是进化的产物，只要追寻至它的起源，它便会暴露出无数古代的特征。

当我们初次接触原始民族或者阅读有关原始心理的科学论著时，原始人的奇异之处肯定要给我们留下深刻的印象。作为原始社会心理学研究权威的列维—布留尔[①]，就历时不倦地坚持认为，在精神的"前逻辑"状态（the pre-logical state of mind）和我们的意识观之间存在着一种显著的差异。他作为一个文明人所难以理解的是，原始人竟然完全无视经验的教训，断然否认最显而易见的因果关系。他们不会把事物解释成偶然的事件，也不会在解释中采用理性的原因，他们只采用他们的"集体表象"（collective representations），将它们作为随时都能适用的解释原则。列维—布留尔用"集体表象"来指一些广为通行的观念，这

---

① 列维—布留尔（Lucien Levy-Bruhl, 1857—1939），法国哲学家。他对原始民族心理状态的研究为人类学在理解社会思想中的不合理因素方面提供了一个新的方法。他在《原始社会的心理作用》一书中对原始心理状态进行了详细的研究。他从法国社会学家艾米尔·涂尔干那里，采用"集体表象"这个概念，来说明原始人和现代西方人在推理方面的差别。他认为原始的思想和感觉浸透了神秘主义，而原始的心理活动尽管不是同逻辑法则相反，却并非完全受逻辑法则支配。——中译者注

些观念的真实性不证自明,例如,关于精灵、巫术、医药效力等诸如此类的原始观念。我们非常清楚地知道,人的死亡或者是由于年老所致,或者是由于致命的疾病所致,但原始人却绝不这样理解。他不相信老年人的死是年老的结果。他会争辩说,有些人活得还要老得多呢。同样,也不会有人死于疾病,因为有的人染上相同的疾病却康复了,有的人甚至根本没有得上这种病。在他看来,真正的解释永远都是魔法。不是精灵杀死了那个人,就是巫术杀死了他。许多原始部落只承认战死为唯一自然的死亡,但仍然有其他部落甚至把战死也视为非自然的。他们认为,促成这一死亡的敌人不是一个巫师,就是持有贴符咒的武器。这种古怪的观念有时甚至会以更令人难忘的形式表现出来。举个例子,一个欧洲人射杀了一只鳄鱼,在鳄鱼的肚子里发现了两只脚镯。土著人认出这脚镯是两个妇女的所有物,她们在前些时候被一只鳄鱼吞食掉了。于是,一场声讨巫术的活动马上掀起来了。这一非常自然的事件绝不会激起一个欧洲人的怀疑,但土著人却根据他们的先定观念而给这一事件加上了一个出人意料的解释,这个先定观念就是列维—布国尔所说的“集体表象”。土著人说,有一个不为人知的巫师招来了那只鳄鱼,命令它把那两个妇女给他带去,于是鳄鱼执行了命令。但那动物腹中的脚镯该怎么解释呢?土著人坚持认为,鳄鱼除非是举了巫师之命,否则是从不吃人的。那只鳄鱼是从巫师那里接受了两只脚镯,作为巫师对它的一种奖赏。

这个故事是一个绝好的例子,它非常清楚地表现了那种解释事物的任性方式,而这种方式正是精神的“前逻辑”状态的一大特征。我们将它称之为前逻辑,这是因为,这种解释在我们看来是完全非逻辑性的。但是,我们所依据的那些设想完全不同于原始人的设想,所以,这种解释才会给我们造成这样的印象。如果我们也像原始人一样相信巫师和神秘力量的存在,而不是信仰所谓的自然原因,那么,我们就会认为他们的推断是完全合理的。事实上。原始人并不比我们更具有逻辑性,也不比我们更缺乏逻辑性。他们的先定观念与我们的不同,这就是他们与我们之间的区别。他们的思想和行为所依据的那些设想不是我们所依据的那些设想。一切不同寻常的事物都使他们遭到困扰,感到恐惧或受到惊吓,他们将这一切都归咎于我们所谓的超自然原因。当然,他们并不认为这些事物是超自然的,相反,这些事物属于他们的经验世界。当我们说:这所房子被烧毁了,因为雷电击中了它。这时,我们感到我们是在陈述事件发生的自然次序。当原始人说一个巫师用雷电烧毁了这所房子时,他也感受到了一种同样自然的次序。在原始人的经验中,没有任何事物不能用类似的理由来予以解释,除非这事物确实是非同寻常,确实是令人难忘的。如同我们一样,他们以这种方式对事物进行解释时,不会检查他们自己的假设。在他们看来,一切病患都是由精灵或者巫术导致的,这是一个毫无疑虑的真理;而我们的先定论断则认为每一种疾病都有一个自然的原因。我们绝不会将其归因于巫术,犹如他们绝不会将其归因于自然原因一样。他们的心理活动与我们不存在任何本质的不同。如同我已经说过的那样,仅仅是他们的假设才使他们与我们之间产生了差别。

人们常常认为,原始人具有不同于我们的情感,并且另一种道德观——精神的"前逻辑"状态也与我们有所分歧。不容否认,他们确实有着一种不同的道德准则,在问及一个黑人酋长有关善恶的区别时,他宣称:"当我偷走了我的敌人的妻子时,这就是善;但当敌人偷走了我的妻子时,这就是恶。"在很多地方,践踏一个人的影子是一种可怕的侮辱；而在另一些地方，如果不用石刀，而用铁刀剥海豹皮，则是一桩难以饶恕的罪行。但是，让我们诚实一点吧。如果吃鱼时使用钢制的刀子，如果男人在屋内还戴着礼帽，或者在招呼女士时口中叼着雪茄，难道我们不认为这些行为同样是罪过吗？这类事情无论对我们还是对原始人来说，都与道德伦理无关。有些专门割取敌人脑袋的人是一些极真诚和极忠实的人，还有些人怀着虔诚之心和责任感施行着残酷的仪式，或者带着正直的信念去杀人。原始人同我们评价某种道德态度的速度不相上下。他们的善同我们的善一样好，他们的恶同我们的恶一样坏。只是善恶的表现形式不同而已，而道德判断的过程是一样的。

同样，人们认为原始人具有比我们更为敏锐的感官，这些感官与我们的有所不同。但是，他们高度发达的方向感或者听觉和视力完全是他们的职业所致。如果面临着他们从没有经历过的陌生环境，他们便表现出惊人的缓慢和笨拙。有一次，我拿了杂志上的图片给一些目光锐利得如同鹰眼的土著猎人看。这些图片上的人形是我们任何孩子都能立即辨认出来的，但我的猎手们却把这些图片翻来倒去，直到其中一个人用他的手指勾画出了人的轮廓时，才最后高呼起来："这些是白人。"所有的人都把这作为一个伟大的发现而欢呼起来。

许多土著人表现出来的那种精确得令人难以置信的方位感，实际上是训练的结果。在丛林中辨认道路的能力对他们来说是绝对必要的。甚至一个欧洲人在非洲待了很短一段时间以后，也会开始注意一些他以前连做梦也不会注意的事情，之所以会如此，是因为尽管有罗盘，他仍然害怕迷失道路。

没有任何事物可以表明原始人在思想、感受或知觉方面与我们有任何根本的不同,他们的心理功能在本质上是一样的——只是他们的原始设想不同而已。与这一点相比,他们的意识范围是不是比我们的更窄,他们是否擅长或者是否完全不能进行集中的精神活动,也就相对不那么重要了。后面这一点确实使欧洲人感到奇怪。比如,我与土著人进行谈判时从来不能超过两个小时,因为,如果达到这么长的时间,他们总要宣称已经很累了。他们说这太困难了,但我却只不过是漫不经心地问了几个简单的问题而已。但同样是这些土著人,他们在出外狩猎或者在旅途中,却表现出了惊人的注意力集中和耐久性。譬如,我的送信人就可以在一段开阔地上连续跑上 75 英里。我看见过一个怀有 6 个月身孕的妇女,她背上背着一个婴孩,吸着一根长长的烟管,在温度持续华氏 95°的情况下,围绕着燃烧的火堆,几乎跳了一整夜的舞都未倒下。显而易见,原始人对吸引他们的事物是能够集中精力的。如果我们想要对毫无兴趣的事情集中注意力时,也会马上注意到我们的这种能力是多么薄弱。我们自己,也像他们一样,必须依赖于内在感情的潜流。

确实,原始人比我们更简单更幼稚,无论在善还是恶的方面都是如此。这本身并不能使我感到奇怪和陌生,但是,当我们接近古代人的世界时,我们总会产生一种极为陌生和奇怪的感觉。就我所能得出的分析而言,这种感觉主要是因为原始人的基本假设与我们有着本质上的不同——他们生活在(如果可以这样说的话)一个不同的世界之中。在我们了解他们的先定观念之前,他们是一个难解的谜,但是当我们知道了这些先定观念之后,一切都相对简单了。我们也同样可以说,一旦我们了解了我们自己的先定观念,原始人也就不再是一个谜了。

一切事物都有一个自然的、可知的原因,这是我们所具有的一种理性的先定观念。我们坚信这一观念。这样理解的因果律便是我们的神圣信条之一。在我们的世界中,一切不可见的、专横的和超自然的力量都没有它们的合法地位——除非我们跟随现代物理学家去探察那神秘而幽微的原子世界,在那个世界中似乎有许多奇异的事物在出现。但那个世界与这条熟悉的道路相距得实在太遥远了。至于那些不可见的和专横的力量,我们明显地憎恨有关它们的观点,因为不久前我们才从梦和迷信的恐怖世界中逃出来,才为我们自己创造出一幅值得作为理性意识对象的宇宙图画——这是人类最新和最伟大的成就。现在,我们的四周是一个服从于理性法则的世界。确实,我们还不知道一切事物的原因,但它们终究会被发现,并且,这些发现将对我们预先的推论做出证实。那就是我们的希望,我们将它看作理所当然,正如原始人认为他们自己的假设也同样理所当然一样。当然,肯定也有一些意外的事情发生,但它们不过偶尔出现而已,我们赋予它们一种独特的因果律。偶然事件对于热爱秩序的头脑来说是格格不入的,它们以一种可笑而又恼人的方式打乱了事件可以预测的进程。我们憎恨关于这些偶然事件的观念,正如我们也憎恨关于那些无形力量的观念。因为这些偶然事件过于频繁地使我们想到那些邪恶促狭的小鬼,或者使我们想到突如其来的神灵(dens ex machina)。它们是我们进行细心思虑时的死敌,它们不断地威胁着我们的一切事业。由于它们公然地与理性相违,因而完全应该遭受蔑视。但尽管如此,我们还是应该给它们以应有的地位。阿拉伯人就对它们表现出更多的尊敬,他们在每封信上都要写 Inshaallah(但愿吾主欢欣),因为只有这样,信才会到达。尽管我们不愿承认偶然因素,尽管事件确实遵循着普遍的规律,然而,仍然不可否认,我们随时随地都会遇见不可预测的意外事件。比起偶然因素来,还有什么是更无形、更专横的力量呢? 还有什么是更难以避免和更令人懊恼的呢?

如果考虑一下这个问题,我们也许就会说,事件依照普遍规律而展示出来的因果关系只在一半的时间里得到了证实,而另一半时间则是偶然之魔肆意独行的天地。一个偶然事件也有其自然的原因,我们肯定常常悲哀地发现,这些原因极为平凡。实际上,使我们深感恼怒的并不是因为我们不知道偶然事件的原因,而是因为它们时时以一种显而易见的专横态度降临到我们头上。至少这是我们所得到的印象。意外事件永远令人激愤,就连最彻底的理性主义者也难免对它进行诅咒。无论怎样解释它,我们都不可能改变它对我们具有影响力这一事实。当存在的状况越服从于规律,偶然性就越发被排除在外,而我们也就越发不需要对它加以警惕。尽管如此,我们每个人还是要顾及偶然事件发生的可能性,甚至指望它们的发生,尽管官方的"信条"不鼓励这种指望。

一切事物都有我们所谓的自然原因,至少我们认为这些原因是可知的。这就是我们的假设,它无异于一种肯定的信念。但原始人却认为,一切事物都是由无形、专横的力量导致的,换言之,一切都是偶然的。不过,他们并不把它称之为偶然性,而是称之为意图。在他们看来,自然的因果关系不过是不值一提的表面现象罢了。如果有三个妇女去河边汲水,一只鳄鱼咬住了中间的一个,把她拉下河去,我们看待事物的观点将得出这样的结论:鳄鱼咬住了这一个妇女纯粹出于偶然。在我们看来这是非常自然的,因为这种动物有时的确要吃人。但原始人认为这种解释完全抹煞了事实,而且对这整个动人事件的任何一方面都没有做出解释。他们坚持认为,我们对此的看法是肤浅的甚至荒谬的,在这一点上他们完全正确。因为这一偶然事件也可能不会发生,而我们的解释在这种情况下将会同样适用。欧洲人的偏见使他们难以看清,使用这种方式几乎等于对任何事情都没有做出真正的解释。

原始人要求一种能够表明更多内容的解释,我们所谓的偶然性在他看来就是专横之力。因此,鳄鱼的意图就是要咬住站在另外两个人中间的一个妇女——这是每个人都能观察到的。如果没有这一意图,它就可能会咬住另外两个人中的一个。但鳄鱼为什么会有此意图呢?这种动物通常并不吃人呀。这话是正确的——正确得就像说撒哈拉不下雨一样。鳄鱼确实是胆小的动物,极容易受到惊吓。如果考虑一下它们的数量,那么,它们所杀的人实在是有限得惊人;如果它们吞吃了一个人,这无疑是一件出人意料和违反自然的事件。这样的事件就需要解释。那只鳄鱼如果出于自己的意愿,也许是不会夺走一条人命的。那么,谁命令它这样做的呢?

原始人根据他周围那个世界中所发生的事实来形成他的看法。当意外发生时,他自然会受到震惊,并且希望知道具体的原因。在这个程度上,他的行为与我们毫无二致,但他却比我们走得更远。对于偶然性那专横的力量,他拥有一套或者几套理论。我们说:那不过是偶然性而已。他则说:那是预定的意图。他将强调的点放在因果之链那些混乱的断口之上——放在那些事件都没显露出科学所期望的因果关系之上,但是这些事件却构成了整个现象界的另一半。他早已使自己适应了自然,不过这一自然必须是与普遍规律相一致的。使他惧怕的是不可预测的偶然性,他在这偶然性中看到了一种专横易变的力量。在这点上他又一次对了。完全可以理解,每一个非常事件都使他感到害怕。我曾在埃尔贡山①以南的地区待过一段时间,那里的食蚁兽为数相当多。这是一种非常胆小的动物,只在夜间活动,因此极难见到。如果在白天碰巧看到了一只食蚁兽,就会使土著人感到震惊,因为这是如此的不同寻常!就像我们发现了一条有时会流向上坡的溪流一样。如果我们知道真正存在这种突然战胜了地心引力的溪流,我们同样会产生极大的忧虑。我们了解包围着我们的那一大片水域,因此很容易想象如果水不再遵守引力规律,那将会发生什么样的事情。这就是原始人在他那个世界的众多事件中所处的境况。他完全熟知食蚁兽的习性,但当一只食蚁兽违背了自然法则,他就有必要采取相应的行动。因为原始人对事物的本来面貌具有极强烈的印象,因此,违背他那个世界的规律的行为就使他暴露在不能预见的各种可能性中。这种例外是不祥的预兆,就像彗星或者日月食一样。既然他认为食蚁兽白天出现这类事件不可能有任何自然的原因,那么,在这事件的背后就必然有某种无形的力量。一种力量居然能使宇宙的法则无效,这种力量的惊人显现就自然需要有非同一般的安抚或自我保护的手段了。邻近的村子必须被动员起来,不惜劳力掘出那只食蚁兽,把它杀死。看见这只食蚁兽的那个人,他的最年长的舅舅必须牺牲一头公牛,而他自己则必须下到献祭牺牲品的深坑中去,接受那动物的第一块肉,并与他的舅舅以及这一仪式的其他参加者分而食之。于是,这种方式就抵偿了自然的这次任性行为。

如果出于某些未知的原因,水开始往山上倒流,我们肯定会

---

① 埃尔贡山,肯尼亚—乌干达边界的死火山。——中译者注

因此而受到震惊,但我们不会震惊于白天见到的食蚁兽,不会震惊于一位白化病人的出生,或者一次日食(或月食)的出现。我们知道这些事件的活动范围,但原始人却对此一无所知。普通的事件为他构筑起一个连贯一致的整体,这个整体包容了他自己和其他一切动物。因此,他极为保守,只做其他人都做的事情。不管在哪里发生了破坏这整体的连贯一致的事情,他都会感觉到井然有序的世界有了一道裂痕。于是,什么事情都可能会发生了——天知道会发生些什么。一切稍为触目的偶发事件都会立即与这一非常事件联系起来。例如,一个传教士在他的房屋前面竖起一根旗杆,以便于每逢星期日他可以升起英联邦的国旗,但这一天真无邪的娱乐使他教训惨重。这是一个奇异的、令人不安的行为,一会儿之后来了一场摧枯拉朽的暴风雨,于是这旗杆自然就成了归罪的对象。这足以发动一场对传教士的兴师问罪。普通事件的规律性使原始人在他的世界中获得了一种安全感,而每一个例外的事件在他看来都是专横之力的威胁行为,因此必须予以抵偿。例外事件不仅仅暂时打断了事物的普通进展,而且还预兆着其他麻烦事件的出现。

当然,如果我们已经忘记了人类的祖先感受这世界的方式,我们就自然会认为这简直迹近荒谬。一头新生的牛犊有两头五蹄,邻村的一只公鸡下了一个蛋,一个老妇人做了一个梦,天空中出现了一颗扫帚星,最邻近的城镇里发生了一场大火,于是第二年就爆发了战争。历史从遥远的古代到十八世纪都一直是用这种方式记录下来的。把事实这样地并置在一起,虽在我们看来是如此的无意义,但对于原始人来说,这却是有意义和有说服力的。并且,与我们的预料完全相反,他认为这样竟是正确的。他的观察力可以相信,根据古老的经验他知道事物之间确实存在着这些联系。我们之所以会认为将孤立、偶然的事件堆积起来是完全无意义的，是因为我们只把注意力放在孤立的事件及其特有的原因上；而原始人则认为，这是一系列完全符合逻辑的凶兆和事件。这是魔邪之力连贯一致的爆发。

那长了两个头的牛犊和那战争完全是一回事，因为牛犊纯粹是战争的预兆。原始人认为，在这世界的万般事件里，偶然性的恣肆随意是远比规律性更为重要的因素。因此，他发现这种联系如此确定无疑，如此令人信服。多亏他对非常事件的密切关注，他才在我们之前发现了偶然事情都是接二连三、成群结队的。从事临床工作的医生都熟知病例的复现规律(the law of duplicatlon of cases)。魏尔兹堡①有一位从事精神病学的老教授，他在遇到了一个特别少见的病例时总爱说："先生们，这是一个绝对独一无二的病例——明天我们还会碰到一个与这一模一样的。"我在一所神经病医院进行实践工作达八年，其间我自己也经常观察到与此相同的事情。有一次，一位病人被诊断为处于意识模糊的状态(twilight - state of consciousness)，这是极为少见的——我那是第一次见到这种病例。在两天以内，我又遇到了一个相似的病例，以后就再也没有遇见过了。"病例复现"是我们门诊室里的笑料，但它也是远古时期原始科学的事实。最近有一位调查家贸然提出："魔法是丛林中的科学。"那么，星相术和其他占卜法无疑可以被称作古代的科学。

由于我们对有规律的事件有所准备，所以我们能够轻易地观察到它们的发生。只有当事件的进程以一种难以探测的方式被断裂开来时，才需要知识和技巧。一般说来，对事件富于观察

---

① 魏尔兹堡(Wrzburg)，西德巴伐利亚一城市。——中译者注

能力的总是一个部落中最聪明最狡猾的人,他的知识必须足以解释一切非常的偶然事件,他的计谋必须足以胜过这些事件。他是偶然事件问题的学者与专家,同时,他又是部落传统知识的活档案。他被敬畏之情环绕着,享受着巨大的权威。但他所享有的权威又并不那么大,因为他的部落私下里深信邻国有一个更强有力的巫师。最好的医生从来不是在就近处所能找到的,而是越远的医生越好。我曾在一个部落里待过一段时间,他们对他们的老巫医表现出最大的敬畏,但是,只有当牛和人生了点小毛病时,人们才去请教他。而遇到一切严重的事情时,一个外来的权威——一个从乌干达用重金聘来的巫师(M'ganga)——便被招来了,这种情况与我们完全相同。

偶然事件在绝大多数情况下或多或少是接二连三出现的。在预报天气时,有一则古老而屡试不爽的规律。如果接连几天都下雨,那么明天也会下雨。谚语云:"祸不单行。"另一则谚语曰:"不雨则已,一雨倾盆。"这类谚语形式的智慧便是原始的科学。人们相信它,对它敬之若神,而受过教育的人则对它一笑置之——直到不寻常的事降临到他的头上。我现在告诉你们一个令人不快的故事。我认识一位妇女,在一天早上她被一声非常奇怪的叮铃声惊醒了。这声音是从她的床头柜上发出的。她四下看了一会以后,就发现了原因:她的玻璃杯有四分之一英寸宽的边缘突然断裂了。她感到非常奇怪,便按铃要来了另一只杯子。约莫五分钟之后,她又听到了相同的声响,杯子边缘又脱落了。这次她感到了极大的不安,又叫人拿来了第三只杯子。二十分钟之内,这只杯子的边缘又脱落了,发出了同样的声音。紧接着发生的这三次事故使她再也不能保持镇静了,她当即放弃了对自然原因的信赖,搬出了一个"集体表象"——即相信这是某种专横之力在作祟的缘故。类似的事情在许多现代人的身上都出现过,当他们不能用自然的因果关系来解释自己面临的事件时,都会如此——只要他们的头脑还不是过于顽固不化。我们自然偏向于否认这类偶发的事件,它们令人不快,因为它们割裂了我们世界那秩序井然的进程,使任何事情都似乎变得可能了。它们对我们的影响表明了原始心理并没有消亡。

原始人对专横之力的信仰绝非像通常所认为的那样,纯属无中生有,它是以经验为基础的。我们将它称为原始人的迷信,但这迷信自有它的道理,偶然事件的聚集证明了它的合理性。各种异常事件确实非常可能在时间上和地点上巧合在一起。我们不应忘记,在这方面我们的经验是不能完全相信的。我们的观察并不充分,因为我们的观点使自己忽略了这些事情。比如说,我们绝不会严肃认真地把以下的事件看成一个互相关联的系列:早晨,一只鸟飞进你的房间;一小时后,你在街上目睹了一起事故;下午一位亲戚去世;晚上,你的厨师把汤碗掉在了地上;夜里回到家时,你发现丢了钥匙。原始人不会忽略掉这一事件链中的每一项,因为每一个新的环节都应验了他的设想。他是正确的——他远比我们愿意承认的更接近正确。他不安的预期是有道理的,并且能够解决问题。他会认为,这是一个不吉的日子,不能做任何事情。在我们的世界中,这是将会受到谴责的迷信,但在原始人的世界中,这却是极识时务的精明。比起我们受保障和有规律的生活,那个世界中的人类被暴露在远为多得多的意外事件的威胁下。当你身处荒野之中时,你是不敢过多冒险的。欧洲人很快就能体会到这一点。

当一个普哀布罗印第安人①感到心绪不佳时,他就会避免去参加族人议会。古罗马人离家时如在门槛上绊了一下,便会放弃他这天的计划。这在我们看来毫无意义,而处于原始生活状况下,这种凶兆至少使人倾向于更加谨慎。当我不能完全控制我自己时,我的身体运动就可能会处在某种紧张状态之下,我的注意力容易被分散,我会有些魂不守舍,心不在焉。结果,我撞在了什么东西上面,绊了脚,让什么东西掉在了地上,或者忘记了什么。在文明状况下,这些只不过是些细枝末节,但在原始丛林中它们却是致命的危险。一条河上架着一根被雨水浸透的树干,下面的河里鳄鱼出没,在这树干上迈错一步将是多么可怕呀。再试想一下,我把罗盘丢失在深深的草丛中,或者忘了给步枪装上子弹就闯进了丛林中的犀牛道。如果我沉溺于自己的思想中,就会踩在一条鼓腹毒蛇的身上。夜色降临时,我忘了及时地穿上防蚊靴,十一天后我将死于热带疟疾的突然发作。洗澡时忘记闭住嘴巴也会足以招致一场致命的痢疾。对我们来说,这些意外事故的自然原因就是注意力的分散状态,但在原始人看来,这些事故是与客观情况相符合的凶兆或者巫术。

但这也许还不仅仅是一个注意力不集中的问题。在埃尔贡山以南的基多希(kitoshi)地区,我曾进卡布拉斯(kabras)森林做过一次短途旅行。在森林的茂密草丛中,我差点就踩上了一条鼓腹毒蛇,幸亏在极险的一刻及时地跳开了。下午,我的同伴打猎归来,脸色死白,四肢不停颤抖。他几乎被一条七足毒蛇咬住,这条蛇从一座白蚁土丘上向他的背后直射过来。若非在最后时刻他开枪打伤了那动物的话,无疑他已经被咬死了。那天

---

① 普哀布罗印第安人(Pueblo Indian),指美国新墨西哥州和亚利桑那州的印第安人。——中译者注

晚上九点钟,我们的帐篷被一群饿得发慌的鬣狗袭击了。这群鬣狗前一天就曾把一个睡觉的人惊动,并咬伤了他。尽管四周点着火堆,它们还是涌进我们厨师的营帐,厨师尖叫着飞一般地翻过栅栏。从那以后,我们一路上就再也没有出过意外事故。过了这样的一天,与我们一道的黑人们就有了可供联想的东西。我们不过认为这是事故迭起的一天,但他们却认定这是凶兆的必然应验。这凶兆出现在我们进入荒原的第一天,那天我们在过一道溪流时,连车带桥一起掉进了河中。那时我们的这些朋友就互相交换着眼色,仿佛在说:"瞧,这真是开头大吉呀。"船破偏遇顶头风,此时又是一场热带雷雨袭来,淋得我们浑身湿透,我为此还发了几天的烧。我朋友外出打猎侥幸逃回的那天晚上,我们就像所有的白人那样坐在一起,互相望着对方,我禁不住对他说:"我觉得麻烦也许还开始得更早些。你还记得离开苏黎士之前你告诉我的那个梦吗?"当时他曾做过一个惊心动魄的噩梦,他梦见自己在非洲打猎,突然遭到一条巨大的七足毒蛇的袭击,他发出了一声恐惧的叫喊,随即醒转过来。这梦使他极为不安,现在他承认了这梦是预兆着我们两人中有一个会死去。他自然认为要死的是我,因为我们总是希望要倒霉的是"他人"而不是自己。但后来实际上是他患上了疟疾,这病已把他带到了坟墓的边缘。

在世界上一个没有蛇、没有带疟疾病菌的蚊子的角落里,读上面这段对话是不会有多少切身体会的。人们一定会想象热带夜空那一片天鹅绒似的蓝色,想象原始森林中那些巨树垂悬的夜影,那黑夜空旷中的神秘声音,那孤独的篝火四周架着的上膛的步枪和防蚊帐篷,想象那烧开了的沼泽中的水;人们尤其会想到那样一种信念:"这不是人的国度——这是上帝的国度。"这一信念是由一个生于南非的欧洲老人表达出来的,他知道自己所说的是什么话。那里的国王并不是人,而是自然——是动物、植物和微生物。只有在与这片土地相一致的心绪中,人们才会理解,我们何以能从那些在其他地方势必招惹人们讥笑的东西里面,发现一种原始开端的意义来。那是一个充满了各种无所羁绊、恣意妄为的力量的世界,原始人日复一日地与这些力量打着交道,异常的事件对他绝不是玩笑。他得出了自己的结论:"这不是一个好地方""这天不吉利"——谁知道他在遵守这些警告时,究竟避免了多少危险呢?

"魔法是丛林中的科学。"一个预兆导致一种行为进程的立即更改,促使人们放弃计划的事情,引起心理态度的改换。鉴于偶然事件常常是一连串地发生,鉴于原始人完全没有意识到心理的因果关系,以上那些反应可以说是极其得体的。多亏我们对所谓自然原因的片面强调,我们才学会了将主观和心理的事物区别于客观和"自然"的事物。在原始人那里则恰好相反,心理的和客观的在外部世界中结合为一体。在异常事物面前,并不是他受到了震动,而是那事物令人震惊。它是超自然的力量(mana)——被赋予了魔力。我们所谓的想象力和暗示力,在他看来就是从外界作用于他的无形力量。他的国家既不是一个地理实体,也不是一个政治实体,而是一片容纳着他的神话、他的宗教,容纳着他全部的思想感情的土壤。至于这神话,这宗教,以及这一切思想感情的作用,他是毫无意识的。他的恐惧集中在某些"不善"之地。死者的灵魂寄居在这片或那片树林中;那个洞穴里藏了魔鬼,任何人进去都会被鬼绞死;山那边有一条巨蟒;那座小山是传说中的国王的坟墓;每个妇女靠近这道泉水、这块岩石或这棵树以后,都会怀孕;那片浅水滩为蛇魔所守护;

这棵参天大树会发出声音呼叫某些人的名字。原始人是非心理的(unpsychological),心理事件客观地发生于他的身外。他甚至会认为他梦见的东西也是真的,这就是他之所以注重梦的唯一原因。为我们运行李的那些埃尔贡尼依人(Elgonyi)一本正经地坚持,他们从不做梦——只有巫师才做梦。当我问巫师时,他宣称,当英国人踏上这块土地以后,他就停止做梦了。他告诉我,他的父亲仍然还做"大"梦,知道畜群在哪里走失了路,知道母牛将他们的牛犊带到哪里去了,知道什么时候会有一次战争或者一场鼠疫。但现在,他们已经什么也不知道了,知道一切的是地区传教士。他顺从屈服了,就像那些相信大部分鳄鱼都已归顺了英国政府的巴布亚人(papuan)一样。碰巧有一名从当局手中逃脱的土著罪犯,在过一条河时被鳄鱼咬得遍体鳞伤,他告诉我,神现在是在梦中对英国人说话了,而不是对埃尔贡尼依的巫医,因为掌握着那种力量的是英国人。梦的活动迁移了。有时,土著人的灵魂也会迁走,巫师便抓住它们,像对待鸟雀一样的把它们装在笼子里;或者,也会有一些陌生的灵魂迁来,引起一些疾病。

心理事件的这种投射现象自然导致了我们所不能理解的各种人与人之间的关系,或者人与动物或事物之间的各种关系。一个白人开枪打死了一头鳄鱼,立刻就有一群人从最邻近的村子里跑来,情绪激烈地要求赔偿。他们解释说,这头鳄鱼就是他们村里的一个老妇人,那老妇人正好在开枪的那一刻死去了。这头鳄鱼很明显就是她的"动物灵魂"(bushsoul)。另一个人打死了一只豹子,这只豹子正要捕获他养的牛,与此同时邻村的一位妇女死去了。她和那豹子是完全一体的。

列维—布留尔发明了"神秘参与"(participation mystique)这

种表达方式来指代这些奇异的关系。我认为"神秘"一词选择得并不恰当。原始人绝没有感到这些事情中有任何神秘之处,他觉得它们是极其自然的。我们发觉这些事情奇怪,原因在于我们似乎毫不知道这种心理现象①。然而,实际上这种现象也同样在我们身上发生着,只不过我们赋予了它们以更文明的表达罢了。在日常生活中随时都在出现这样的情况:我们认为其他人的心理过程与我们的完全相同。我们以为自己觉得愉悦和向往的事物别人也同样觉得愉悦和向往,我们觉得不好的东西别人也肯定会觉得坏。仅仅是在不久以前,法庭才在宣判中采取了心理学的观点,承认了罪行的相对性。一般头脑简单的人还仍然切齿怨恨"上帝可为之事,世人不可为"(quod licet Jivi non licet bovi)的信条。在法律面前的平等仍然还代表着人类的一个伟大成就,它还没有被超越。我们仍然还把一切我们自己不愿认账的邪恶和卑劣都一股儿地推在"他人"身上,这就是我们为什么要不遗余力地批判和攻击他人的原因。但在这种情况下实际发生的事情却是,一个卑劣的"灵魂"从一个人身上转移到了另一个人身上。这个世界今天仍然还充满了衣冠禽兽(betes noires)和替罪羔羊。这与从前到处都有巫师和狼人的情形完全一样。

心理投射现象是心理学中最常见的事实之一。它与"神秘参与"相同,列维—布留尔就把"神秘参与"作为原始人的一个独有特征。而我们则无非是给它换上了另一个名称而已,并且还照例地否认这一点。我们也同样摆不脱它的影响。我们在邻人那里发现了自己身上一切无意识的事物,于是便照此去对待我

---

① 即分裂现象(dissociation)和投射现象。——英译者注

们的邻人。我们不再迫使他接受饮鸩吸毒的考验,也不再烧死他或者把他钉上十字架,而是带着最深的信念宣读道德的裁决。我们就是用这种方式来伤害他的。在他身上我们所要打击的常常就是我们自己身上那卑劣的一面。

原始人未经开化的精神状态使他无法进行自我批判,因此,他比我们更多地屈服于投射作用的影响。这是一个简单的真理。一切事物对于他来说都是绝对客观的,他的语言从根本上反映了这一点。我们可以带着幽默的态度向自己描绘出一位豹妇的样子。我们常常将一个人比作一只鹅、一头母牛、一只母鸡、一条蛇、一头公牛或者一头驴子。这些于人不恭的绰号是我们大家都非常熟悉的形象,但当原始人将"动物灵魂"赋予一个人之时,便不再存在任何道德裁判的毒液了。古代人太自然主义了,所以不会沾染上道德裁判的流毒;他过于为事物的本相所吸引,以至于无力随时做出判断。因此,他基本上不会做出我们的所作所为。普哀布罗印第安人煞有介事地宣称我属于熊图腾——换言之,我是一头熊——因为我下梯子时不是像人那样正面而下,而是像熊那样用手扶梯背对外面而下。这同一个欧洲人说我有熊的本性完全相同,也许只是在意义上稍有差别而已。当我们在原始社会中碰到"动物灵魂"的母题时,它是那么的奇怪与陌生,但现在它已经像其他许多事物一样,已经变成了我们的一种修辞手法。如果具体地解释我们那些隐喻,我们也会回到原始的观点中去。譬如,我们有一句医疗术语,"处理病人"(handle a patient),其具体的涵义就是将手放在病人之上——用手操作,而这正是巫师对待病人的方式。

我们发现"动物灵魂"难以理解,是因为这种具体地看待事物的方式迷惑了我们的头脑。我们不可能把"灵魂"想象成一个实体,可以迁移并寓居在一头野兽的身上。当我们把某人描述成一头驴时,我们并不是指这个人在各方面都是那种我们称之为驴的四足动物,而是指他在某个特殊的方面很像一头驴。对于言下的这个人,我们孤立了他人格或者心理的一个部分,并把他的这一部分以一头驴的形象具体地体现出来。所以,在原始人的眼中,那位豹妇是一个人,只有她的"动物灵魂"才是一头豹子。既然对于古代人来说,一切无意识的心理生活都是具体的和客观的,那么,他自然就会认为,如果一个人可以被描述成一头豹子,他就必须有一头豹子的灵魂。如果这种具体化更进一步,他会认为这样一个灵魂披着一头真豹子的外装,生活在丛林之中。

由心理事件的投射所造成的这些认同现象(identifications)创造出了一个世界,这个世界不仅将人的身体包容在内,而且还将人的心理包容在内。在某种程度上,人与这世界结合在一起了。他绝不是这个世界的主人,而只是它的组成部分。拿非洲的原始人为例,他还远离着人类力量的荣耀,连做梦也没有把自己视为创造的主人。他的动物学分类并不把人类(bomo saplons)作为顶点,而是恭奉大象为最高的生命。其次是狮子,然后是豹子或者鳄鱼,此后才是人以及其他更低的动物。他从来没有想到过他可以统治自然;文明人才要努力要支配自然,因此他将最大的力量投入到发现自然原因的事业中,这些自然原因将奉献给他开启自然那秘密实验室的钥匙。这就是文明人强烈憎恨专横力量的观点的原因,这也是他断然否认这些专横力量的原因。这些力量的存在无异于证明了他支配自然的企图终究归于徒劳。

总结起来,我们可以说,古代人突出的特征在于他对待偶然性的任性态度,他认为偶然性在宇宙事件中是远比自然原因更为重要的因素。偶然事件有两个方面:一方面它们确实倾向于成串地发生;另一方面,它们经过无意识心理内容的投射——换言之,通过"神秘参与"——又被赋予了一种明确的目的性。古代人肯定不会做出这种区分,因为他将心理事件投射得如此彻底,从而使得这些心理事件与自然事件完全结为一体了。一个意外事故在他的眼里是一种专横的和有所蓄谋的行为——是某个生命存在物的干涉——因为他没有意识到,只有当他以其震惊或恐惧的内心力量重塑了异常事件以后,这些异常的事件才会惊心动魄。谈到这里时,我们的确是在摇晃不定的地面上移行。一件事物之所以美丽,难道是因为我把美赋予了它吗?众所周知,许多伟大的头脑一直在努力思考着这个问题:究竟是那辉煌的太阳照亮了世界,还是人类的眼睛通过他与太阳的关系而使这世界有了光明。古代人相信是太阳,而文明人——无论如何,只要他有所思考而不犯诗人们的通病——则相信是眼睛。为了支配自然,文明人必须去掉自然身上的一切心理特征,为了客观地看他的世界,他必须收回他所有古老的投射。

在原始世界中,一切事物都具有心理的性质。万事万物都被赋予了人的心理素质——或者说,人类心理的因素,集体无意识(collective unconscious)的因素——因为那时还没有个人心理生活的存在。在此我们不要忘记,基督教那神圣洗礼的用意对于人类心理的发展有着最为重大的意义。洗礼赋予人一个独特的灵魂。我当然不是说,洗礼仪式作为一种具有神奇魔力的行为,能够一经施行即见成效。我的意思是,这种洗礼的观念把人提升了起来,使他脱离了他与世界的那种原始的同一,将他转变成了一个站在这世界之上的人。最深刻意义上的洗礼便是人类上升到这种观念境界,它意味着一个超越了自然精神的人的诞生。

每一个相对独立的心理内容,一旦机会来临,便被人格化。这是无意识研究中的自明之理。我们发现精神病患者的幻想和神秘主义者的心灵感应是对此最清楚的例证。无论何时何地,只要有一个自主的心理成分被投射出来,一个无形的人就出现了。这一点可以用来解释降神会上出现的那些幽灵和原始人所看见的鬼魂。如果某种重要的心理内容被投射在一个人的身上,他就成为了超自然的存在——即获得了一个能够造成异常影响的力量。他或她便变成了巫师、术上、狼人,或者诸如此类。原始人相信,巫医把那些在夜间游荡走失的灵魂捉住,像关鸟儿一样地把它们锁进笼里,这种原始的信念非常突出地表明了这一点。心理投射作用赋予了巫医以超自然的力量,这些力量使动物、树木、石块开口说话。因为它们是心理的活动,所以它们迫使个人服从它们。出于这一原因,精神病人无可奈何地受到他自己的声音的支配,而实际上被投射出来的是他自己的心理活动。他就是那个用他的声音说话的人,同时也是那个听见、看见和服从的人,然而他却不知道这一点。

从心理学的观点看,原始人相信偶然性专横的力量与幽灵和巫师的意向相符,这是极为自然的。因为,按照他看待事实的方式,他必然会推导出这样的结论来。在这一点上我们不要哄骗自己。如果我们对一个聪明的土著人解释我们的科学观点,他一定会认为我们迷信得荒谬,缺乏逻辑得丢脸。他相信世界是被太阳照亮的,而不是被人的眼睛。我的朋友山湖,一个普哀布洛酋长,有一次声色俱厉地要我解释,因为我说出了奥古斯丁的信念:太阳不是神,但神创造了太阳。(Non est hic sol Dominusnoster,sed qui illum fecit.)他指着太阳庄严地宣称："在那里运行的是我们的父亲,你可以看见他。从他那里发出了一切光明,生出了一切生命——他创造了天下万物。"他变得极为激动,费力地寻找词句来表达自己,最后他呼喊道:"没有他,一个在山中独行的人,甚至连火也没法点燃。"再没有其他什么话更优美地表达出这种古老的观点了。统治我们的力量来自外部世界,我们只能在这外部世界中生活。纵使我们的时代已经没有了众神,但宗教思想仍然还保存着这种心理状态,千百万人仍然还以这种方式进行思维。

在谈到原始人有关偶然性的任性观点时,我认为他的那种态度符合某种目的,因此具有一种意义。我们能不能假设,至少是在目前这样大胆地假设:原始人对专横力量的俯仰是以事实为依据的,而不仅仅是在心理观点上有其合理性?这听起来令人吃惊,但我无意去证实巫术确实存在,这无疑是跳出油锅又入火坑。我只希望考虑那些结论,如果我们也像原始人那样,认为一切光明来自于太阳,认为事情之美在其自身,认为某个人的一半灵魂是一只豹子,那么我们就会被引向这些结论。在这样做的时候,我们就接受了原始的魔力观念。根据这一观念,美的事物使我们感动,而不是我们创造了美;某人是一个魔鬼——我们并没有将自己的邪恶投射在他身上,从而使他成为一个魔鬼;有些人——魔力人格(mana personalities)——其自身就令人难忘,而完全不是我们的想象力的原因。"魔力"观念认为,在外部世界中存在着一种普遍分布的力量,它产生出所有那些不同寻常的影响。一切存在的事物都要起作用,否则就不是真实的。它的真实只能归因于它内在的能量。存在就是一个力场。我们可以看到,原始的"魔力"观念实质上就是一种原始的能量理论。

至此为止，我们都可以很容易地顺着这一原始观念的路子往下走。但如果我们还想进一步研究这一观念的各种暗示，困难就会随即出现，因为这些暗示与我讲过的那种心理投射过程全然相反。这些暗示如下所示：并不是我的想象或者我的敬畏使一个巫医成了魔法师；相反，他本身就是一个魔法师，并将他的魔力投射在我身上。鬼魂不是我头脑中的幻想，它们以其自身的意志出现在我们的面前。尽管这些结论是从"魔力"观念中符合逻辑地引申出来的，但我们还是犹豫不决，不想接受它们，还是四下寻找那种现成而舒服的心理投射理论。问题实际上在于这点：总的来说，心理——即精神，或者无意识——是否是从我们自身之中产生出来的，或者，心理在意识的早期是否确实存在于我们之外，表现为各种专横力量的形式，这些力量有它们自己的目的和意图，只是在以后的发展过程中，心理才逐渐地在我们内部占据了它的地位？各自分离的心理内容——用我们现代的术语——是否曾是一切个人心理的组成部分；或者，它们是否从一开始就是一些独立存在的心理实体，这些心理实体根据原始的观念，表现为幽灵、祖先的灵魂以及诸如此类的东西？它们是否仅是在发展过程中才逐渐被人类体现出来。因而逐渐才在人的内部建构起一个世界，这个世界就是我们所说的心理？

这整个的观念使我们感到荒谬得近乎危险，但我们还是能够构想出相类似的东西。不仅宗教导师认为可以在人的心理中植入以前没有的东西，甚至教师也这样认为。暗示力和影响力就是一个事实，连最现代的行为主义者也指望从中产生深远的效果。心理建构的复杂性这一观念在许多普遍的原始信仰中都得以表现出来——譬如，着魔、祖先灵魂化身、灵魂迁移，等等。今天当有人打喷嚏时，我们仍然还要说："上帝保佑你。"这意思是：“我希望你的新灵魂不会对你有害。”在我们自身的发展过程中，当我们从多方面的矛盾冲突中发展起来并获得了一个统一的人格时，我们就体验到了一种复杂的心理组合。既然人体的构成是由于一些孟德尔单位(Mendelian units)的遗传所致，人类心理以相似的方式组合起来就不是全然没有可能的。

我们时代的唯物主义观点表现出一种倾向，这种倾向也同样存在于原始思想中。两者都导向这样一种结论，即个人仅是一种结果而已。首先，他是自然原因的结果；其次，是偶然事件的结果。根据这两种解释，人的个性并不是独立存在的东西，而是客观环境中各种力量的意外产物。这是彻彻底底的原始世界观。根据这一观念，单个的人从来不被认为是独特的，而总被认为可与其他人互换，即便缺少了这个人，也无足轻重。现代唯物主义狭隘的因果论又回到了古代人的观点上去，但唯物主义者更彻底，因为也比原始人更具系统性。原始人有一个优越之处，就是他可以前后矛盾；他将“魔力”人格当作了一个例外。在历史的进程中，这些“魔力”人格被抬高到神的位置上，他们变成了英雄、国王，他们靠吃返老还童的食物而享有众神的不朽。这种个人不朽的观念以及个人价值不灭的观念可以在原始社会发现：首先可以在他们对鬼神的信仰中发现；其次则可以在远古神话中发现——在那个时代，死亡还未因人的疏忽或愚蠢而获得通道进入这个世界。

原始人没有意识到他观点中的这种矛盾性。我们的黑人脚夫们肯定地对我说，他们不知道自己死后会发生什么事情。在他们看来，一个人死了就是死了，他不再呼吸，他的尸体被搬进丛林，让鬣狗吃掉。他们在白天便是这样想到有关死的问题的。但夜间游荡着死者的幽魂，它们把疾病带给牛和人，它们袭击和

勒死夜行的旅客,还干其他形式的暴力行为。原始人的头脑里
充满着这类矛盾,它们可能会把一位欧洲人吓得灵魂出窍,但这
位欧洲人却从来想不到,在我们这些文明人中间也同样可以找
到类似的事情。在我们有些大学中,神的干预这一观念是一个
不值得谈论的问题——但同样正是在这些大学里开设了神学课
程。一个自然科学研究人员可以认为,把某种动物种类最细微
的变异归结为上帝的行动是令人可憎的,但同时他又在头脑的
另一个角落里保留着一种充分发展的基督教信仰,并且喜欢在
星期天炫示自己的这种信仰。既然如此,为什么我们还要因原
始人的自相矛盾而激动不已呢?

从原始人的基本思想中不可能归纳出任何哲学体系,它们
只给我们提供了一些自相矛盾的观念。然而,正是这些自相矛
盾成了一切精神活动永不衰竭的来源,并且为一切时代和一切
文明提供了各种引入思考的问题。古代人的"集体表象"真是深
刻的吗?抑或它们只是表面上看来如此?我不能回答这个一切
问题中最难回答的问题,但我可以告诉大家我在埃尔贡依的山
居部落中所做的一种观察。在那里,我到处寻找、询问宗教观念
和宗教仪式的痕迹,但几个星期过去了,我什么也没有发现。土
著人什么都让我看,随时给我提供材料。我可以不用翻译与他
们交谈,因为许多老人都能说斯瓦希里语(Swhaili)。开头他们
不太情愿,但一当僵局打破,他们就热情地接待我。他们对宗教
习俗一无所知,但我从不放弃。最后,经过了许多次毫无结果的
交谈以后,终于在一次交谈快结束的时候,一个老人感叹道:"早
晨,当太阳升起来的时候,我们就走出茅屋,往手掌里吐唾沫,然
后对着太阳举起双手。"我劝他们为我演习一遍这个仪式,并要
他们描述得详细些。他们于是把手举到嘴前,用力地往里边唾

或者吹。然后他们翻过手来,把手掌向太阳举起。我问他们这行为的意义——为什么他们要往手里唾或吹。我的问题是徒劳无益的。"从来就是这样做的。"他们说。要想得到一种解释绝不可能,我完全相信了,他们只知道他们要做的事情,而不知道为什么要做。他们不知道他们行动的意义。在迎接初升的月亮时,他们也做同样的动作。

让我们设想一下,假如在苏黎士我完完全全是一个陌生人,我来到这城市是为了探究这城市的风俗。首先,我在郊区挨着几户人家住下,逐渐与这几家建立起了邻居关系。随后,我对穆勒先生和梅耶先生说:"请告诉我一些你们的宗教习俗吧。"两位先生都吃了一惊。他们从不去教堂,对此一无所知,断然否认他们遵循过任何宗教风习。一天早晨,当穆勒先生在干一件奇怪的事情时,我吓了一大跳。他忙碌地在花园里跑来跑去,藏一些五颜六色的彩蛋,并树起一些奇特的兔子偶像。我当场抓住了他。"为什么你一直把这么有趣的仪式瞒着我呢?"我问他。"什么仪式?"他反问道,"这不算什么。复活节时人家都这么做呀。""但这些偶像和彩蛋有什么意义呢——为什么你要藏起它们来呢?"穆勒先生一时无言以对。他不知道,正如他同样也不知道圣诞树的意义一样。然而他又在做这些事儿,他就像原始人一样。埃尔贡依的远祖知道他们所做的事情吗?这是极不可能的。古代人只管做他的事——唯有文明人才知这他所做的事儿。

上面所引的埃尔贡依的仪式有什么意义呢?显然,那是对太阳的献祭。对土著人来说,太阳只有在升起的时候才是muugu,即"魔力",或者神。如果他们手中有唾沫,那么,按原始的信仰,这唾沫就是某种包含着个人"魔力"的物质,就是那可以医病、施法和维持生命的力量。如果他们对手掌吹气,那气就是风和灵魂——就是 roho,相当于阿拉伯语中的 ruch、希伯来语中的 ruach、希腊语中的 pneuma。这一举动的意思是,我将我活生生的灵魂献给上帝。这是一种无言而只有行动的祈祷,它同样可以用语言来表达:"主啊,我将我的灵魂交到你的手中。"这到底只是碰巧如此呢,还是早在人类存在以前它就被孕育和决定了呢? 对于这一问题,我将不做任何回答。

八 心理学与文学

艺术家并不是一个有着自由意志并追求他自己的目标的人，而只是艺术借以实现其自身目的的工具。作为人他可以有各种情绪，可以拥有意志以及个人的目标，但作为艺术家他就成了一个更高意义上的"人"——他是"集体的人"——一个携带着人类的无意识心理生活并赋予它以表现的人。

心理学作为对心理过程的研究,毫无疑问,也能够用于对文学的研究,因为人类心理是孕育一切科学与艺术的母胎。一方面,我们可以指望用心理学研究解释一件艺术作品的形成;另一方面,也可以用它来揭示使人们具有艺术创造力的诸多因素。因此,心理学家便面临着两项相互分离而又各具特色的任务,而且必须以两种截然不同的方式来加以考察。

就艺术作品来说,必须研究的是一个经由复杂的心理过程而创造出来的产物——一个显然是有目的和有意识而形成的产物;而就艺术家来说,则应研究心理机制本身。在第一种情况下,我们必须试着对一项明确界定的、具体的艺术成就进行心理分析;而在第二种情况下,则必须将活生生的和富有创造力的人作为一个独特人格来加以分析。尽管这两项任务紧密相关甚至互相依存,但任何一方都不可能产生出为对方所需要的解释。当然,我们可以从艺术作品中对艺术家做出推测,反之亦然。但这些推测绝不是最后的定论,它们最多不过是大致的臆测或侥幸的猜想罢了。知道了歌德与他母亲的特殊关系后,当然有助于理解浮士德所发出的感叹："母亲——母亲——这声音听起来多么奇妙啊!"但无论我们怎么正确无误地在歌德身上感受到了他们母子之间的深切关系,我们还是无法看出他对母亲的依恋是何以产生出《浮士德》这出戏剧的。逆向的推理同样也不会比这更有成效。在《尼伯龙根的指环》①中,没有任何东西能使我们发现或明确地推断出瓦格纳有时喜欢身着妇人装这一事实,尽管尼伯龙根那英雄的男性世界与瓦格纳身上某种病态的女人气质之间确实存在着某种隐秘的联系。

心理学发展的现状尚不允许我们确立为其他科学所必备的那些严密而精确的因果关系。只有在心理生理本能(psycho - physiological instincts)与反射活动(reflexes)的领域里,我们才能自信地运用因果论的观点。心理学家必须从心理生活开始的那一点起——即从一个更为复杂的程度起——满足于描述那些范围广阔而又形形色色的事件,满足于生动地勾画精神那个惊人复杂的经纬网络。与此同时,他绝不能将任何单一的心理作用称为"必然的"。如果情况不是这样,如果可以依靠心理学家从艺术作品内部和艺术创作的过程中揭示出因果关系,那么他就不会再给艺术研究留下任何立足之地,而只会使它降格为他自己的科学的一个特殊分支。心理学家肯定不会放弃在复杂的心理事件中去调查和确立因果关系的主张,因为这无异于否定心理学存在的权利。但是他不可能在最充分的意义上实现这一主张,因为生活富于创造性的一面阻碍了一切理性公式化的尝试,它在艺术中找到了能最清晰地表达自己的形式。对刺激的任何反应都能根据因果加以解释,但与单纯反应截然对立的创

① 《尼伯龙根指环》为德国音乐家、作家查理·瓦格纳(1813—1883)于 1874 年写成的一部歌剧。——中译者注

造性活动却永远不能为人类所理解。人们只能描绘其表现形式，只能模模糊糊地感觉到它，但无法整个儿地把握住它。心理学和艺术研究将永远需要互相补证而不是互相排斥。心理学的一条重要原则是，心理事件可以推导出来。艺术研究的一条原则是，无论是涉及艺术作品还是艺术家本人，心理的产物都是自在的和自为的。尽管两条原则都有其相对性，但它们都是适用的。

一、艺术作品

心理学家对文学作品的研究与文学批评家对文学作品的研究是根本不同的。对后者具有决定性意义和价值的东西也许对前者毫无用处。心理学家最感兴趣的常常是那些高度暧昧与朦胧的文学作品。例如，所谓的"心理小说"就根本不像文人作家们所认为的那样，会对心理学家有所裨益。这样的小说总的来看已经对自身进行了解释，它已经完成了其自身的心理解释任务，心理学家最多只能批评一番或者在此基础之上做点扩充和发挥的工作。至于某一位作家如何写出某一部小说这种至关重要的问题自然是留下未答的，不过我希望将这一普遍的问题留待这篇文章的第二部分来讨论。

对心理学家来说，有一类小说最有成效。作者没有对小说中的人物做任何心理解释，因而为分析解释留下了广阔的天地；这些小说甚至还因其表现模式吸引了心理学家对其进行分析和解释。这类作品中的范例有贝努瓦（Benoit）的小说，有哈格德[①]风格的英国小说，包括柯南·道尔所开创的侦探小说领域，这一领域中已产生出了众多为人珍爱的作品。麦尔维尔[②]的《莫比·迪克》也属于这一类，我认为这是美国最伟大的一部小说。心理学家最感兴趣的是那种显然没有进行心理揭示的动人故事，这种故事建立在含蓄的心理假设的基础之上，作家多多少少在某种程度上没有意识到这些心理假设，他们毫不掺杂其他因素地自行揭示出来，以供人批评和鉴别。另一方面，在心理小说中，作家试图重新安排他的素材，以使其从原始偶然性的阶段提高到心理揭示和心理解释的程度上——正是这一过程使作品的心理意义变得含混不清或者隐而不见。外行人正是向这一类的小说中去寻求"心理学"的，但挑动心理学家的是另外一种小说，因为只有他才能给予它们以更深的意义。

尽管我一直谈论的是小说，但我深有感触的心理事实并不仅仅局限于这一特殊的文学形式。在诗人的作品中也会碰到它，我们在比较《浮士德》悲剧的第一部和第二部时所遭遇到的就正是这一心理事实。甘泪卿的爱情悲剧本身就已经解释了自己；一切都经诗人用优美的文字说出来，心理学家无须再做任何补充。第二部分则不然，它需要解释。如此丰富而刺激想象力的材料使诗人的构思能力不胜负荷，以至于一切都无暇自释，每

---

① 哈格德（Henry Rider Hazgard，1856—1925），英国小说家。从 1875 年到 1881 年在南非政府供职。他的一些最受欢迎的小说都以南非为背景，作品中有名的有《所罗门王的宝藏》《她》等。——中译者注

② 麦尔维尔（Herman Melville，1819—1891），美国大作家。他的杰作《莫比·迪克》（或译《白鲸》）具有非常浓厚的象征色彩，以捕鲸和一头白鲸的故事为背景，对善恶的本质，人及人的命运进行了深刻的哲学探讨。当时的读者不理解他作品的象征意义，甚至有些图书馆将《莫比·迪克》归入捕鲸类的图书中。到二十世纪，麦尔维尔及其作品才得到了重新评价，引起人们高度重视。——中译者注

一行诗都使读者平添了一分渴求解释的愿望。《浮士德》的两部分以极端的方式阐明了文学作品中的这一心理差异。

为了强调这一差异,我把一类艺术创作称为心理型(psychological),而把另一类称为幻觉型(visionary)。心理型所涉及的素材得自于人类的意识领域——诸如生活教训、感情波动、情欲体验以及普遍意义上的人类命运的危机——这一切构成了人的意识生活,尤其是构成了他的情感生活。这些材料经过诗人心灵的吸收,由通俗平凡之物上升为诗的经验并且向读者表达出来,把这些他们平时所规避忽略的事物,把这些仅以一种黯然不快之情所感受到的事物完完全全地带进他们的意识之中,以此迫使他们获得一种更为清晰和深刻的洞察力。诗人的工作就是解释和阐发意识的内涵,以及人类生活中那千载轮回的悲哀与欢乐所组成的不可避免的经验。他没有为心理学家留下何东西,除非我们确实希望后者来详细说明是什么原因使浮士德爱上了甘泪卿,或者是什么原因使甘泪卿害死了她的儿子!这类主题构成了人类的命运,它们反复出现了千百万次。正是它们的这些重复造成了违警罪法庭上的单调乏味以及刑事法典条文的一成不变。没有任何模糊含混的东西包围着这些主题,因为它们已充分地解释了自己。

无数的文学作品都属于这一类型:其中包括许多有关爱情、环境、家庭、犯罪以及社会的小说。此外,还有训喻诗、大量的抒情诗和戏剧(包括悲剧和喜剧)。无论心理型的艺术作品具有哪种形式,它总是从人类意识经验这一广阔领域中——也可以说从生动的生活前景中——去撷取素材的。我之所以把这类艺术创造称之为心理型,是因为它的活动无论在哪方面都没有超出心理学的理解范围。它所包容的一切——经验及其艺术表现——都属于可理解之物的领域,甚至非理性的基本经验自身也没有任何奇异之处;相反,它们是从一开始就已经为人们所了解的东西——诸如激情及其法定的结果、人类对命运变幻的依赖,以及既包含着美又包含着恐怖的永恒的自然。

《浮士德》第一部和第二部之间的截然不同标志着心理型艺术创作与幻觉型艺术创作之间的深刻差异。后者的情形与前者完全相反。为艺术表现提供材料的经验不再为人熟悉,它是存在于人们心灵深处的陌生之物——它暗示着某种时间的深渊,这一深渊将我们和前人类时代分隔开来,或者唤起一个超越人类的世界,在这个世界中光明与黑暗进行着强烈的对比。它是超越人类理解力的原始经验,因而人类有屈服于它的危险。这一经验的价值和威力来自深重的罪恶;它从永恒的深渊中升起,陌生、阴冷、多面化,富于魔幻之力而又古怪难言。这永恒混沌中荒唐而可怖的样品——按尼采的话说,是对人类的背叛(a crimen laesae majestatis humanac)——将我们人类关于价值和美的形式的标准击得粉碎。这些怪诞而毫无意义的事件所具有的迷离幻象,在任何一个方面都超出了人类情感和理解力所能把握的范围,因此它对艺术家的才能所做出的要求绝不同于生活前景经验的要求。前景经验绝不会撕开遮掩着宇宙的帷幕,绝不会超越人力所及的范围,因此不管它们对个人的震动会有多大,但仍然适合于艺术的需要。原始经验则将绘有秩序世界之图画的帷幕撕得粉碎,它宛然一露那尚未形成之物的不测深渊。它是其他世界的虚影,还是精神幽微的迷幻;是人类纪年以前万物之始的梦境,还是未来世代人寰的幻象——孰是孰非我们不能断言。

形成复形成——

永恒精神的永恒娱乐。①

我们在下面这些作品中都能发现这类幻象:《赫尔墨斯的牧羊人》②、但丁的作品、《浮士德》第二部、尼采那狄奥尼索斯般丰艳的文字、瓦格纳的《尼伯龙根的指环》、斯比特勒的《奥林匹亚之春》、威廉·布莱克的诗歌、僧侣弗朗西斯科·科隆纳的《坡利菲里之梦》以及雅各·波默的哲学与诗的断语。在更局限与更具体的范围内,原始经验为哈格德的系列小说提供了素材,从而产生了像《她》那样的作品。对贝努瓦也同样如此,这主要表现在《大西洋》中。对库宾③则表现在《另一方面》中,对梅林克④则表现在《绿脸》中——我们不应低估这本书的重要性,对哥兹⑤则表现在《没有房子的地方》,对巴拉赫⑥则表现在《死亡之日》中。这张书单还可以无限延长。

在对待心理型的艺术创作时,我们绝对不需要问它的素材是由什么组成的或者它的意义是什么,但是涉及幻觉型创作时,我们就被迫要对这类问题加以考虑了。这类创作使我们惊愕不已,使我们困惑迷乱,我们对此起了戒心甚至产生了厌恶之情——我们需要评论和解释。它们提醒我们的不是人类生活中

① 此二句为歌德的诗。——中译者注

② 《赫尔墨斯的牧羊人》,基督教的启示录似的作品,于公元139—156年间创作于罗马。这部作品收集了天使(牧羊人)给予一个叫赫尔墨斯的基督徒的一系列启示,这些启示分为三个部分:幻觉、训示相比喻。书中的内容大部分涉及惩罚、道德以及教会状况等问题。这部作品尤其受到早期基督徒的高度重视。——中译者注

③ 库宾(Alfred Kubin,1877—1959),德国画家、作家。——中译者注

④ 梅林克(Gustan Meyrink,1868—1932),德国作家、艺术家。他的作品具有超现实主显的风格,混合了喜剧、荒诞和象征性手法。——中译者注

⑤ 哥兹(Wolkang Goets,1885—1955),德国作家。——中译者注

⑥ 巴拉赫(Ernst Barlach,1870—1938),德国表现主义艺术家、诗人和剧作家。他是第一个将表现主义引进德国的人。《死亡之日》是他的代表剧之一。——中译者注

的日常事件，而是梦、夜间的恐惧，以及我们有时怀着不安的心情所感觉到的那种心灵深处的黑暗。绝大部分读者拒绝这类作品——除非它们是轰动一时的——甚至文学评论家也对它们感到局促不安。确实，但丁和瓦格纳为理解这类作品铺平了道路。但丁的作品引用了史实，而瓦格纳则采用了神话事件，他们用这种方法掩盖了幻觉经验，以至于后来他们所利用过的历史和神话就常常被当作素材了。但无论对于但丁还是对于瓦格纳，更深的意义和动力都不在此，而是在幻觉经验之中。难怪哈格德通常只被看作是小说的发明者，但即使是他，故事也主要是表现重大素材的手段而已。无论故事怎样超过内容，内容始终比故事的分量更重。

幻觉型创作的素材来源总是模糊不清，这一现象令人奇怪，它与我们在心理型创作中所发现的情况截然相反。我们甚至开始怀疑这种模糊不清是故意造成的。我们自然地倾向于认为——弗洛伊德心理学鼓励我们这样做——一些高度个人化的经验是潜伏在这种古怪的黑暗之下的因素。因此，我们希望解释这些从混沌状态之中透露出来的奇怪微光，并且希望明白是什么原因有时使诗人看起来好像是故意隐藏了他的基本经验。看待幻觉型创作的这种方式，与宣称我们在此涉及的是一门病理性的和神经质的艺术只有一步之差——就幻觉型创作者的素材显示出我们在精神病人的幻想中所发现的特征而言，这一步之差是有其道理的。反之亦然，我们时常能在精神病患者的精神宣泄物中发现丰富的含义，倒好像它们是出自天才之手的作品一样。追随弗洛伊德的心理学家自然倾向于把这种作品当作一个病理学上的问题。他认为，在我所称的"原始幻觉"之下潜伏着一种隐秘的、个人的经验——也就是说，一种不为意识观念所接受的经验——在此假设的基础上,他将试图把这一幻觉的各种奇异形象解释为掩盖形象(cover‐figures),并断定它们代表了一种企图掩盖基本经验的倾向。根据他的观点,这一被掩盖了的经验可能是一种爱情经验,它在道德上或在美学上与整体人格不符,或者至少与意识领域中的某些假设不符。诗人为了通过他的自我将这一经验抑制下去,使其成为不可辨认的(无意识的),因而动用了病理性幻想的整个武器库。而且,这种以虚设取代现实的企图并不令人满意,因而会在一系列创作表现中重复出现。这就解释了幻想形象大量出现这一事实——这些幻想形象令人不胜恐惧,它们有若鬼使神差,充满着古怪悖常。一方面它们取代了为人所不能接受的经验,另一方面它们又帮忙将这一经验掩盖了起来。

尽管严格来说,对诗人的人格和心理气质的讨论属于本文的第二部分,但在此我还是不可避免地要提出弗洛伊德有关幻觉型艺术作品的观点。原因之一是因为它引起了相当的关注;其次则因为它是唯一一种众所周知的尝试,企图对幻觉材料的来源予以"科学的"解释,或者说企图提出一种理论以解释潜伏于这种奇异的艺术创作类型之下的心理过程。我认为我自己有关这一问题的观点并没有为大众所知晓或者得到广泛的理解,因此,现在我将简要地阐明我的观点。

如果我们坚持认为幻觉来自于个人的经验,那么我们就势必将幻觉看作某种第二性的东西,看作现实的代替物。其结果是抽掉了幻觉的原始性质而把它仅仅当作某种症状。孕育万有的混沌于是缩减为一种心理紊乱。对事物的这种解释使我们更加释然于怀,于是我们又转回到那秩序谨严的宇宙图画中去了。我们讲求实际而富于理智,因而不会指望宇宙是完美无缺的,我们接受了这些不可避免的种种不完美,将它们称之为变态与疾病,并且理所当然地认为人性也同样不能避免这些缺陷。那些人类不能理解的深渊所显露出的可怖景象被斥为镜花水月而得以驱散,诗人被认为是这一欺骗的制造者与受害者。甚至对诗人来说,他的原始经验也是"人性的——太富于人性的"①,以至于他不能正视这原始经验的意义而不得不将它对自己也隐藏起来。

对于那种把艺术创作减缩为个人经验的解释方法,我认为最好是去充分弄清楚它的全部含义,并看清楚它所引导的方向。事实上,这种方法使我们偏离了对艺术作品的心理研究,而将诗人本身的心理气质这一问题呈现给了我们。诚然后者所展示的重要性不容否认,但艺术作品作为某种自在之物也同样不可以驱逐开去。诗人自身如何看待他的创作这一问题——他把它视为一桩小事、一面屏风,还是把它视为痛苦之源或者一项成就——目前还与我们无关。我们的任务是对艺术作品进行心理解释。这一任务的关键在于对艺术作品之下潜伏的基本经验——幻觉——进行严肃而认真的考虑。至少得拿出对心理型艺术之基本经验进行考虑时所具有的那种严肃态度,这类基本经验的真实与严肃性是没人怀疑的。幻觉经验看起来确实与人的一般经验大相径庭,这就使我们难以相信它的真实性。更不幸的是,它还带着某种晦涩玄妙与神秘主义的色彩,因此,我们非常有必要以善意的、合乎情理的态度来对待它。我们认为,最好不要过于认真地看待这类事物,否则世界又将回复到蒙昧的迷信中去。当然,我们可能对神秘的事物怀有某种偏好,但就一

---

① "人性的,太富于人性的",此语原为尼采一本著作的书名。——中译者注

般来看我们总是将幻觉经验从身边赶走,只把它当作丰富想象力的产物或者当作浓郁诗情的产物——从心理学的角度来理解,这种诗情状态是诗人的某种特权。有些诗人鼓励对幻觉经验进行这样的解释,以便在他们自己与作品之间造成某种有益的距离。譬如,斯比特勒就坚持认为,不管诗人吟诵奥林匹亚之春也好,还是歌唱"五月已来临"的主题也好,其实都是同一回事。但实际情况是:诗人也是人,他们对自己作品的评论常常远不是最有启发意义的。因此,我们所需要做的就是要保护幻觉经验的重要地位不受诗人本身的侵害。

无可否认,在《赫尔墨斯的牧羊人》《神曲》和《浮士德》等作品中,我们听到了一种声音还在回响着早先的爱情经验——一种由幻觉所完成和实现的经验。有人认为,《浮士德》第二部抛弃或隐藏了第一部中所有正常的人类经验,这种想法是站不住脚的。同样,我们也毫无理由推测歌德在写作第一部时是正常的,而在构思第二部时则处于精神错乱的状态之中。赫尔墨斯、但丁和歌德可以被视为近两千年人类发展史上的三个阶段。在他们身上我们可以发现,个人的爱情插曲不仅与更为重大的幻觉经验联系了起来,而且还坦诚地服从于它。艺术作品本身提供了这一有力的证据,它是全然不顾诗人独特的心理气质的。基于这一有力的证据,我们不得不承认,幻觉代表着一种比人类情欲更深刻、更难忘的经验。不管理性贩子们会怎么说,我们都绝不能怀疑在这种艺术作品中幻觉是一种真实的和原始的经验——注意,切不可把这类艺术作品与艺术家的人格混为一谈。幻觉不是衍生的或者第二性的,它不是其他事物的征兆。它是真正的象征性表现形式——对某种并不完全为人所知的自在之物的表现。爱情故事是被真实体验过的真实经验,幻觉也同样如此。没有必要去确定幻觉内容的性质究竟是物质的,还是心理的或者玄学的,它自身所具有的心理现实在真实程度方面并不逊色于物质现实。人类的情欲包含在意识经验的领域之中,而幻觉的原因则在这之外。我们用感觉去体验已知之物,但我们的直觉则指向不为人知的、隐蔽的事物——那些本质上神秘的事物。这些神秘事物一旦可能被人们意识到,它们就会故意滞留于无意识之中从而将自己隐蔽起来,因此,它们从最开初时起就被视为神秘可怕的和具有欺骗性的。它们躲过人的注意,人也出于对魔鬼的恐惧而躲避它们。人类用科学的盾牌和理性的盔甲来保护自己,人类的启蒙产生于恐惧;他们在白天信仰宇宙秩序,在夜间也紧紧地抓住这一信念以抵御那萦绕于怀的对混沌的恐惧。试想如果有某种活生生的力量,其活动的领域并不在我们这个日常世界,那将会怎么办呢?在人类的需要中究竟有没有什么是危险的和不可避免的呢?有没有什么东西比电子具有更强的目的性呢?我们是不是在自欺欺人地认为我们能够拥有和支配自己的灵魂呢?难道科学称之为"心理"的东西,并不仅仅是一个被专横禁锢于头脑之中的问号,而更多是为人类通向另一个彼岸世界所敞开的门户——这一门户时常放出一些神奇而不可捉摸的力量来影响人类,使人类如乘黑夜之羽翼从一般人类的高度飞越至超越个人使命的境界?在研究幻觉型艺术创作时,我们发现爱情故事仿佛只起到了一种宣泄作用——仿佛个人经验除了为绝顶重要的"神曲"作序幕之外,竟然别无其他用途。

与生活中的黑夜部分有所接触的并不仅是这种艺术的创作者,还有先知、预言家、领袖人物和启蒙者。这一黑夜的世界无论怎样漆黑幽暗,但它毕竟不是全然陌生的。人类从难以纪年的远古洪荒时代起就已经熟知它了——在此处、彼处,在一切地方;对今天的原始人来说,这一世界无疑仍然是构成他们宇宙全景的一部分。只有我们现代人才抛弃了这个世界,因为我们害怕迷信和玄学,我们努力想要建立的是一个意识的世界——它因为有自然规律的维系而变得安全和易于控制,正如因为有法令的维系使一个联邦国家变得安全和易于控制一样。然而,诗人甚至在我们中间也时常能看见组成了黑夜世界中那些群灵众生的形象——精灵、魔鬼和神仙。他知道对人类来说,一种超出了他们限度的目的性正是赋予人类生命的秘密;他在丰富与纷繁之中对不可理解的事件有着某种预感。简而言之,他看见了使原始野蛮人惊恐万状的心理世界中的某些东西。

从人类社会初成之日起,人类就努力要以某种固定的形式来表现他们心灵深处的朦胧晦涩,这些努力都留下了它们的痕迹。甚至在罗得西亚旧石器时代的岩画中,我们也能看到一个抽象的图形——画在一个圆圈中的双十字,它与那些逼真得令人惊叹的动物图案并排在一起。在每一个文明地区都或多或少地出现过这种图形;今天,我们不仅可以在基督教的教堂内找到它,同样也能在西藏的寺院里找到它。它就是所谓的太阳轮。由于在它出现的那个年代还没有任何人知道作为一种机械装置的轮形,因此不可能在任何外界经验中去追寻它的根源。我们毋宁说它是某种心理事件的象征,蕴涵着某种内心世界的经验。无疑它与那幅著名的背部有食虱鸟的犀牛画同属一种真实的表现。没有任何一个原始文化中不存在着某种神秘教义的体系,在许多文化中这一体系还是高度发达的。部落会议与图腾氏族保留了这种关于隐秘之物的教义,这些隐秘之物不存在于人类白昼的世界之中——它们从原始时代起就开始构成了人类最为重要的经验。有关这些神秘之物的知识经由教礼而得以世代相传。希腊罗马世界秘密的宗教仪式也起了同样的作用,古代丰富的神话便是人类发展最初阶段中这些经验的遗迹。

因此,诗人为了最适当地表现他的经验,就必然要借助于神话。如果认为诗人写作的材料得自于第二手,那就大错特错了。原始经验是他创造力的源泉,由于这种经验不可探测,因而需要神话意象赋予其形式。它本身不提供任何文字或意象,因为它只是一个于"镜中暗淡处"显现的幻象,只是一个千方百计寻求着表现形式的深刻预感。它像一阵旋风,挟一切可挟之物以升腾飞越,而后始获得可见的形状。任何一种具体的表现形式都绝不能穷尽这一幻象的可能性,任何一种表现形式都远不能表达它丰富的内涵,因此,即使诗人只希望传达他内心奥秘的点滴之数,他也会有一大堆可供驱遣的素材。除此之外,他还必须借助以一个难以处理和充满矛盾的意象,以表现其幻觉本身所具有的怪诞矛盾性。但丁的预感便是披着这种意象的外衣遨游了天国和地狱之域;歌德则将布洛克斯堡和古希腊的冥府搬进他的作品中;瓦格纳需要整个儿的北欧神话;尼采回到僧侣文体中从而重新创造出了史前传说中的先知;布莱克为自己创造出了许多难以名状的形象,而斯比特勒则为其想象的新人物借用了古老的名字。从不可名状的崇高到荒谬绝伦的怪诞,这整个过程中没有缺少任何一个中间的阶梯。

心理学无法阐释这一色彩斑的意象,它只能收集可供比较的材料并提供讨论所用的专门术语。在幻觉中出现的事物根据专用术语便叫集体无意识。我们使用这一术语所指的是由遗传力量所形成的某种心理气质,意识便是由这一集体无意识发展而来的。我们在人体的结构中还能发现某些早期进化的痕迹,同样,人类心理的构成也必定会符合其发展的规律。事实正是如此,当意识悄然隐退时——在梦中、催眠状态中以及精神错乱状态中——就会出现心理产物和心理内容,它们显示了心理发展初级阶段的全部特征。意象自身有时也具有原始的特征,这会使我们认为它们是从古老秘传的教义中获得的。披着现代外衣的神话主题还在层出不穷。在研究这些表现集体无意识的文学作品时,格外重要之处在于,我们必须懂得集体无意识的这些表现是对意识态度的补偿。这就是说,它们能以一种具有明显目的性的方式使片面的、反常的或危险的意识状态趋于平衡。在梦中,我们能很清楚地看到这一作用的积极方面。在精神错乱的病例中,这一补偿作用常常表现得非常明显,只不过它采用了一种消极的形式而已。例如,有些人焦虑万分地把自己闭绝于世,其结果是他们有一天发现自己最深的秘密早已是众人皆知、众口传扬[1]。

如果我们以歌德的《浮士德》为例,先姑且不论这部作品可能补偿了歌德的意识态度,我们必须回答这样一个问题:这部作品在哪方面与歌德所处时代的意识观是相联系的?伟大的诗篇从人类生活中吸取力量,如果我们试图从个人因素着手,就会完全迷失它的意义。每当集体无意识变成了一种活生生的经验并影响了一个时代的意识观时,这一事件就成为了一种创造性的行为,它将对生活在那个时代的每一个人都具有重大的意义。一件艺术作品产生了,它包含着那真正可以称之为世代相传的信息。因此,《浮士德》触动了每一个德国人灵魂中的某种东西,但丁获得了永恒不衰的声誉,而《赫尔墨斯的牧羊人》却没有被

---

① 参见我的《心灵与地球》一文,载《对分析心理学的贡献》,纽约哈雷特·布雷斯出版社,1928 年。——原注

纳入《新约全书》的正经。每一个时期都有其自身的倾向、特有的偏见和心理病症。一个时代就像一个人：它有自身意识观的局限，因此需要一种补偿性的调节。集体无意识实现了这种补偿性的调节。诗人、预言家或领袖人物为集体无意识所驱使，在那未经表达的时代愿望的引导下，以他们的言行指明了一条路，那为每一个人所盲目渴求和企盼的目标——尽管人们并不知道这一目标将导致的是善还是恶，也不知道它是治好时代的创伤还是促成这个时代的灭亡。

谈论自己所处的时代总是危险的，因为目前处于危难中的事物宏大得令人难窥全貌。稍作提示也许就足以说明问题了。弗朗西斯科·科隆纳的《坡利菲里之梦》一书就是以梦的形式写成的，它赞颂了人类关系中的自然之爱这一形式。科隆纳在这本书中在不鼓励过分放纵感官的情况下，完全彻底地抛开了基督教的婚姻神圣性。这本书写于1453年。哈格德所生活的年代正值维多利亚王朝的盛世。他重新拣起了这一题材并按他自己的方式进行了处理。他没有再将梦的形式赋予他的作品，而是让我们去感受道德冲突的紧张气氛。歌德把甘泪卿——海伦——玛特——格罗廖沙这一主题宛若一根红线般织进《浮士德》这幅绚丽多彩的织锦。尼采宣告了上帝的死亡。斯比特勒众神的盈衰演成了四季的神话。无论这些诗人占有多么重要的地位，他们都是汇集了成千上万人的声音在说话，在预言着他们时代意识观的变化。

二、诗人

创造性如同自由意志一样，也含有某种秘密。心理学家可以将这两种表现形式都描述为心理过程,但他解决不了它们所提出的哲学问题。富于创造性的人是一个谜,我们从各个方面对这个谜的解答都总是归于无效,但这一事实并不能阻止现代心理学不时地转向有关艺术家及其艺术的问题。弗洛伊德认为他找到解决这一问题的钥匙,这就是:艺术家的个人经历构成了艺术作品。①这确实存在着某些可能性,因为我们可以相信,一件艺术作品就像神经症一样可以追溯到心理生活中的某些痼习,我们将这些痼习称为情结。神经症的病因植根于心理领域之中——它起自于各种情感状态,起自于真实的和想象的童年经验。这是弗洛伊德的伟大发现。他的某些追随者,如兰克②和斯特克尔③,采用了相关的探究方式并取得了重要的成果。诗人的心理气质渗透于他的整个作品,这是一个不容否认的事实;个人因素极大地影响了诗人对材料的取舍和处理,这也同样不是什么新奇之论。但我们仍然应该把荣誉归于弗洛伊德学派,因为他们指明了这一影响的深远程度,指明了个人因素的各种奇异的表现形式。

弗洛伊德将神经症作为直接满足方法的替换物,因而认为这是一种不正当的方式——是一个错误,一种搪塞推诿,一种自甘盲目。在他看来,这是一种绝不应该有的缺陷。神经症的外

---

① 参见弗洛伊德《论詹森的〈格拉迪瓦〉》与《论列奥纳多·达·芬奇》二文。——原注

② 兰克(Otto Rank,1884—1939),奥地利精神分析家,弗洛伊德最杰出的学生之一。他运用弗洛伊德的观点试图阐明神话下的潜藏意义,写出了《英雄诞生的神话》。后与弗洛伊德的观点发生分歧,认为引起精神错乱的原因中出生创伤应占中心地位,而不是恋母情结;宣称一切精神烦恼都是出生这一生理现象的结果。主要著作有:《出生的创伤》《艺术与艺术家》《现代教育》《意志疗法》,等等。——中译者注

③ 斯特克尔(William Stekel,1868—1940),奥地利精神分析家,弗洛伊德的学生。——中译者注

部形式不管有多么不同,但归根结底不过是一种紊乱状态,这种状态因其毫无意义而使人倍感恼怒。因此,极少有人敢于为它说句好话。如果将一件艺术作品分析为诗人郁结情绪的产物,那么它就被置于与神经症相似的地位上了。从某种意义上说,艺术可以说是找到了一个好的归宿,因为弗洛伊德心理学将宗教与哲学也归入这一类。如果承认这种方法无非只是阐释了艺术作品不可或缺的那些个人决定因素,那么就不会招致任何反对的意见。但是,倘若这种分析宣称已经解释了艺术作品本身,那它就无疑犯下了僭越雷池的错误。渗入艺术作品中的个人特征并不是最主要的,事实上,我们越对这些个人特征进行研究,我们所涉及的就越不是艺术的问题。在主要的问题上,艺术作品应远远超越于个人生活的领域,以使诗人作为人类之一员以其精神和心灵向整个人类的精神和心灵说话。在艺术的王国里,个人因素是一种局限——甚至是一种罪孽。当一种"艺术形式"主要带着个人的性质时,它就只能被当作神经症来对待。弗洛伊德学派认为,艺术家毫无例外都具有自恋倾向——这意思是说他们都是未经发展的,还带着幼儿期的自恋特征(auto - erotic traits)。这一观点也许有某些道理,但也仅适用于艺术家作为人的方面,而与其艺术家的身份无关。作为艺术家,他既不是自恋者,也不是异体恋者(hetero - erotic),也不是其他什么恋者。他是客观的和非个人化的——甚至是非人性化的——因为作为一个艺术家,他就是他的作品,而不是一个人。

每一个富于创造性的人都是一个两重人格或者两种矛盾倾向的综合体。一方面,作为一个人他具有自己私人的生活;另一方面,他又是一种非个体性的创造过程。作为一个人来说,他既可以是健全的又可以是病态的,因此我们必须检查他的心理构造,以发现决定了他的个性的那些因素。但是通过研究他的创作成就,我们只能理解他的艺术家人格。如果我们试图用个人因素去解释一个英国绅士、一名普鲁士军官或一位红衣主教的生活模式,我们就会犯可悲的错误。绅士、军官和牧师所充当的都是一些非个人的角色,他们的心理构造有着独特的客观性。我们必须承认,艺术家并不是以某种公职身份来进行活动的——相反的情况倒更符合真实。但他在某一个方面与我列举的那些身份类型相似,因为具体艺术气质中所包含的集体心理生活更重于其中的个人心理生活。艺术是一种天赋的驱力,它抓住一个人,使他成为它的工具。艺术家并不是一个有着自由意志并追求他自己的目标的人,而只是艺术借以实现其自身目的的工具。作为人他可以有各种情绪,可以拥有意志以及个人的目标,但作为艺术家他就成了一个更高意义上的"人"——他是"集体的人"——一个携带着人类的无意识心理生活并赋予它以表现方式的人。为了完成这一困难的使命,常常需要他牺牲幸福,牺牲生活中那一切足以使普通人感到值得活下去的东西。

既然有着这样的情况,也就难怪那些采用分析方法的心理学家总是把艺术家当作尤其感兴趣的对象。艺术家的生活除了充满矛盾外别无他样,因为两种力量在他内心里进行着斗争——一方面是普通人对生活中幸福、满足和安全的渴望,另一方面则是无所顾忌的创造激情,它强烈的程度足以压倒一切个人的欲望。艺术家的生活一般来说都是极不称心如意的——姑且不说是悲剧性的——这倒并非由于命途多舛,而是由于他们在作为人以及作为个体的方面有着深刻的自卑感。为了获得创造力之火这一神圣的禀赋,一个人必须付出极高的代价。这一规律毫无例外可言。我们每个人在出生时似乎都获得了一定的能量资源,我们身上最强的力量将攫取并几乎垄断这些能量,只留下少得可怜的一点,以至于从中产生不出任何有价值的东西。创造力由此而索取了一个人的一切动力,从而使个人的自我不得不发展出各种低劣的品性——诸如冷酷无情、自私自利以及虚荣(此即所谓的"自恋倾向"),等等——甚至发展出各种恶习以维持那一星生命之火,使其不至泯灭殆尽。艺术家的自恋倾向与私生子或被遗弃的孩子的自怜倾向相似。这些孩子从他们最娇弱的年纪起,就必须要保护自己不受那些毫无爱心的人所给予毁灭性的影响——他们为此发展了种种低劣的品性。以后,他们将生活仍然停留在幼儿阶段,停留在无依无靠的处境里。他们故意去冲撞道德规范,甚至去触犯法律,通过这些方法他们维持着一种顽固而不可克服的自我中心主义。因此,我们怎么知道对艺术家做出解释的只能是他的艺术,而不是他个人生活中的种种不足和冲突呢?凡此种种皆为一个令人惋惜的事实所带来的结果,这一事实便是:他是一个艺术家——也就是说,一个从其出生之日起就被召来完成比普通人更为伟大的任务的人。特殊的才能意味着在某一个特殊方面的大量能量消耗,意味着由此而导致的生活另一方面的枯竭衰萎。

无论诗人知不知道作品在他内部孕育、发展、成熟的过程,也无论他是不是以为自己凭空虚构了作品,这些都无关紧要。他对这一问题的任何看法都改变不了这一事实:他的作品超过了他,正如小孩超过了他的母亲一样。创作过程具有女性性质,作品产生于无意识深处——或许我们可以说,产生于母亲们的国度。每当创造力占据上风时,人类生活就被无意识所统治和塑造,以抗拒强烈的意志;意识的自我被一路扫荡而去,进入了一条地下暗流,在一切事件中它最多只是一个束手无策的旁观者。创作中的作品成了诗人的命运,并决定着他的心理发展。不是歌德创造了《浮士德》,而是《浮士德》创造了歌德。《浮士德》除了是一种象征而外,还是什么呢？我所说的象征并不是指那种对极为熟悉之物的比喻形式,而是指一种表现方法,它表现了某种并不明晰于世但卓有生机的事物。这里就是某种存在于每个德国人灵魂之中的事物,就是那种歌德所促其诞生的事物。我们能想象除德国人外还有谁能写出《浮士德》或《查拉图斯特拉如是说》①吗？两部作品都玩味着在每一个德国人的灵魂中回响着的东西——一个"原始意象",这是雅各布·布克哈特②曾给予它的称呼——一位医生的形象或人类导师的形象。自从文明的曙光出现以后,智者、救世主的原型形象就潜藏蛰伏于人类的无意识中,每逢乱世或者每当人类社会遭遇危难时,它就苏醒过来。误入迷途的人们感到他们需要一位向导或者一位导师,甚至需要一名医生。这种原始意象是无以数计的,但它们不会出现在个人的梦中或出现在艺术作品中,除非是普遍观念的混乱无常招致它们显形于世。当意识生活出现片面性和虚假态度的特征时,它们就被激活了——也许可以说是"本能地"——并出现在个人的梦中,出现在艺术家和预言家的幻觉中,由此而恢复了那一时代的心理平衡。

诗人的作品便这样满足了他所生存的社会的精神需要,因此对他来说,他的作品比个人的命运更为重要,不管他是否能意识到这点。由于他根本上是自己作品的工具,因此他服从于作

---

① 《查拉图斯特拉如是说》是尼采的一部重要著作。全书为预言体,且有浓厚的诗味和幻觉色彩,主要表现了尼采的超人哲学思想。——中译者注

② 雅各布·布克哈特(Jacob Burckhardt,1818—1897),著名瑞士历史学家,著有《意大利文艺复兴时期的文化》。——中译者注

品。我们没有理由指望他为我们解释他的作品。他已经做出了最大的努力,为他心灵中潜伏的东西赋予了形式。他必须把解释留给别人和留给将来。一件伟大的艺术作品就像一个梦一样,它从不对自己进行解释,尽管其外表一目了然,但它始终是含混朦胧的。一个梦从来不会说"你应该",或者说"这是真实的"。它托出一个意象,就像大自然允许一棵植物生长一样,我们必须得出自己的结论。如果有人做了一个噩梦,这意味着他不是过于胆小,就是过于无畏。如果他梦见一位智叟,这可能意味着此人过于好为人师,或者意味着他需要一位导师。两种含义以一种微妙的方式表现在同一事物之中。当我们让艺术作品来影响我们,犹如它曾影响了艺术家一样,我们就能清楚地看到这一点。为了把握住艺术作品的意义,我们必须允许它来塑造我们,就像它曾塑造了艺术家一样。然后,我们才能理解艺术家的经验的性质。我们看到了他从意识之下的集体心理中汲取医治之力和拯救之力,同时也汲取了集体心理之中的孤独和痛苦的错误。他穿透了生命的子宫,这子宫孕育了一切人类,它赋予一切人类的存在以一种共同的韵律,并使个人将其自身的感情与追求传达给整个人类。

要发现艺术创作的秘密和艺术效果的秘密,唯一的办法是回复到"神秘参与"的状态中去——回复到为整个人类所有而非仅仅为个人所有的经验程度。在此程度上,个人的幸福悲哀没有任何价值,有价值的仅仅是人类存在的幸福与悲哀。这就是为什么每一件伟大的艺术作品都是客观的、超然的,然而其动人的程度又并不因此而削减。同样,这也是为什么诗人的个人生活不能作为形成其作品的主要因素——个人生活至多不过是对他的创作劳动的一种帮助或者阻碍。他可以走一个菲利斯丁人①的道路,走一个优秀公民的道路,走一个神经症人、一个白痴或者一个罪犯的道路。他的个人事业可能是必然的和有趣的,但这些都解释不了诗人。

---

① 菲利斯丁人(Philistine),巴勒斯坦西南民部菲利斯提亚的居民。这是一个非闪米特民族,于公元前 12 世纪由爱琴海(可能是从克里特岛)迁移至巴勒斯坦。他们控制铁的供应,并且具有严密的城邦政体,几个世纪之久一直是以色列的敌手。后来用菲利斯丁人比喻无修养的、唯利是图的人。——中译者注

九　分析心理学的基本假设

现代偏重于以物理原因进行解释的倾向导致了一门"没有心理的心理学"……它导致了这样一种观点，即心理无非是生化过程的产物而已。至于从精神本身出发的现代的、科学的心理学还根本不存在。今天还没有人敢于冒险创立一门科学的心理学，一门建立在心理独立不为肉体所决定这一设想之上的心理学。

在希腊罗马世界以及中世纪,人们普遍相信灵魂是一种实体[1]。确实,整个人类在其初始阶段都始终坚持这一信念,直到19世纪下半叶才发展出一门"没有心理的心理学"[2]。在科学唯物论的影响下,一切不能目见手触的事物不但都受到怀疑,并且还因其与形而上学的所谓近似而大受嘲笑。凡不能由知觉所感受或回溯出物理原因者,都不被认为是"科学的"或承认为真实的。这种观念的根本改变并不是随哲学唯物论的兴起而发生的,因为巨变早在这以前就已经开始酝酿了。宗教改革运动所引起的精神动荡一举结束了中世纪的统治,也连同结束了那个时代所特有的对崇高的渴望,结束了它的地域限制及其狭隘的世界观念,至此欧洲思维的垂直型视野立即被现代的水平型视野所横截。意识不再向上发展,而是转过来扩展其视野的广度及其对环球地域的知识。这是一个伟大航海的时代,是一个因

---

① 实体(substance),即无所依赖而独存在的东西。——英译者注
② "没有心理的心理学"(Psychlogie ohne Seele),请参阅 F.A.Lange(1828—1875)的著作。值得注意的是,德文 Seele 有"心理"和"灵魂"两重意义。——英译者注

经验的发现而拓展人们世界观的时代。在一切实体皆是物质的蛮横武断面前,对精神实体论的信仰节节败退了。直到最后,几乎四百年以后,欧洲最主要的思想家和科学家全都把精神视作完全依赖于物质或物质因果关系而存在的事物。

我们毫无理由把这一彻底的转变归因于哲学或自然科学。相当一批思想深刻和洞察幽微的哲学家与科学家极不情愿接受这一转变,有的甚至抵制过这种转变。但他们身后没有众多的追随者和响应者,根本无力抗拒人们毫无理智的(且不说感情冲动的)流行态度,从而拜倒在物质世界的绝对重要性之下。别以为人们观念上这一如此彻底的改变可以通过论证与沉思来完成,因为无论是精神还是物质都不是任何论证所能够证实或否定的。这两个概念,正如今天每一个明辨之士所能断定的那样,都只不过是某些未知之物和未经探索之物的象征。人们各按其心绪性情或时代精神的趋向对这些事物的存在做出认定或否定。没有任何东西可以阻止一个善于思考的知识分子将心理当作复杂的生物化学现象,说到底不过是电子的游动而已;但另一方面,也没有任何东西可以阻止他甚至把电子不可预测的活动也看作内部精神生活的标志。

如果我们把十九世纪物质形而上学取代精神形而上学这一事实看作为智识之士所设下的一道难题,那么这一改变就只不过是一个小小的花招而已。然而从心理学的角度看,它是人们在世界观上的一次史无前例的革命。对精神的专注转化为对实际的讲究;经验的疆域扩展到人们所讨论的每一个问题,扩展到人们对目的的选择,甚至于人们称之为"意义"的东西之上。无形的、内在的事件似乎不得不让位于外部的、有形的世界,任何不以所谓事实为基础的东西一律没有存在的价值。至少,对于头脑简单的人来说,情况似乎就是如此。

企图将这种毫无理性的观念改变当作一个哲学问题来对待实在是无济于事。我们最好不要去做这种尝试,因为,如果我们坚持认为精神现象起源于腺体的活动,我们无疑将会受到同时代人的感谢和尊敬。反之,如果我们把太阳中的原子裂变解释为创造性世界精神的放射物,就定将被当作知识怪胎而遭受轻贱与蔑视。然而,这两种看法具有同等的逻辑性,同等的玄学特征,同等的武断专横与同等的象征色彩。从认识论的角度来说,可以从人种中推知出动物,正如同样可以从动物种类中推知出人一样。但我们知道达克(Daque)教授在他的研究事业中是如何步履艰难,招致如此境遇的罪过仅仅是因为与时代精神相悖。时代精神是绝不容任何人轻视的。它是一门宗教,或其更甚——是一个与理性彻底无关的信条,但它被当成衡量一切真理的准则,永远有常识作为它的支撑。它的重要性也就正在于这令人不愉快的事实之中。

时代精神不能为人类理性的进程所超越。它是一种趋势,一种通过无意识作用于精神薄弱者的情感倾向,它挟带着暗示的压倒性之力将所有精神薄弱者卷进它的潮流。不知什么原因,与同时代人的思想相悖总难免被看作是非法的和蛊惑人心的,甚至是粗鄙下流、精神变态和亵渎神明的,因此这样做对个人来说始终具有社会危险性。这无异于逆社会潮流而动。从前人们毫不怀疑地相信:一切存在之物都发源于上帝的创造意志,而这个上帝本身是一种精神;同样,十九世纪也发现了一条不容置疑的真理:一切都起源于物质原因。今天再不是精神为自己建造一个躯体了,相反,是物质通过化学作用而产生出精神。这种观念的颠倒倘不是时代精神的一个突出特征,便会让人感到荒唐可笑。仿佛只因为它是思想的流行形式,它就必然是正派的、理性的、科学的、正常的。精神只能被看作是物质的一种副现象;即使我们不说"精神"(mind)而称"心理"(psyche),不说物质而称大脑、荷尔蒙、本能或者驱力,也同样会得出如此的结论。赋予灵魂或精神以实体性与时代精神是相悖的,因而这样做的人必然会被视为异端。

今天,我们已发现先辈们的想象在知识上的谬误与无稽。他们认为人有灵魂(soul);灵魂是一种实体,具有神圣性,因而是不朽的;灵魂之中天然生成一种力量能够建造躯体,能够支持它的生命,医治它的病患,使其独立于躯体而存活;灵魂与无形体的精神相联系,在我们的经验存在以外还有一个精神世界,灵魂从这个世界中接受有关精神事物的知识,它们的根源无法在此可见世界中被发现。然而,如今那些意识程度不够高的人却反过来认为:是物质产生了精神;是猿导致了人的诞生;是脑细胞产生了思想,康德的《纯粹理性批判》也是起自于饥饿、爱与强力等驱力的协调作用。他们确认这一切都是不可辩驳的事实,至今也没有发现这种认识同样具有鲁莽和虚幻的性质。

那么,这如此强有力的物质究竟是什么或究竟是谁呢?它不过是富于创造力的上帝在人类头脑中的又一幅画像罢了。这次他脱掉了人的外形,而代之以一个普遍概念的形式——对于这一概念的意义每个人都自以为洞悉无疑。意识在今天已经极大地拓展了其自身的宽度和广度,但不幸的是只是在空间范围内,而在时间这一范畴中却并没有任何增长。如果它在时间上有所增长的话,我们就会具备一种远为生动的历史感。如果我们的意识不仅局限于今天,而是具有历史的连续性,那么我们就应该想起古希腊哲学中神的原则的类似转变,这将使我们对现在的哲学假设持有更多的批评态度。然而,时代精神有效地阻止了我们陷入这样的沉思之中。它只是将历史当作一个进行争论时引证方便的武器库,使我们有时可以说:"怎么啦,就是老亚里士多德也知道这点呀!"既然事态如此,我们就必须自问时代精神何以会获得这样一种可怕的力量,这无疑是一个最为重要的心理现象——不管怎么说都是一种根深蒂固的偏见。如果我们不给它以适当的思考,那么就会连心理问题的边也碰不上。

如我所说,这种以物理原因解释一切的不可抵御的倾向,与上四个世纪以来意识的水平发展是一致的。这种水平透视是对哥特时代独尊独荣的垂直透视的一种反动,这是大众精神的一种表现,因此不能将其作为个人意识来对待。在这点上我们与原始人相似,起初完全没有意识到自己的行为,直到很久以后才发现了我们按照同一方式行动的原因。与此同时,我们还满足于用各种文饰之词来解释自己的行为,但所有的解释没有一个是恰当的和充分的。

如果我们意识到了时代精神,就应该知道我们为什么如此倾向于用物理的原因来解一切,就应该知道这是因为迄今为止从精神方面做出的解释过多了。这种意识立刻就会使我们对自身的偏好采取批判的态度。我们应该说,我们很可能正在另一个方面铸造着一个同样严重的错误;我们自以为对物质比对"形而上"的精神知道得更多,因而过高地估计了物理因果关系,并相信仅此就能提供给我们对生活的真正解释。这就是我们用以自欺的想法。然而,物质与精神是同样不可思议的,其最终根源我们一无所知;只有承认了这一点,我们才可能回复到一种平衡状态中去。这绝不是否认心理事件与大脑生理结构、腺体以及与整个身体的密切联系。我们深信意识内容在很大程度上取决于我们的感官知觉。我们绝不可能不承认,物理性质和心理性质的难以变更的特征通过遗传在我们的无意识中变得习染极深,我们已被本能之力紧紧地束缚住了,它们或禁止或增强或改变我们的智能。确实,我们必须承认,就原因、目的和意义来说,人类心理——不管我们怎样看待它——首先是我们称之为有形的、经验的和世俗的一切事物的切实反映。最后,面对所有这些事实我们必将自问:心理到底是不是第二性的表现——一种副现象——并且完全依赖于肉体的存在。根据理性以及现实的人对真实世界的信奉,我们要说正是如此。唯有对物质全能的怀疑,才可能引导我们用批判的态度去检查科学对人类心理所下的论断。

最近已经有人提出反对意见说,这样看待心理事件无异于将它们降低为一种腺体活动;由于我们把思想也看作是大脑的分泌物,所以我们得到的是一门没有心理的心理学。我们必须承认,从这种立场出发,心理自身就根本不存在,它没有任何自己的价值,而只不过是物理过程的表现罢了。这些物理过程具有意识的性质已是一个不能再为缩减的事实——如其不然,我们就根本不能再谈论什么心理,也不会有什么意识,因此也就无法再谈论任何事情。因此,意识被认为是心理生活的必要条件(sine qua non),亦即心理本身。如此一来,一切现代的“没有心理的心理学”便都成了对意识的研究,以至根本忽略了无意识心理生活的存在。

然而,并不只存在一种而是存在好几种现代心理学。如果我们记住只有一种数学、一种生物学、一种动物学、一种植物学,等等,我们就会对心理学的状况感到奇怪。心理学的门类是如此繁多,以至于一所美国大学出版了厚厚一册题名为《1930 年心理学诸学派》的书。我相信心理学的门类同哲学一样多，因为哲学也同样不止一种，而是有许多种。我提及这点的原因在于，哲学和心理学是被种种难以解脱的纽带维系在一起的。这些纽带之所以存在，是因为哲学和心理学的主题之间彼此有着联系。心理学以心理为其研究对象，而哲学的研究对象——简而言之——则是世界。直到最近以前，心理学一直是哲学的一个特殊分支，但现在我们正在接近尼采所预言的事情——心理学自身权利的上升。它甚至显露出威胁吞并哲学的倾向。这两门学科的内在相似性在于：它们都是观念体系，而这两套观念体系所涉及的主题，都是不能被完全体验因而不能以纯经验性方法加以理解的。因此，这两个研究领域都鼓励沉思，结果形成了如此丰富繁多的观点，以至于需要厚部头的书才能将它们都容纳下来。无论哲学和心理学都是这种状况。它们彼此不能没有对方，并且经常为对方提供潜在的——甚至时常是无意识的——基本设想。

正如已经说过的那样，现代偏重于以物理原因进行解释的倾向导致产生了一门"没有心理的心理学"——我的意思是说，它导致了这样一种观点，即心理无非是生化过程的产物而已。至于从精神本身出发的现代的、科学的心理学还根本不存在。今天还没有人敢于冒险创立一门科学的心理学，一门建立在心理独立不为肉体所决定这一设想之上的心理学。精神自在和自为的观念，一个自足的精神世界体系的观念在我们中间至少是极不受欢迎的——但它却是对信仰灵魂的自主性和个体性所做出的唯一适当的设想。不过我必须声明，1914 年我曾在伦敦的贝德佛学院（Bedford College）出席了一次亚里士多德学会、精神研究会和英国心理学会的联席讨论会，会上对个人的精神是否容纳于上帝之中这一问题进行了专门讨论。在英国,如果有谁对这些学会的科学地位提出争议,他就绝不会听到什么热情的话语,因为这些学会的会员中包括了这个国家里杰出的头脑。也许我是听众中唯一带着惊讶之情倾听着这些争论的人,它们竟然还带着十三世纪的格调。这个例子可以用来表明,仍然还有人坚信自主的精神是确实存在的,精神自主的观念并没有在欧洲的一切地方都销声匿迹,它还没有完全变成一块中世纪遗留下来的化石。

将这点牢记于心以后,我们也许可以鼓起勇气考虑一门"有心理的心理学"的可能性了——即一个基于自主心理假设之上的研究领域。我们不必惊异于这项工作受人冷落,因为,对精神给予一种假设并不比对物质给予一种假设更为虚幻。既然我们对心理事件源出于物理因素的方式一无所知,但同时又不能否认心理事件的现实性,那么我们就可以从另一个方面自由地构造出我们的设想。据此拟定心理乃是起源于一个精神原理,这一精神原理对于我们的理解力来说与物质同样是不可捉摸的。可以肯定,这不会是一门现代的心理学。因为说到现代就意味着否定这种可能性。因此,无论是更好还是更坏,我们都必须转向我们先辈的训导,因为是他们首先创立了这种假说。古代的观点认为,精神在其本质上乃是肉体的生命,是生命之息,或者是某种生命力;它在一个人出生时或孕育后取得了空间和实体的形式,而又在人们呼出最后一口气后离开了垂死的肉体。精神自身被认为是一个不具备广延性的存在物,由于它在取得实体形式以前和消除了实体形式之后都仍然存在,因此被认为是超越了时间从而成为永恒的。然而,根据现代的、科学的心理学观点,这一概念无异于纯粹的幻想。但我们无意沉浸于"玄学"

之中,哪怕是一种现代的玄学。我们将在此时以一种绝无偏见的方式去审视这一久为历史尊崇的概念,并检验其经验的正确性。

人们对自身经验的命名往往具有不同寻常的启发作用。Seele(灵魂)一词的根源是什么呢?它同英语单词 soul(灵魂)一样都来源于哥特文的 saiwala 以及古德文中的 saiwalo。这些词都与希腊文中的 aiolos(流动的、五彩的、彩虹色的)一词有关。希腊词 psyche(心理)还有蝴蝶的意思。在另一方面,saiwalo 一词又与斯拉夫文的 sila 一词有关,sila 意为力量。从这些关系之中,我们便明白了 seele 一词的原始意义。它是一种动力,即生命力。

拉丁字 animus(精神)和 anima(灵魂)与希腊文 anemes(风)是同义的。希腊词 pneuma(意思是风)也有精神的意思。我们发现哥特文中同样的词为 us‐anam,意即呼气;拉丁文中同样的词为 an‐helars,意即喘气。在高地德语中,spiritus sanctus 可以翻译成 atun,即呼吸之意;而在阿拉伯文中,风是 rih,灵魂、精神则是 ruh。这与希腊文的 psyche 一词有着非常相似的关系,而 psyche 与 psycho(呼吸)、psychos(凉爽)、psyhros(冷)、phusn(风箱)等字有关。这些相似之处清楚地显示出在拉丁文、希腊文和阿拉伯文中,给予灵魂的名称都与流动的空气即“精神的寒冷之息”这一概念有关。这也就是原始观念何以会赋予灵魂以一种无形的气息之躯的原因。

气息既是生命的象征,那么非常明显,气息也就同活动和动力一样被当作生命本身了。根据另一种原始观点,灵魂被看作是火或者火焰,因为温暖也是生命的象征。还有一种非常奇怪的但并不罕见的原始观念,它将灵魂与姓名等同起来。一个人的姓名就是他的灵魂,由此诞生出这样的风俗,即用祖先的名字使祖先的灵魂在新生婴儿的身上得以再生。我们可以由此推断,自我意识被认为是灵魂的表现。将灵魂与影子等同起来的情况也屡见不鲜,因此践踏他人的影子便成了罪不容恕的侮辱。同此原因,正午——南纬地区的鬼时(the ghost‐hour)被认为是危险的时刻。此时人的身影渐小,因而意味着危及生命。这种关于影子的观念同希腊人用 synopads(即"尾随着")一词所指示的某种观念暗合了起来。他们以此表达了一种关于无形而具有生命之物的感觉——这种感觉使人们相信死者的灵魂即是影子。

这些例子可以用来表明原始人所体验到的心理。对于原始人来说,心理表现为生命之源,一种原动力,一种幽灵似的存在,然而又具有客观的真实性。因而,原始人懂得怎样与自己的灵魂进行对话,它在他们的身体内变成了可以发出声音的东西,因为它不是他们自身以及他们的意识。心理对原始人来说并不像对我们那样,是一切主观和臣服于意识之物的缩影;相反,它是客观的、自足的,它过着自己的生活。

这种看待事物的方式从经验上讲具有其合理性,因为心理事件不仅在原始水平上有着客观的一面,而且对文明人来说也同样如此。大部分的心理事件都不受我们的意识控制。例如,我们不能将有些情感强行压制下去,不能变坏的心绪为好的心绪,不能令梦随意来去。即使最聪明的人,有时以最大的意志也赶不开那些烦扰着他的想法。记忆所玩弄的那些疯魔般的把戏,常常使我们处于无可奈何的惊异之中,而突如其来的幻想则随时可能出现在头脑之中。我们相信我们是自己家中的主人,这是因为我们喜欢自找恭维。但实际上,我们在令人吃惊的程度上依赖于无意识心理的正常功能,我们必须相信它绝不会叛离我们而去。如果我们对精神症病人的心理过程加以研究就会发现,任何一个将心理仅仅当作意识的同义词的心理学家都是可笑之极的。众所周知,神经症患者的心理过程与所谓正常人的心理过程并无多大区别——今天谁又能那么自信地认为他不是一个神经症患者呢?

既然如此,我们就最好承认,将灵魂视为客观现实的古老观念是有其道理的——它被视为某种独立的事物,因此变幻莫测,危险万端。而进一步假设,这一如此神秘可怕的存在物同时又是生命的源泉,从心理学的角度来看也同样可以理解。经验告诉我们,"我"的意识——自我意识——便是从无意识生活中产生出来的。小孩子的心理生活中没有可供辨认的自我意识,因此在记忆中几乎不可能留下任何早期生活的痕迹。那么,我们一切优秀的、有助的智慧之光是从何而来的呢?我们的热情、灵感和我们对生活的崇高情感又是源自何处呢?原始人在其灵魂深处感受到了生命之源,他们为自身灵魂的生命散发活动(life-dispensing activty)所深深震动,因此他们信仰任何能够影响灵魂的事物——信仰每一种巫术。这就是为什么对他们来说灵魂就是生命本身的原因。他们绝不幻想去引导它,而是觉得自己在每一个方面都依赖着它。

无论灵魂不朽的观念对我们来说显得多么荒谬,但对原始人来说却毫不足奇。不管怎样,灵魂毕竟不是什么平常之物。尽管其他一切存在物都占据着一定的空间,但灵魂却不是以空间所能定位的。当然,我们可以说自己的思想是在头脑里,但一触及感情时,我们就开始不那么有把握了,它们似乎是寄居于心的领域中。感觉则分布在我们全身。我们的理论认为意识的位置在大脑之中，但普哀布洛印第安人却告诉我说，美国简直是疯了，因为他们相信他们的思想是在脑袋里，而任何一个聪明的人都知道人是用心来进行思考的。有些黑人部落认为，心理功能既不在头脑中也不在心里，而是在肚子里。

除了关于心理功能的位置尚无定论外，还得加上另一个困难。即除了感觉这一特殊的领域之外，心理内容总的来说是非空间性的。那么，我们能够对思想赋予多大的体积和容量呢？它们是小、是大、是长、是薄、是重、是液体、是垂直、是圆形，还是什么呢？如果我们希望为一种四维的非空间存在物描绘一幅生动的图画，那么最好是挑选一种实在的思想作为模型。

要是真能否定心理的存在，事情也就简单多了。但问题是，我们已有了对某种存在之物的直接经验——它根植于有大小可测、有轻重可量的三度空间的实体之中；它与这一实体在每一方面和各个部分都有难以明究的相异之处，然而又反映出这一实体。心理可以被看作一个数学上的点，但同时又是缀满恒星的宇宙。难怪头脑简单的人们要把这一矛盾的存在物视为近乎神圣的东西。如果它不占据空间，它就没有形体。形体可以死去，但不能眼见的无形之物难道也会消逝吗？生命和心理在我能够说出"我"之前就已经存在了，当这个"我"消逝之后，如在睡眠或无意识中时，生命和心理仍在继续进行着——我们对其他人和自己梦的观察已经说明了这一点。面对着这些经验，简单的人们为什么应该否认"灵魂"生活在一个躯体之外的国度里呢？我必须承认，我看不出这一所谓的迷信有什么荒谬之处，正如我看不出研究遗传或本能时的发现有什么荒谬之处一样。

从原始时期开始的古代文化中，人们往往求助于梦和幻觉，将其作为知识的来源。只要我们记住这点，就不难理解为什么从前总是把心理作为高级甚至神圣的知识之源。确实,无意识中包含着阈下知觉,且其视野的宽阔是令人惊讶的。认定了这一事实的原始社会便是把梦和幻觉当作知识的源泉。像印度和中国那样伟大而不朽的文明就是建立在这一基础之上,从此发展出了一套自我知识的原则,并将这一原则在哲学和实践中都带到了完善的高峰。

高度重视无意识心理并将其作为知识之源的做法,完全不像我们西方的理性主义所喜欢认为的那样,是一种自欺欺人的把戏。我们最后的一招就是倾向于认为,一切知识都是来自于外部。然而,今天我们已确切地知道了,无意识中所包含的内容如果能使其意识化,就意味着知识的难以数计的增加。现代对动物本能的研究,例如对昆虫本能的研究,已经积累了丰富的经验发现。这些发现表明,如果人类像某些昆虫那样按其自然本能行事,他们将会比目前具有更高的智慧。当然,我们不能证明昆虫具有意识知识,但常识绝不会怀疑它们的无意识行为模式就是心理功能。人类的无意识中同样具有遗传自祖先的一切生活模式和行为模式,因此每个小孩才能在意识期之前就具备一种适应性心理功能的潜在系统。在成人的意识生活之中也同样如此。这一无意识的、本能的功能总是存在着和活动着的。在这种活动中,一切意识心理的作用都业已准备就绪。无意识心理同意识心理一样,也能知觉,也有目的和直觉,也能感受和思想。我们在心理病理学的领域中和对梦的过程的调查中,为此找到了充足的证据。只有在一个方面,心理的意识功能和无意识功能存在着一个基本的区别。意识是强烈、集中的,它短暂,只指向目前和直接的注意领域;而且,它只触及那些代表个人经验的材料,这些经验的持续时间不过是几十年之久。"记忆"的更宽的范围则是人为获得的,而且大部分的内容都是由印刷文字组成。但是无意识就大为不同了,它不集中,也不强烈,而是隐入一片模糊与混沌之中;它广泛宽阔,包罗万象,能够将各种相距最远的不同因素以最为荒谬矛盾的方式集合起来。更有甚者,除了容纳于其中难以确数的阈下知觉外,它还有着众多世世代代积累起来的遗传因素,仅仅这些遗传因素就足以促成人种的差异。假使允许我们将无意识予以人格化,那么我们可以把它称之为一个集体的人,他综合了两性的特征,超越了青年和老年,超越了出生和死亡,他掌握着人类一两百万年的经验,因而几乎是永恒不朽的。如果真存在着这样一个人,那么他必将超越一切时间的沧桑变化;对他来说,当今犹如公元前一百世纪中的任何一年;他是一个世代长梦的梦瞑者;由于他具有丰富得难以计测的经验,他又是一个无与伦比的预言家。他已活过了无数的时代,目睹了多少个人的、家庭的、部落的、民族的生命兴衰,他对生长、开花、凋谢的生命节律拥有一种鲜活而生动的感受。

不幸的是——或者毋宁说可幸的是——凡此一切皆为梦幻。至少在我们看来,梦中向我们显示的集体无意识并没有意识到其自身的内容——尽管我们对此不能确定,正如我们不能确定有关昆虫的问题一样。而且,集体无意识似乎也并不像一个人,倒是有些像一条永远流动的河流或者一片充满了幻觉意象的汪洋,这些影像会在我们的梦中或在反常的精神状态下涌进我们的意识。

如果将无意识心理这一巨大的经验系统称作幻觉,无疑会使我们觉得非常奇怪,因为我们那可见的和有形的躯体本身就是这样一个系统。在它内部仍然还可以觉察到原始进化所遗留下来的痕迹，并且可以断言，它是一个统一的整体在有目的地发挥着功能和作用，否则我们就无法生存下去。任何人都不会把比较解剖学和比较生理学当作无稽之谈，因此我们也不能将集体无意识斥为幻想，或者拒绝把它视为知识的宝贵源泉，拒绝对它予以承认和研究。

从外部考察，我们似乎会认为心理基本上是对外部事件的反映——不仅为外部事件所引起，而且还可以在其中找到根源。也许我们还会认为，无意识只有从外部和从意识的方面才能够得到解释。众所周知，弗洛伊德就是试图从这方面来做出解释的——如果无意识确实只是某种伴随着个人的存在和意识而产生的东西，那么他的这一使命也许能够获得成功。但事实上无意识总是先行存在的，它作为一个心理功能系统历经世代递嬗而留传下来。意识只是无意识心理的后裔而已。如果我们在解释祖先的生活时，援引的却是他们子孙后辈的行为和方式，这无疑是违背常理的；我认为，把无意识看成是意识的派生物实属与此同等的错误。如能把两者颠倒一下位置，或许倒更接近真实一些。

但这就是过去时代的观点，它总是认为人的灵魂依赖于一个精神的世界体系。过去的时代不可能不这样认为，因为它知道，那未经陈说的经验宝藏正隐匿于短暂的个人意识阈限之下。这些时代不仅构想出了关于精神世界体系的假设，而且还坚信不疑地认为，这一体系是一个具有意志和意识的存在物——甚至是一个人——它们将这一存在物称为上帝，即实在之精华。对它们来说，他是一切存在物中最为真实的存在，他是第一因，只有通过他灵魂才能够得到理解。这一假设具有心理上的合理性，因为一个自身几乎永恒的存在，其经验与人类经验相比也几乎是永恒的,它只有被称之为神才是最合情合理的。

在前面我已经指出了,一门并不以物理原因解释一切事物的心理学所存在的问题。这种心理学求助于一个精神世界,这一精神世界中的活动原则既不是物质及其特性,也不是任何能量状态,而是上帝。现代哲学在这里也许会引诱我们将能量或生命冲动称作上帝,就此把精神和自然混合为一。如果这种倾向仅仅只局限于思辨哲学那迷雾缭绕的高峰绝顶之上,也就不会有多大的危害。但倘若将它运用于实用心理学这一较低的领域之内——在此使用的解释方法已在日常行为上收到了成效——我们马上就会发现自己陷入重重的困难之中而不能自拔。我们的心理学既不冒充符合学院的趣味,也不寻求毫无生活依托的解释。我们所需要的是一门实用的心理学,它将产生出令人赞叹的效果,它将以一种最终为病人的疗效所证实的方法对一切事物做出解释。在应用心理疗法时,我们努力使人们适应生活,因此不能随心所欲地建立一些与病人毫不相干的甚至还可能伤害他们的理论。在此我们遭遇了一个伴随着致命危险的问题——即我们的解释究竟应该基于物质之上还是基于精神之上。我们绝不能忘记,从自然规律的立场出发,一切精神的东西是都是幻影;精神为了保障它自身的存在,就必须要经常否定和克服一个强横的、物理的事实。只承认自然规律的价值并从物理的方面去解释一切,就势必会贬低、妨碍甚至破坏我们病人的精神发展;而罢黜其余只重精神解释的方法,又必将误解和伤害自然人作为一种物理存在的权利。在精神治疗的过程中,由于这类错误而引起的自杀已不鲜见。究竟能量是上帝抑或上帝是能量,这与我没有什么相干,因为说到底,我怎么能够知道这些事呢?但做出适当的心理解释——这却是我能够做到的事情。

现代心理学家并不固执一端，而是徘徊于二者之间，犯着"此固正确，彼亦不错"的危险错误，这种立场无疑为浅薄的机会主义打开了方便之门。毫无疑问，这就是相对巧合（coincidentia oppositorum）的危险——脱离出两极对立的知识自由的危险。给予两个相互矛盾的假设以同等的价值，除了得到一个没有形式和没有目标的不确定性以外，还可能会有什么其他的结果呢？相反，一个清楚明确的解释原则，随时都能使我们感受到它的优越之处。它包含了一种可以作为参照点的立场。在这里，我们无疑面临着一个非常棘手的困难。我们必须诉诸一种基于现实的解释原则；然而，对于现代心理学家来说，只要他给予了实在的精神方面以应有的重视，就再也不可能一边倒似的只相信实在的物质方面了。他也不会变得只重前者，因为他不会忽略物理解释的相对正确性。

以下的思想链显示了我试图解决这个问题所采用的方法。自然与精神的冲突本身就是对于人类心理实体之中这一矛盾的反映。这揭示出了物质与精神这两个似乎矛盾的方面，而这两个方面之所以成为一对矛盾，则是因为我们对心理生活的本质缺乏理解。每当我们必须对某些还没有为人类的理解力所把握或者根本不可能把握的事物发出什么声音时，那么——说句诚实的话——我们就一定会自相矛盾，并且一定会为了自圆其说而使这些事物在其自身内部也出现对立的现象。生活中物质与精神方面的冲突仅仅表明了心理最终仍然还是一件微妙难解的事物。心理事件无疑构成了我们唯一直接的经验，我所经历的一切都是心理的，甚至肉体的痛苦也属于我经验中的一个心理事件。我的感官印象——尽管它们将一个占据空间的令人费解的客体世界强加在我的头上——是心理图像,只有它们才是我的直接经验,因为只有它们才是我意识的直接客体。我自己的心理甚至会改变和歪曲现实,这种情形下我不得不求助于人为的手段才能确定外界事物的样子。然后我才发现,音调是某种频率在空气中的振动,颜色是具有某种波长的光波。实际上,我们被心理图像包围得如此严密,以至于根本就不能穿透外部事物以触及它们的本质。我们的一切知识都被心理所限制着,因为只有它才是直接的,只有它才具有最高的真实性。因此,心理学家所能够求助的现实就在此——这就是心理现实。

如果更深地触及这一概念的意义,我们将会看到,有些心理内容或心理图像似乎来自我们的躯体所属的物质环境,另外一些则似乎来自某种与物质环境相去甚远的精神之源,但是后者的真实程度丝毫也不逊于前者。无论我是在向自己描绘希望购买的那辆小汽车,还是在试图想象我已故父亲现在的灵魂状态——无论它是一个外在的事实,还是一个萦绕在心头的思想——这两件事情都是心理的现象。其唯一的差异在于,一件涉及物质世界,而另一件则与精神世界有关。如果我改变自己对现实的概念而承认一切心理事件都是真实的——让这一概念的用途只在于此——这样就结束了物质和精神的冲突,使它们不再成为相互矛盾的解释原则。这两者都意味着涌入我意识领域之中的心理内容的特殊来源。如果我被火灼伤了,我并不怀疑火的实在性;但当我为幽灵出现的恐怖所萦绕,我就会想这不过是一种幻觉,并以这种想法自我宽慰。然而,正如火是某种物理作用的心理形象一样——尽管这一作用的性质还不为人知——我对幽灵的恐惧同样也是一个心理形象,只不过它有一个精神的来源而已;

它同火一样真实，因为我的恐惧同火所引起的灼痛一样真实。至于潜伏在我对幽灵的恐惧之中的精神作用——我全然不知，正如我全然不知物质的终极性质一样。我从未想到除了用化学与物理的概念来解释火的性质之外，还会有什么其他的方法；同样，我也不会想到除了以精神作用来解释我对幽灵的恐惧之外，还有什么其他良策。

一切直接的经验都是心理的，直接的现实也只能是心理的，这一事实可以解释为什么原始人把鬼魂的出现和魔法的效力与外部的物质事件相提并论。他们还没有将自己天真朴素的经验分裂成两个彼此对立的部分。在他们的世界中，精神与物质依然互相渗透，他们的神祇依然徘徊穿行于山林田野之间。他们像刚刚出生的孩子一样，仍旧还锁闭在自己的心灵梦境之中。那时候，理解力的困难还未曾为智慧的曙光投下阴翳，世界还如其本来模样未曾为理解力的困难所歪曲，他们就是锁闭在这样一个原初的世界中。当这一原始世界分裂为精神与自然之后，西方劫持了自然据为己有，因而倾向于对自然产生信仰，但其结果只是在努力使自然精神化的过程中作茧自缚，越陷越深。东方则正好相反，它获得了精神而将物质仅仅解释为幻象（maya），由此它在亚细亚似的污秽与贫穷悲哀中继续做着它的幻梦。但既然只有一个地球和一个人类，那么，东西方就不应该将人类割裂成不同的两个部分。心理现实存在于原始的一体性之中，它等待着人类的进步到达一个高度的意识水平，不用信仰一方而否认另一方，而是将两者都当作同一个心理的构成因素来对它们予以承认。

我们完全可以把心理现实的观点看作现代心理学最重要的成果。尽管目前还很少有人这样承认，但我认为，广泛地接受这一观点不过只是一个时间的问题。它一定会被接受的,因为只有它才能使我们正确地对待心理表现的多样化和独特性。没有这一观点,我们不可避免要在解释心理经验时歪曲其中的一半;而有了它,我们就可以给予那些表现在迷信、神话、宗教和哲学中的心理生活以应有的地位。心理生活中这一方面的价值是不容低估的。诉诸感官所得到的真理也许可以满足理性,但它对于激起我们的情感和通过给予人生意义来表现我们的情感却毫无帮助。然而,在善与恶的问题上,情感常常起着决定性的作用;而且,如果没有情感的支持,理性也将是毫无力量的。难道理性与善意能使我们免于世界大战的浩劫吗?或者,难道它们曾经使我们幸免于其他什么灾难性的愚蠢行为了吗?难道任何伟大的精神革命与社会革命——例如希腊罗马世界进入封建时代,或者伊斯兰文化的迅速传播——都是从理性中产生出来的吗?

作为一个医生,我当然并不直接关涉这些重大问题,我的职责是治疗病人。医学直到最近仍然还在弹着就病医病的老调,但现在已经能够听见指正这一错误观点的呼声,它们要求对病人而不是对疾病本身进行医治。在心理疾患的治疗领域中,这一要求也向我们提了出来。我们把对可见疾病的注意越来越多地转向到作为整体的人的身上,从而逐渐明白了心理疾患并不是一种部位明确、边界清晰的现象,而是整个人格所持的错误态度的一种症状。因此,我们不能希望只局限于疾病本身就能彻底地治愈疾病,而必须对整个的人格进行治疗,才有奏效的可能。

我想起了一个在这方面颇有指导意义的病例。这是一个非常聪明的年轻人,他在苦心研读了许多医学文献后写出了一份对自己神经症的详尽分析。他把自己的成果整理成准确工整、适于发表的论文形式带给我,要求我读这篇稿子并告诉他为什么他的病仍然没有治愈。因为根据他所理解的科学结论,他早就应该被治愈了。读了他的论文以后,我不得不告诉他:如果问题只涉及洞察神经症的因果关系的话,他确实应该被治愈了。既然他还没有,我估计这就应该归因于他的生活态度不知哪里犯有根本性的错误——尽管我得承认他的症状并没有暴露出这一点。在阅读他的生活自述的过程中,我发现他经常在圣莫里兹(St. Moritz)或尼斯(Nice)过冬。于是我问他谁给他这些度假的钱,结果他说,是一个很爱他的女教师节衣缩食供他游访这些娱乐胜地。他的良心亏欠正是他的神经症的原因,由此不难看出为什么科学的理解于他丝毫无补。他根本的错误在于他的道德态度之中。他发现我对待这一问题的方法有着惊人的非科学性,因为道德与科学是毫不相干的。他以为他只要祈求于科学的思想,就可以驱赶走连他自己都不能容忍的这种不道德。他甚至不承认内心存在着任何冲突,因为他的情人是自愿给他钱的。

我们可以站在随意选择的任何科学的立场上,但仍然存在着这样的事实,即大多数的文明人是不能容忍这种行为的。道德态度是生活中的一个真实因素,如果心理学家不想犯最严重的错误,他就不能不考虑这一点。心理学家还必须记住,对许多人来说,那些并不建立在理性基础之上的宗教信念也是生活的必需。这又涉及那既能导致症病也能治愈疾病的心理现实的问题了。我经常听到病人感叹:"早知道我的生活有意义、有目的该多好呀,那样一来我的神经也就不会有这些麻烦了!"这个病人是贫是富,有没有家庭和社会地位,都丝毫无关紧要,因为外部的环境永远不会给他的生活以什么意义。更重要的问题在于，他对我们所谓的精神生活的那种需要是毫无理智的，这种精神生活他从大学、图书馆甚至教堂里都不可能得到。他不能接受这些机构所能提供给他的东西，因为这东西只能触及他的头脑，而不能触动他的心灵。在这种情况下，医生对精神因素的正确认识就显得至关重要了，病人的无意识此刻会制造出一些无疑具有宗教内容的梦来满足他的需要。不承认这些内容的精神来源就意味着治疗的错误与失败。

对精神性质具有普通概念是心理生活不可或缺的组成因素。我们可以在一切意识程度足以使其自我表达的民族中发现这些概念。因此，这些概念的相对欠缺或者文明人对其做出的否定，都将被看作是退化的标志。心理学迄今为止的整个发展主要是以物理的因果关系来解释心理过程，因此，心理学未来的任务将是调查心理过程的精神决定因素。但是精神的自然史在今天的发展程度并不比十三世纪的科学更为先进。我们刚刚才开始用科学的眼光去观察我们的精神经验。

如果现代心理学还能夸口说，它已经揭去了笼罩在人类心理这一图画之上的面纱，那么这仅仅是那层避开调查者而覆盖着人类心理的生物方面的面纱。我们可以将今天的情形同十六世纪的医学状况相比较，那时，人们刚刚开始研究解剖学，但对生理学还一无所知。现在，我们也只是支离破碎地知道一些有关心理的精神方面的情况。我们已经知道，在心理中有许多转化过程受精神的制约，它们潜伏在原始民族那众所周知的成年入会仪式（initiation rites）中，或者修习印度瑜伽术所引发的状态之下。但我们还没能弄清楚它们特殊的一致性或规律，只知道这些功能的紊乱是引发一大部分神经症的原因。心理学的研究还未能将覆盖于人类心理图画之上的层层面纱都一一揭开，人类心理依然同生活中其他一切深刻的秘密一样，还是不可接近和朦胧幽微的。我们只能讲述那些在力求解开这一巨大之谜的道路上，已经做过的事情和那些将来希望做的事情。

十　现代人的精神问题

　　在我看来，今天的精神问题关键在于心理生活对现代人所产生的魅惑。如果我们是悲观主义者，我们将把它视作一种颓废堕落的标志；如果我们倾向于乐观，则将在这之中看到一种希望，它预示着西方世界将发生一场深刻的精神变动。

现代人的精神问题[1]是与当下紧密相关的问题之一,由于我们生活在现代,所以无法对这些问题做出充分的判断。现代人是一种新型的人,现代的问题是刚刚才出现的,它们的答案需要在未来中去找。因此,当谈及现代人的精神问题时,我们最多只是对其加以陈述,而且这还是极其模糊的。但是,这一问题所涉及的是如此普遍的现象,因而它超出了任何个人的把握能力。我们有足够的理智,因而能够以真正的节制和最大的谨慎来研究这类问题。我深信这一点,并且希望对此加以更多地强调,因为这些问题总是要引诱我们去使用一些夸大的言词——还因为我自己也将不得不说出一些听起来既不节制也不谨慎的话。

　　我马上要说的话就是一个明显缺乏谨慎的例子。我必须说,我们所说的现代人,即那些对现时代具有意识的人,绝对不是普通的人。他们站在高山的巅峰之上,或者是站在世界的边缘,面前横亘着未来的深渊,头上顶着苍穹,脚下俯视着整个人

---

　　① 本文自第一次以德文发表后,作者曾作过一些改动。——英译者注

类——这个人类的历史一直消隐入原始的迷雾之中。现代人——或者让我们再说一遍，那种最现代的人——是寥寥无几的。只有极少数的人当得起这个称号，因为他们必须是意识程度最高的人。既然作为一个完全的现代人意味着要充分意识到自己作为一个人的存在，那么，他就需要有最强烈和最广阔的意识，需要将无意识缩减到最低限度。我们必须清楚地认识到，仅仅生活在这个时代是不能使一个人现代的，因为如果这样，每一个现在还活着的人都可以说是现代的了。显然，只有完全意识到了现在这个时代的人才是现代人。

确实，我们称之为"现代人"的人是孤独的人。他必然如此，并且自古皆然。因为，每当他向前更进了一步时，每当他对现在这个时代更多了一分意识时，他就更远离了他原有的"神秘参与"——那需要与人类群体共同施行的"神秘参与"，就更远离了那种被湮没于共同的无意识之中的命运。每一次向前的步伐都意味着他同那包容一切的、原始古朴的无意识的决裂。甚至在我们的文明中，那些最低层次的人从心理上来说，几乎同原始种族一样还过着无意识的生活。稍上一个层次的人所代表的意识水平相当于人类文化的开端，而最高层次的人所具有的意识则只能跟上近几个世纪以来的生活步伐。只有我们这个意义上的现代人才是生活在现时代的，只有他才有一种现代的意识，只有他才发现，那些早期阶段的生活方式对他已经不起作用。那些过去世界中的价值和奋斗，除了从历史的角度去看以外，已不再使他产生兴趣。由此，他在最深的意义上成为"非历史的"(un-historical)，并且与完全生活在传统圈子内的人类群体分离了开来。确实，只有当他走到了世界边缘时，他才成为了完全现代的人，他将一切被抛弃的和陈旧的东西留在身后，承认自己是站在一片虚无面前,而一切事物有可能会从这虚无之中升起。

这些话也许会被人认为是空洞的,其意义会沦为陈腐不堪的。伪装出一种现代的意识是再容易不过的事情了。事实上,有一大群毫无价值的人越过各种发展阶段,省略掉这些阶段所代表的人生任务,由此给自己添上一副现代的气派。他们猛然出现在真正的现代人身旁,但实质上却是无根之人、吸血幽灵,他们的空虚被误认为是现代人那不值得羡慕的落寞,从而使真正的现代人也遭到了怀疑。现代人及其同类,由于数量极少,因而在人类群体那些不辨真假的眼睛面前被忽略了,而他们真正看到的却是那些鬼怪如云,那些伪现代人。这是无可奈何的事情;"现代人"是令人生疑的,他从来就是如此,甚至在过去也是如此。

真正的现代性意味着自动宣告破产,重新去理解贫困和坚贞的誓言,并且抛弃历史作为赞许而赐予的一切荣耀——这是一件尤为痛苦的事情。成为"非历史的"人是一种普罗米修斯似的罪孽,在这个意义上,现代人生活于罪孽之中。具有一种高度的意识犹如背负着罪过的重担,但正如我说的那样,只有当一个人超越了属于过去的意识阶段,充分完成了世界指定给他的各种职责后,才可能获得一种完全的现代意识。要做到这一点,他必须头脑健全,多才多艺——他必须是一个获得了与其他人一样多甚至是更多成就的人。正是这些品质使他能够抵达下一个最高的意识境界。

我知道,多才多艺这一点在伪现代人听来尤其觉得刺耳,因为这使他们想到了自己的欺骗行为。但这并不能阻止我们把它当作衡量现代人的标准。我们甚至不得不这样做,因为除非一个自称为现代人的人具有精湛的技艺,否则他便是一个无耻的赌徒。他必须在最高的程度上达到艺精业熟,因为如果他不能依靠创造力来补偿他与传统的决裂,他就只不过是对过去不忠罢了。把对过去的否定与现代意识视为一物,这是纯粹的歪曲。"今天"站在"昨天"与"明天"之间,构成了联结过去与将来的一根中间链条;除此之外,它别无他义。现代代表着一个过渡的阶段,在这个意义上有所意识的人才可以自称为现代人。

许多人都以现代自封——尤其是那些伪现代人。由于这一缘故,我们常常发现真正的现代人往往把自己称作老古董。他采取这样的立场有其充足的理由。首先,他强调过去是为了在他与传统的决裂和我刚才所说的那种负罪效果之间求得平衡;其次,他希望避免被当作伪现代人。

每一种好的品质都有其坏的一面,没有任何一种善会来到这世界上而又不产生出一种相应的恶。这是一个痛苦的事实。同样,现代意识也有一种危险,它可能会导致一种基于幻觉的飘然陶醉。这个幻觉就是,我们是人类历史的顶峰,是无数世纪的结晶和最后产物。如果我们这样认为,那么就应该明白,这无非是以自己的无知和贫困而骄傲:我们同样也濒临世世代代那些希望和理想的破产。想一想近两千年来的基督教理想吧,伴随着这理想的不是救世主的复现,不是天国的千年至福,而是基督教国家间的世界大战以及铁丝网和毒瓦斯。这是怎样一场天国与人间的大浩劫啊!

在这种景象面前,我们有理由重新变得谦卑起来。现代人的确是一个顶点,但他将被明天所超越。他的确是一切旧的发展阶段的最后产物,但他同时又是人类一切希望所能想象出来的最大失望。现代人是清楚这一点的。他看到了科学、技术和组织的益处,但也看到了这一切可能带来的灾难。他同样还看到了那些用心良苦的政府本着"和平时备战"的原则,如此彻底地为和平铺平了道路,以至于整个欧洲几乎陷于毁灭。至于理想、基督教会、人类的兄弟情谊、国际间的社会民主以及经济利益的"巩固",等等,都未能经受得起战火的洗礼——现实的考验。战后十五年的今天,我们又一次看到那种同样的乐观主义、组织形式、政治渴望以及标语口号,这些东西又一次流行起来了。我们怎能不恐惧它们将必然导致进一步的灾难呢?那些取缔战争的协议使我们怀疑,尽管同时我们又希望它们获得一切可能的成功。在人们心底,对每一个这类缓和性的措施,都存在着一种腐蚀内心的怀疑。总的来看,我相信自己这样说并没有夸大其词:现代人在心理上遭受了一种几乎致命的震动,因此而陷入了一种深刻的不确定状态之中。

我相信,这些话足够清楚地表明:作为一个医生,我的观点已染上了医生的鲜明色彩。医生总是诊断出疾病,我不可能不继续做一个医生。但医生技艺中最基本的是,他不应在没有疾病的地方看出疾病来。因此,我不会做出断言:整个白种人尤其是西方国家都已病入膏肓,或者说西方世界濒临崩溃的边缘。我根本没有资格做出如此的评判。

我之所以知道现代人的精神问题,仅仅是根据我与他人接触的经验以及我自身的体验。对于文明的白种世界中成百上千有教养的人,不管是病态的还是健康的,我相当了解他们隐秘的内心生活,我的那些话正是基于这一经验之上的。毫无疑问,我只能描绘出一幅片面的图画;因为我所观察到的东西都是心理生活的事件,它们隐藏在我们自身之中——潜伏于"内部"(inner side),如果可以用这个术语的话。我必须指出,心理生活并不总是这样的,心理并非随时随地都可在内部被发现。在某些民族中或者在某些历史时期内,心理也可以在外部发现,这些民族和这些历史时期并不重视心理生活本身。我们可以选出任何一种古代文化,其中埃及文化是尤其突出的例子,它的客观性给人留下了极深的印象,它天真地忏悔那些还未曾犯下的罪孽①。我们不会感到金字塔以及撒卡拉(Sakkara)的阿皮斯陵(Apis tombs)是个人问题或个人情感的表现,对巴赫的音乐我们同样也不会得出这样的感受。

每当一个外在形式被确立起来,不管这一形式是仪式上的还是精神上的,只要它充分地表达出了灵魂的一切渴求和希望——比如在某种现存的宗教中——那么,我们就可以说,心理是外在的,并且从严格的意义上来讲,不存在任何精神的问题。心理学的发展完全是在近几十年才开始的,这与上面的事实正相吻合。当然,早在这之前,人们就已经有了足够的内省和理解力,认识到了那些构成心理学课题的事实。技术知识的例子也同样如此。罗马人对一切机械原理和物理事实都极为谙熟,在此基础之上,他们未来是能够建造出蒸汽机的。然而,这一切结果只是被亚历山大大帝用来制造了一个玩具。这是因为当时还没有进一步发展的急迫需要。十九世纪的劳动分工和专业分工才导致了人们不得不运用一切已有的知识。与此相同,在我们这个时代,也是一种精神的需要才引出了我们对心理学的"发现"。当然,从来就不存在一个没有心理表现的时代,但过去人的心理没有吸引人们的注意力——没有任何人注意到它。人们生活着,毫不注意它的存在。但今天如果再不对心理的方式予以最大的注意,我们就不能够再生存下去了。

---

① 据埃及传统,死人在阴府遇到他的判官时,要详细忏悔他还没有犯下的罪过,而对于他已犯下的那些罪过则略过不提。——英译者注

最早发现这一点的是从事医疗职业的人，因为牧师所关心的只是如何在信仰的组织体系内建立一种不受纷扰的心理功能。只要这一体系对生活做出真实的表达，心理学就无非只是技术细节而已，只是健康生活的一剂辅助良药而已，而心理本身也就绝不会被视为问题。当人还是作为一个群体的人生活着之时，他就还没有他自己的"精神事物"，他也不需要这些东西，而只需要像常人一样信仰灵魂不朽就行了。但是，一旦他的发展超出了他生来就尊奉的那种宗教形式，一旦这一宗教再也不能将他的生活包容在自身的完善性之中，心理就会成为某种独立存在的事物，不能只用教会的措施来予以对待了。正是出于这一原因，我们今天才有了一门建立在经验之上的心理学，而不是建立在信仰条目或者任何哲学体系的假设之上。我们具有这样一种心理学，在我看来，是标明着精神生活中发生了一种深刻的骚动。一个时代精神生活中的分裂与一个人身上发生激变时所表现出来的形式是完全相同的。只要一切顺利进行，只要心理能得到了充分而正常的发泄，我们就不会遭到来自内部的骚乱。如果没有不确定性或者怀疑来缠绕我们，我们自己就绝不会被分裂成两半。然而，一旦心理活动中有一两个渠道被阻塞以后，我们马上就可以联想到一条被闸住的河流。河水倒转，返向源头。内在的人所希望的却是有形体的人所不希望的，于是我们便与自身发生了冲突。只有在这时，只有在这种厄难之中，我们才发现了心理。或者更确切地说，我们是遭遇到了某种阻挠我们意志的事物，它对我们是陌生的，甚至是充满了敌意的，或者说它与我们的意识观是水火难容的。弗洛伊德在精神分析上所做的努力，最清楚地说明了这一过程。他所发现的是性反常的幻想以及犯罪的幻想，这些东西就其表面价值来看，是与一个文明人的意识难以吻合的。被这些幻想所激活的人无异于反叛者、罪犯或者疯子。

我们不能假定，无意识或者人类心灵深处的这一面是完全新出现的东西。也许它从来就存在在那儿，在每一个文化中都是如此。每一个文化都孕育出摧毁它自身的对立面，但在我们之前，从来未曾有任何文化或文明被迫去如此认真地对待这些心理潜流。心理生活从来都是表现在某种形而上学的体系中。但是，尽管有意识的、现代的人也努力不懈地这样去做，但他们最终不能不承认心理力量的威势。这一点把我们的时代与一切其他时代区分了开来，我们再也不能否认，无意识中那黑暗的波澜是有效的力量——那些心理力量实实在在地存在着，它们至少现在还不能符合我们理性世界的秩序。我们甚至已经把对这些力量的研究扩展成了一门科学——这又一次证明了我们赋予它们的殷切关注。从前的那么多世纪把它们不加注意地弃置一旁，但对我们来说，它们是一件我们脱不掉的涅索斯的衬衣①。

世界大战灾难性的结果导致了我们意识观内的革命，这场革命发生在我们的内在生活中，它表现为我们对自己和自身价值的信仰的土崩瓦解。我们曾经视外国人——另一方——为政治和道德上的堕落者，但现代人被迫承认，在政治和道德上，他的境况与任何人都完全一样。从前我相信，叫人们遵守秩序是我义不容辞的责任；现在我承认，我也需要有人来叫我遵守秩序了。我比别人更加坦诚地承认这一点，因为我太清楚地意识到，

---

① 涅索斯的衬衣(a shirt of Nessus)，涅索斯为希腊神话中的人头马腿怪，他在德伊阿尼拉(赫拉克勒斯的妻子)渡过欧厄诺斯河时企图奸污她，被赫拉克勒斯用毒箭射死。临死前他把一件染有毒血的长袍给了她，告诉她当丈夫不忠时给他穿上这件衣服，就可重修旧好。后来她听说丈夫爱上了别人，便派人把长袍给他送去。当赫拉克勒斯穿上后，立即被焚烧而死。——中译者注

我已经对理性世界组织的可能性失去了信仰。那个千年福泽的旧梦,那个和平与和谐降临万物的梦中理想,已经变得苍白而失去了原有的光彩。现代人在一切这类事情上所表现出来的怀疑主义,已经冷却了他的政治热情和改良世界的热情;更为严重的是,这种怀疑主义不利于将心理能量运用到外部世界中去。现代人的怀疑主义把他扔回到了他自己那里,他的能量流向其源头,将那些从来就在那里的心理内容冲到了表面,而这些心理内容在河道畅通、河流顺利时,就会潜藏在河中那淤泥沉积之处。对中世纪的人来说,这世界已是多么完全的不同了啊! 他认为地球永恒地固定和静止在宇宙的中央,太阳顺着轨道围绕它旋转,渴慕地放射出它的温暖。一切人类都是上帝的孩子,都沐浴在他的爱护之中,他让他们以今生为永恒的幸福做准备;所有的人都明确地知道,他们应该做什么,应该怎样做,才能从这腐败的世界上升到一种高尚快乐的生活。这种生活对我们来说已经不再真实,即便在梦中也如此。自然科学早已把这可爱的面纱撕成了碎片。那个时代已经像童年时期一样遥远地过去了,在那童年的时代,自己的父亲无疑是这地球上最英俊和最强壮的人。

现代人已经失去了他中世纪兄弟所有的一切形而上的确定性,他在这些确定性的位置上代之以物质的保障、普遍的福利和人道、高尚的理想,然而,一剂普普通通的乐观主义并不足以使这些理想显得坚如磐石。甚至物质的保障也完全落空了,因为现代人开始看清:物质上的每一"进步"都可以使一个更大的灾难如虎添翼,对人类造成巨大的威胁。这一图景使想象力也染上了恐怖的色彩。当今天的城市在采取毒瓦斯防卫措施,并对这些措施进行"彩排"时,不知我们会做何想象? 我们只能认为,毒瓦斯战是早经预谋和准备好的——又一次本着"和平时备战"的原则。如果让人不断地积累毁灭性的物质,让他内心的邪恶不断地增加,那么不久后就再也不能阻止它们被投入致命的用途。大家都知道,只要将众多的火器放在一起,它们就会自动走火爆炸。

赫拉克利特将支配盲目偶然性的规律称为"转向对立"(enantiondromia)法则。今天,这一规律已通过现代人思想的旁支偷偷地潜入他的心灵,用恐惧冷却了他的血液,并使他在那些可怕的力量面前,丧失了对社会和政治措施的最后信念。这是一个建设和毁灭此起彼伏的盲目世界,如果他转离这一盲目世界的可怕前景,如果他随之将他的凝视转向自己心灵的深处,他将在那里发现一片混乱和一团黑暗。能够无视这混乱与黑暗,他肯定会感到高兴的。科学甚至摧毁了内心生活的避难所,以前的避风港如今已成了恐怖之地。

然而,尽管我们在自己心灵的深处发现了那么多的罪恶,但我们仍然还是不禁感到一种欣慰。至少,我们能够相信,我们已经发现了人类罪恶的根源。虽然起初感到震惊与幻灭,但依然觉得这些东西是我们自己心灵的表现,因此多少可以控制、改正或者至少有效地抑制它们。我们总喜欢这样认为:假若能成功地做到这一点,就是消除了这世界上的一部分罪恶。我们总喜欢这样想象:在人们普遍了解无意识及其作用方式的基础上,即使再有某位未曾意识到自身邪恶动机的政治家,也不会再有人上他的当,报纸将争相对他进行斥责:"请找人为你自己分析一下吧,你有一个被压抑的父亲情绪。"

我故意选了这么一个古怪的例子,为的是要证明:如果相信了心理事物能为我所控这一错觉,我们就会被导向什么样的荒诞不经。但是，世界上的很大一部分罪恶确实应归因于人们普遍的毫无意识，而随着不断增长的洞察力，我们也确实能够在自己身上挖掘出这些罪恶的根源，从而同它们进行斗争。科学能为我们医治外部的创伤，它同样也能帮助我们治疗那些内部的创伤。

现代人已在某种程度上将他的注意力从物质事物上转向了他自己的主观过程，过去二十年来，全球范围内对"心理学"兴趣的迅速增长就是明证。难道我们能够把它称作纯粹的好奇吗？无论如何，艺术可以预示人们的根本观念在未来将会发生的变化，因此，在这一更为普遍的转变发生之前，表现主义艺术就已经做出了这种主观的转向。

现在这个时代对"心理学"的这种兴趣表明，人们期待从心理生活中得到从外部世界中没有获得的东西。我们的宗教无疑应该包含这种东西，但它又确实不再包含这种东西了——至少对现代人来说是如此。在现代人看来，宗教的各种形式已不再是发之于内——不再是他自己心理生活的表现了，而应该被归结为外部世界的事物。他没有得到一种精神的启示，因为这精神不属于这个世界。但他还是试着去信仰一个又一个的宗教和信念，仿佛它们是星期日的礼服，换上它们仅仅是为了把它们扔到一边去——像穿破的衣服一样。

然而，他又几乎被无意识心理的病理性表现所吸引。过去的时代所抛弃的东西，今天突然占据了我们的注意力，无论这多么难以理解，但我们必须承认这是事实。人们对这些事物有一种普遍的兴趣，这是不可否认的，尽管这些事物有辱良好的趣味。我在此所考虑的并不仅仅是那种对科学心理学的兴趣，也不是对弗洛伊德的精神分析学所产生的那种狭窄的兴趣。我考虑的是那种对各种心理现象产生的广泛而普遍的兴趣,这些心理现象表现在唯灵论(spiritualism)、占星术、通神学(theosophy)等诸如此类的蓬勃兴起之中。从十七世纪以来,世界从未目睹过这般状况,我们只能将它同公元一二世纪诺斯替思想的鼎盛繁荣相比较。实际上,现代精神潮流与诺斯替教有极深刻的近似之处。法国现在甚至有一座诺斯替教的教堂,我还知道德国有两所学校公开宣称它们是诺斯替教的信奉者。在数字上最惊人的现代运动无疑是通神学,以及它在大陆上的姊妹灵智学(anthroposophy);这两者纯粹是披着印度教外衣的诺斯替教。与这些运动相比,对科学心理学的兴趣就显得微不足道了。诺斯替教各体系的突出之处在于,它们完全是建立在无意识的表现之上,其道德教义从不回避生活的阴暗面。甚至印度的贡荼利尼瑜伽论(kundalinyoga),在其复活的欧洲形式中,也非常清楚地表明了这一点。每一个知道神秘论问题的人都可以证明,上面的话在神秘论领域内也同样有效。

　　心理能量已不能再注入陈旧的各种宗教形式了,这无疑是人们对上述运动产生出热烈兴趣的原因。因此,这类运动就有了一种实际的宗教性质,甚至当它们伪装科学时也同样如此。无论鲁道夫·斯坦纳(Rudolf Steiner)把他的灵智学叫作“精神科学”也好,还是埃迪夫人①发现了一种“基督教科学”也好,都改变不了任何事实。这些企图掩盖实质的努力只能显示出,宗教

　　①　埃迪夫人(Eddy Mary Baker,1821—1910),美国基督科学派的创立人。她在1873年因患脊椎病而四处求医,一个叫昆比的人不用药物就将她治好了。她认为昆比已发现耶稣为人治病的方法,便广为介绍和推荐。昆比死后,她旧病复发,又于1866年严重跌伤,已自认必死无疑。但在阅读《新约》后,当年便得痊愈,于是自己发现基督教科学。后来她创办基督教科学派教会、学院以及杂志报纸。目前美国重要的日报《基督教科学箴言报》就是她在1908年创办的。——中译者注

几乎已经变得同政治和世界改良一样令人怀疑了。

现代人与他十九世纪的兄弟相反,将自己的注意力转向了心理,并且带着巨大的期望,他在做此转向时并不参照任何传统的信条,而是依据诺斯替教意义上的宗教经验。上述那些运动企图做出一副科学的神态,但如果我们只从中看到了漫画或面具似的滑稽可笑,那就错了。它们这样做不啻是在发明,它们所追求的实际上是"科学"或者知识,而不是那作为西方宗教之精髓的信仰。现代人憎恨基于信仰之上的教条性假设以及基于这些假设之上的各种宗教。只有当它们的知识内容与他自身心理生活深处的经验相符时,他才承认它们的真实有效性。他想自己去知道——自己去体验。圣保罗教堂的因机(Inge)教长就是带着相似的目的,引起了人们对英国圣公会内一场运动的注意。

地理大发现的时代才刚刚结束,地球上已经没有了未经探索的土地;这一时代始于人们不再相信北极人居住在阳光永照之乡,他们想要用自己的眼睛去发现和探看在已知世界的疆界之外还存在着些什么。而我们的时代则显然是致力于发现除意识之外的其他心理存在物。在每一个神灵论圈子中都追问着同一个问题:如果通灵人(the medium)失去了意识,将会发生什么事情?每一个通神论者都在问:我在更高的意识程度上将体验到什么?每一个占星术士都曾提出:在我的意识目的之外,影响我命运的力量和决定我命运的因素是什么?而每一个心理分析家则想知道:神经症背后的无意识驱力是什么?

我们这个时代的人希望有心理生活的真实体验,希望自己去进行体验,而不是在其他时代的经验之上做出设想。但是,这并不妨碍它以假设的方式去尝试一切——比如去尝试那些早已确立起来的宗教以及真正的科学。昨天的欧洲人在窥见这些深穴时,将禁不住要打一个寒战,他不仅会认为这一研究的课题太过于晦涩而神秘,而且还会认为,这一研究所应用的各种方法也是对人类最高智力成就的惊人滥用。如果一位天文学家被告知说,今天至少有 1000 幅算命天宫图是仿照 300 年前的一幅图画而绘制出来的,我们能够指望他说些什么呢?从古希腊以来,世界还没有摆脱掉任何一个迷信,面对这一事实,哲学启蒙的教育者和倡导者又将说些什么呢?精神分析学的创建者弗洛伊德自己,在心理深处那污秽、黑暗和罪恶之上投射了一道耀眼的光芒,他把这一切作为一大堆垃圾和废物呈现在人们眼前,因此,他尽了最大的努力阻止人们去探求这些渣滓背后的东西。他没有成功,他的警告甚至引发了他希望阻止的事情:它唤醒了许多人心中对这一切污泥浊水的赞赏之情。我们不得不称这为地地道道的反常现象,但吸引这些人的并不是对污秽的热爱,而是心理的魅力。除此之外,我们另无解释。

毫无疑问,从十九世纪初——更早则是从法国大革命那难忘的年代以后——人们就给予心理以越来越重要的地位了,他们对心理日渐浓厚的关心标明了心理对他们日益增长的吸引力。对西方世界来说,巴黎圣母院中理性女神的登基似乎是一个具有重大意义的象征性行动——其意义可媲美于基督教传教士们砍倒吴登橡树(Wotan's oak)的壮举。因为在那时,如同在大革命时期一样,没有一支从天上射来的复仇之箭将亵渎神明者击倒。

就在这个时候,一位法国人,安查特尔·杜·培赫隆(Anguetil du Perron),正在印度生活。十八世纪初,他带回了一部 Oupnek' hat 的译本——一部五十篇的《奥义书》(UPanishads)——它第一次使西方世界深入洞察到了东方精神的迷离幽微。这显然不只是一个有趣的巧合事件。历史学家会认为这是纯粹的偶然性，其间毫无因果联系可言。但根据我的医学经验，我绝不能将它视为偶然的事件。在我看来，它满足了一种心理规律，这一规律至少在个人生活中是完全真实有效的。这一规律表明，意识中每一部分失去了重要性和价值的心理生活，都会在无意识中得到某种补偿。我们可以把这看作与物理世界的能量守恒相近似，因为我们的心理过程也有量的一面。如果没有另一个具有同等强度的替换物，心理价值是不会消失的。这一规律已在心理医生的实践运用中得到了认可，它反复得到证实，并且屡试不爽。因此，我作为医生不认为一个民族的生活超出了这种心理规律。在医生的眼里，一个民族体现出来的心理生活图景不过比个人的心理生活更为复杂而已。而且，话说回来，诗人不是也说起过他灵魂的"国度"吗？我认为这是非常正确的见解，因为心理就其一面而言并不是个人的，而是从民族、集体甚至整个人类中抽取出来的。在某种程度上，我们只是一个无所不包的心理生活的一部分，引用斯威登堡[①]的话来说，我们只是一个"最伟大者"的一部分。

于是，我们可以做一个类比：正如在我这个单个的人身上，黑暗唤起了一种有所助益的光明，一个民族的心理生活中的黑暗，同样也会唤起一种光明的出现。在那些潮水般涌入巴黎圣母院并一心要施予破坏的人群中，激荡着各种无以名状的黑暗力量，这些力量促使每个人提起了脚步；它们也同样影响了安查特尔·杜·培赫隆，这一点我们在历史中找到了答案。他将东方精神带到了西方，这种影响我们至今还不能衡量。让我们不

---

① 斯威登堡（Emanuei Swedenberg，1688－1772），瑞士著名科学家、神秘主义者、哲学家和神学家。——中译者注

要低估这一影响吧！迄今为止,这一影响在欧洲的知识阶层中确实还不大看得出来;这里还只有一些为数不多的东方研究学者,一两个热衷于佛学的人,以及几个像勃拉瓦茨基夫人[①]和安妮·贝赞特[②]一样的忧郁名士。这些表现使我联想到,他们就像人类海洋中渺小而零落的岛屿;然而实际上,他们是淹没于水下的那些巨大山脉所露出的山峰。凡俗之人直到最近仍然还在相信,占星术早已被抛弃,如今成了可以坦然置笑的对象。然而正是在今天,它又从社会的深处崛起,去叩击三百多年前就将它驱逐出去的大学门户。东方思想也同样如此,它在社会的底层扎下根来,慢慢地滋长茁壮,并已浮现到表面上来了。在多那赫(Dornach)兴建灵智学庙宇所需的那五六百万瑞士法郎是从哪里来的呢？肯定不是来自某一个人的腰包。可惜没有统计数字可以告诉我们,今天到底有多少人公开声称自己是通神论者,当然就更不用提那些没有公开承认的信徒了。但是可以肯定,他们有几百万人。在这个数字之上,我们还得加上几百万具有基督教倾向或通神论倾向的唯灵论者。

伟大的革新从不是来自上边,而是从下边开始的。这正像树木从不从天上往下面长,而总是从地下往上长一样,尽管种子是从上面掉下来的。我们世界的纷乱和我们意识的纷乱是同一回事情。一切都变成了相对的,因而成了让人迷惑的。这是一个被充斥着和平条约和友好条约的世界,是一个资本主义与布

---

① 勃拉瓦茨基夫人(Hebena Petroua Blavatsky,1831—1891),俄国女通神学家。早年研究神秘主义和招魂术,历年遍游亚、欧诸国及美国。自称曾在印度和中国西藏居住数年,拜印度教诸大圣为师。1875 年与其他知名人士在纽约共建通神学会。——中译者注

② 安尼·贝赞特(Acheron Annie Besant,1847—1933),英国社会改革家,女通神学家,勃拉瓦茨基夫人的忠实信徒。——中译者注

尔什维克主义并立的世界,是一个被这一切所迷惑和烦扰的世界。当人们带着彷徨和犹疑对这个世界进行沉思时,他们的精神自然要渴望得到一个解答,以安抚那怀疑与不安的骚乱。然而,正是社会下层的人民顺应了心理的无意识力量;他们是这个大地上备受愚弄的沉默之众——较之声威显赫者,他们更少沾染学院式的偏见。从高处俯瞰,这些民众大多在扮演着一出沉闷或可笑的喜剧,然而他们惊人地简单纯朴,就像那些曾被上天眷顾的加利利人(Galileans)一样。人类心理中的残渣污秽已攒集到了一尺之厚,这种景象难道还不能使人触目惊心吗?我们发现,《人类繁衍》(*Anthropophbyteia*)以详尽而审慎的笔触记录了最琐细的内心秘密、最荒诞的行为和最无边的幻想;霭理士(Havelock Ellis)和弗洛伊德等人在他们严肃的论文中也对这些东西进行了讨论。他们的这些论文赢得了所有的科学赞誉,他们的读者遍及整个文明的白人世界。我们该怎样来解释这种热情呢?怎样来解释这种对令人讨厌之物近乎盲目的崇拜呢?可以这样来解释:这些令人讨厌的事物属于心理,它们是心理中的物质,因而才珍贵得如古代废墟中那些劫后余生的断简残编一样。对现代人来说,甚至内心生活中那些秘密而有害的东西也具有无限的价值,因为它们有助于他的目的。然而这一目的又是什么呢?

弗洛伊德在他的《释梦》一书前面放上了一段引言:Flectere si nequeo superos Acherta movebo——"倘若我不能令天上众神折服,我亦要把阿卡隆河①搅得翻腾。"然而这是要达到什么目的呢?

---

① 阿卡隆河(Acheron),罗马神话中的冥河,又指冥界。——中译者注

我们要废黜的天上众神是我们意识世界中的极其崇拜的价值。众所周知,古代的神祇之所以声名狼藉,很大程度上是因为他们的艳事丑闻所致,如今历史又在重演了。对于那些我们大加赞扬的美德和无可比拟的理想,人们正在揭穿它们那些疑窦丛生的基础,而且以胜利的姿态对我们呼唤:"这就是你们制造出来的众神,它们无非是一些染上了人类卑劣品质的圈套和欺妄——无非是一些施加了粉饰的坟墓,里面满是死人的骨头和污秽。"于此之中我们听到了一种熟悉的声音,我们一直不能拥为己有的福音又一次出现了。

我深信,这些相似并非牵强附会。有太多的人认为弗洛伊德心理学比福音书更为亲切,有太多的人觉得苏联的政策较之市民美德更有意义。然而,所有这些人都是我们的兄弟,在我们每个人心中至少都有一个声音在支持着他们——因为包容我们全部的毕竟是同一种心理生活。

这一精神转变所产生的意外结果就是:世界换上了一副更加丑陋的面孔,它变得如此丑恶,没有人再会对它产生热爱——我们甚至连自己也不爱了——外部世界最终已不存在任何事物能将我们从内部生活的真实面前吸引开去。无疑这就是这一精神转变的真正意义。毕竟,具有因果报应(Karma)和肉体复生等教义的通神论,它所希望教谕于人的还会是什么呢?它的教谕无非是,这表象世界乃是那些道德上未达完美之境者的临时疗养之所。它对当今世界的贬斥同现代观念一样激烈,只不过所用技巧不同而已。它并不直接诋毁我们的世界,而只是向人们允诺其他更高的世界,从而赋予这一世界以一种相对的价值。但两者造成的结果都是相同的。

我承认,这些观点是极其不合学理的,因为它们所触及的是现代人最缺乏意识的一面。现代思想与爱因斯坦的相对论相符，与原子结构观点相符，这些观点使我们背离了决定论和视觉表象，难道这纯属巧合吗？物理学甚至挥发掉了我们的物质世界。因此，据我看来，难怪现代人要倒向心理生活的真实性，并从中期待世界拒绝给予他的那种确定性。

然而，在精神上西方世界仍然处于危难之中——我们越是闭目无视这一无情的事实，越是执着于我们灵魂之美的幻觉，这一危险就越是巨大。西方人对着自己焚香进贡，那缭绕的香烟遮掩了他自身的真实面目。然而，我们给其他人种留下的是什么样的印象呢？中国人和印度人对我们有何想法呢？我们在黑人心目中激起的是怎样的感情呢？所有被我们夺走土地、被我们用甜酒和性病消灭的人，对我们是怎样的看法呢？

我有一位红印第安朋友，他是普哀布洛印第安人的一个部落酋长。有一次，我们在推心置腹的交谈中谈到了白人，他对我说："我们不理解白人，他们总是想要什么东西——总是不安宁——总在寻求着什么。那是什么呢？我们不知道。我们不能理解他们。他们有那么高的鼻子，那么薄、那么残忍的嘴唇，他们的脸上有那么多的线条。我们认为他们都疯了。"

我的朋友尽管还不能清晰地表达出来，但他已经认清了那只雅利安猛禽及其难以餍足的欲望，他想统治每一块土地——甚至那些与他毫不相干的土地。他同样也注意到了，那种妄自尊大使我们认为基督教是唯一的真理，那白皮肤的基督是唯一的救世主。这一切都只不过是众多事例中的一件罢了。当我们用科学和技术把东方搞得动荡不安，人心惶惶，并趁机强征贡物之后，我们又把传教士派遣到远在天边的中国。非洲布道团铲除了一夫多妻制，但是引起了卖淫业的大规模泛滥，以至于仅在乌干达一国每年就得费资两万英镑以防止性病的蔓延。至于道德后果就更不用提了,这正是最为严重的一面。然而,善良的欧洲人却为这些教化士所取得的成就给这批传教士发薪金! 在此已不必再提波利尼西亚的悲惨情形和鸦片贸易的"福祉"了。

如果驱散那缭绕着他的道德熏香之烟雾,欧洲人就是这样一副面孔。难怪我们首先得排干一片瘴气弥漫的沼泽,才能挖掘出心理生活那被隐埋的点点滴滴。只有像弗洛伊德这样的伟大理想主义者才能终身倾注于这项肮脏的工作之中。这是我们心理学的开端,只有从这一开端出发,我们才能熟悉心理生活的实体,才能熟悉那一切使我们厌恶和我们不愿看到的东西。

但如果我们说心理仅只包含那些罪恶的和无价值的事物,那么,这世界上的任何力量也不能诱使一个正常人佯装被它吸引。有人预言通神论和弗洛伊德心理学这些运动将会不光彩地早早收场,其原因就在于此;因为他们从通神论中只看出了那种令人遗憾的知识上的浅薄,而在弗洛伊德心理学中则只看到享乐主义(sensationalism)。他们显然忽略这样一个事实,即这些运动是从心理生活的魅力之中汲取了力量。当然,被这些运动所激起的那种热烈兴趣也可以找到其他的表现方式,这是毫无疑问的;但是,在更好的方式取而代之之前,它肯定是要表现在这些方式之中的。在这一点上迷信和邪恶终究是相同的,它们都是过渡阶段或者胚胎阶段,新型的和更加成熟的形式将从它们之中诞生出来。

无论是从知识的、道德的,还是审美的角度看,西方的心理生活潜流都呈现出一幅令人讨厌的图景。我们在自己的周围建设了一个雄伟辉煌的世界,并为之而耗费了无可比拟的精力。它之所以如此辉煌,完全是因为我们已在外部世界之上耗竭了本性中的一切辉煌之物——而当我们审视自身时,我们所发现的必然只能是这些破烂寒碜、捉襟见肘的东西。

我知道,在这样说的时候我多少有点预见到了意识的真正成长,但目前人们还没有普遍认识到心理生活的这些事实。西方人仅仅是处于认识这些事实的路途之中,并且出于某些可以理解的原因,他们对此进行着猛烈的抵抗。当然,施本格勒(Oswaid Spengler)的悲观主义施加了某些影响,但是这一影响一直都被安全地限制在学术圈子里。而心理学的洞见总是要干犯个人生活的,因此它遇到了个人的抵抗和否认。我远不认为这些抵抗是毫无意义的;相反,我从这些抵抗中看到了一种健康的反应,一种对威胁破坏之物的健康反应。无论什么时候,只要相对主义被当成了根本的和终极的原则,它就具有了一种破坏效果。因此,当我呼吁大家注意那阴郁的心理潜流时,我的目的并非是要高唱悲观的论调,而只是希望强调,无意识不仅仅对病人有着强大的吸引力,对健康的和具有创造力的人也同样如此——尽管也有着它可怕的一面。心理的深处是本性,而本性是一种创造性的生活。确实,本性摧毁了由她自己所建造起来的东西——但她又重新把它建造起来。无论现代相对主义摧毁了有形世界中的什么价值,心理都会创造出它们的对应物。起初,我们看不见道路的那头,这是一条通向黑暗和可恨事物的道路——然而,谁要是不能忍受这一景象,谁就绝不会看见光明和美丽出现在他面前。光明永远诞生于黑暗之中,太阳从不在天上静止,以满足人的渴望和平息他的恐惧。安奎特尔·杜·培赫隆的例子难道不是向我们表明了心理生活是如何从它自身的黑暗之中逃离出来的吗?中国绝不会相信欧洲的科学和技术正在为毁灭她做准备,那么我们为什么应该相信,我们一定会被东方那神秘的精神影响所摧毁呢？

但我忘了说一点，这就是，我们还没有意识到，当我们用技术优势把东方的物质世界搞得七颠八倒之时，东方则用它心理的优势将我们的精神世界投入了混乱之中。我们从来还没有想到过，在我们从外部制服东方的同时，东方则从内部加紧了对我们的控制。我们几乎会觉得这种想法是不正常的，因为我们的眼睛只看得见粗俗的物质关系，而无法看到我们的中产阶级在知识上的混乱现象应该归咎于马克斯·穆勒、奥登堡、纽曼、杜森、威廉①以及其他类似于他们的人。罗马帝国的例子给予了我们什么样的教训呢？当罗马征服小亚细亚以后，便变得亚洲化了；甚至欧洲也被亚洲所感染，并且至今一直如此。密斯拉崇拜（Mithraic cult）——罗马军队的宗教——发源于西里西亚，它从埃及一直传到了云蒸雾锁的英国。还需要我再指出基督教的亚洲起源吗？

我们还没有清楚地认识到，西方的通神学是对东方的蹩脚模仿。我们不过是把占星术又重新拣起来了而已，而对于东方人来说，这却是他每天的面包。我们对性生活的研究最初是始于维也纳和英格兰，而印度教在这方面的训谕足以与我们的研究相匹敌，或许还超过我们的研究。东方 1000 年前的教科书就向我们介绍了哲学相对主义。中国科学的基础正是非决定论的思想。而这一思想在西方还是新近才被提出来的。理查·威廉（又译卫礼贤）甚至向我表明，分析心理学发现的某些复杂过程在中国古代的典籍中也有明确的描写。与东方古老的艺术比起来，精神分析学本身以及它所导致的思维路线——这无疑是一

---

① 以上数人均为欧洲的研究东方的学者。——译者注

个突出的西方成就——仅仅只是初学者的努力罢了。应该提到一点,即精神分析学和瑜伽的相似之处已经被奥斯卡·施密茨比较过了。

通神学者有一种非常有趣的想法:在喜马拉雅山或者在西藏的什么地方,有某些圣人在授意和指导世界上的每一个人。实际上,东方的魔法信仰对头脑健全的欧洲人具有强烈的影响力,这种影响力致使有些人肯定地对我说:"我所说过的一切好的东西都是不知不觉间受了那圣人的启示,而我自己的灵感则根本算不了什么。"这种圣人神话在西方流传极广,并被人们深信不疑,它远不是毫无意义的胡说八道,而是一种非常重要的心理真理——犹如每一个神话一样。也许东方确实处于我们今天正在经历的精神变动的底层。只不过这个东方不是一座充满了圣人的西藏寺院,在某种意义上,而是在我们的内心之中。正是从我们自身心理生活的深渊里将升起新的精神形式,这些新的精神形式是对各种心理力量的表现,它们有助于减缓雅利安人那无边的嗜血欲望。也许我们将逐渐了解到生活的那种界限,它在东方已经发展成了一种暧昧不定的清静无为;也许我们还会逐渐认识到人生所获得的那种稳定性,然而它只有在精神的要求与社会生活的必需品一样成为不可缺少的东西时,才可能达到。但是,在这样一个美国化的时代中,我们仍然还远离那种境界。在我看来,我们只是刚刚踏入了一个新的精神纪元的门槛而已。我不敢以先知自居,但为了大致概括出现代人的精神问题,我就不得不强调那种处于骚乱时代之中对安定的渴望,或者那种从不安全之中孕育出来的对安全的渴望。生活的新形式是从需要和苦闷中产生出来的,而不是从纯粹的愿望或者理想的需要中产生出来。

在我看来,今天的精神问题关键在于心理生活对现代人所产生的魅惑。如果我们是悲观主义者,我们将把它视作一种颓废堕落的标志;如果我们倾向于乐观,则将在这之中看到一种希望,它预示着西方世界将发生一场深刻的精神变动。无论如何,它都是一种有意义的表现形式。正因为这种现象表现在每一个人之中,因此更显得令人瞩目;也正因为它涉及那些难以估算的心理力量,而这些力量又以没有被人们预见到并且——如历史所表现的那样——以不可预见的方式改变着人类的生活,因此它更为重要。这些至今还为许多人不曾察觉的力量,便正是今天人们对"心理学"产生兴趣的原动力。当心理生活的吸引力足够强烈,使人不会因他所发现的东西而感厌恶和沮丧,那么它也就无所谓病态或者反常了。

　　在这些世界的坦途大道上,一切都显得荒凉而陈旧。现代人本能地放弃了前人所走的道路,而去另辟蹊径,这正如希腊罗马世界中的人抛弃了他已死的奥林匹亚诸神而转向了亚洲的神秘教义。那驱遣我们进行这种寻求的内心力量转向外部,兼容了东方的通神学和魔法;但它也转向内部,引导我们去注意和思考无意识心理。它在我们心中激发起了怀疑与无情;释迦牟尼正是用这怀疑和无情扫荡了他的两百万个神祇,只有这样他才可能获得那原始质朴的经验,而只有这一经验本身才是令人折服的。

　　现在我们必须再问最后一个问题。我就现代人所说的这一切,哪一点是真正正确的,或者这只是某种视觉幻象的结果?毫无疑问,在数以百万计的西方人眼里,我所引述的那些事实是一些完全不相关的偶然事件;并且在许多受过教育的人看来,它们也只是一些令人遗憾的错误。但我必须要问:当有教养的罗马人看到基督教在最底层的人民中传播时，他又是怎样看待基督教的呢？圣经中的上帝仍然活在西方的世界民众心目中——犹如安拉活在地中海彼岸的伊斯兰教徒心中一样。一种信徒容易把另一种信徒看作是卑劣的异教徒，如果他不能改教的话，则只配获得怜悯和宽容。更有甚者，聪明的欧洲人深信，宗教及诸如此类的东西对群众和妇女是大有裨益的，但较之经济事务和政治问题，它则显得无足轻重了。

因此，我遭到众人的驳斥，就像一个在万里晴空之时预言雷雨的人一样。也许他所感觉到的是一场在地平线以下发生的暴风雨——它可能永不会到来。但心理生活的有意义之物总处于意识的地平线以下，并且，当我们谈到现代人的心理问题时，我们所面对的是一些几乎难以名状的事物——最隐秘和最脆弱的事物——是一些只在黑夜中开启的房室。日光下的一切都清晰有形，然而夜晚同白天一样长，我们同样也要在夜间生活。有些人夜晚做下的噩梦甚至破坏了他们的白天，而白天对许多人来说也是如此可怕的噩梦，以至于他们的精神清醒之时，便已经渴望夜晚的来临了。我甚至相信，今天有许许多多这样的人。我之所以坚持认为我所提出的就是现代人的精神问题，其原因就在于此。确实，在片面性的指责面前，我自知难辞其咎，因为我没有提及现代精神对实际世界的信奉与膜拜。由于这一点完完全全地展现在众人面前，因此，每个人对此都会有许多可说的话。我们可以从体现于国际联盟等运动的国际主义或超国家主义理想中发现这一倾向，我们还可以从体育运动中，尤其从电影和爵士乐中发现这一倾向。

这些无疑是我们时代的典型症状，它们明确地表现出，人道主义理想也应该包容肉体。体育运动，还有现代舞蹈，便是代表着人类肉体的特殊价值。另一方面,电影像侦探小说一样,使人们能够毫无危险地体验一切激动、热情和欲望,而这些东西在人道主义的生活秩序中是必须被抑制的。要看出这些症状如何与心理环境联系在一起并不困难。心理的吸引力导致了一种新的自我评价——一种对人性基本事实的重新评价。如果它导致了对肉体的重新发现,我们不会因此而感到惊异——人类以精神为名已使肉体遭受了长期的贬抑。我们甚至于不禁要谈到肉体对精神的报复。当凯泽林①以讽刺的口吻将司机挑选为我们时代的文化英雄时,他就像他经常所做的那样,又一次切中了要害。肉体要求被予以同等的承认,它就像心理一样,也散发出一种魅力。如果我们还陷在那种心灵与物质截然两分的陈旧观念之中,那么现在的状况就意味着一种难以忍受的矛盾,它甚至会把我们同自己分裂开来。但如果我们重新与那种神秘的真理融和起来,把精神看作存在于内部的活生生的肉体,而把肉体看作这一活的精神的外部表现形式——两者实际是一个——那么我们就能够理解,为什么必须超越现存的意识水平去给予肉体以应有的重视。与过去相比较,肉体生活和心理生活的这些要求在今天变得如此紧迫,这使得我们难免从中看出一种颓废堕落的迹象。然而,它也同样可以标志着一种新生,正如荷尔德林所说:

危险自身
孕育着拯救的力量。

我们实际所看到的是,西方世界奏起了一种更加快速的节

---

① 凯泽林(H. C. Keysrling,1880—1946),德国哲学家,有《一位哲学家的旅行日记》《不朽》《创造性的认识》等著作。——中译者注

拍——美国似的节拍——它与清静无为和超然物外处于完全相对的一极。一种巨大的紧张已从外部生活与内心生活、客观真实与主观真实的两极对立中产生出来了。也许这是垂老的欧洲和年轻的美国之间的一场最后的竞赛；也许这是人们在意识层面所做的一次绝望或者有益的努力，以期从自然规律中骗取其隐藏的力量，并于举世昏睡沉迷之际，去获得一次更加巨大、更加壮烈的胜利。对于这个问题，历史将做出回答。

在这篇文章中我已做出了那么多的大胆之论，在临近结束之前，我将回到在开始时所做的许诺，即遵循中庸和谨慎的要求。我的确没有忘记，我的声音只是一个人的声音。我的经验不过是沧海之一粟，我的知识比显微镜下面的视界大不了多少，我心灵的眼睛只反映出这世界的一个角落，而我的观点仅是一种主观的自白而已。

十一　心理治疗医生与牧师

　　牧师在此是站在一片广阔的地平线之前，但似乎并没有人注意到这一点。今天的新教牧师也似乎没有充分准备起来，以解决我们时代的迫切的心理需要。确实，牧师和心理治疗医生早已应该联合起来，以迎接这一巨大的精神任务。

医学心理学和心理治疗最新发展的有效刺激,更多是来自病人急迫的心理问题,而不是科学工作者所提出的问题。医学一直在设法回避严格意义上的心理问题,它无视病人的紧迫需要而一直保持着这一状态。但它之所以如此,还因为依据着一个部分合理的设想,即认为心理问题属于其他研究领域。然而,它已经被迫扩大了自己的范围以便于把实验心理学包括进去,在此之前,它也曾一次又一次地不得不——根据人的生物同质性——借用诸如化学、物理学和生物学等科学部门的研究成果。

　　非常自然,对于这些科学分支应该给予一个新的方向。我们可以将这一转变的特征概括为:这些科学自身已不再被视为目的,它们的价值在于自己可能被运用于人类。比如精神病学就走出了实验心理学的狭小天地,而从精神病理学——对复杂心理表现形式之研究的总称——那包罗万象的知识体中去借用它的原理。精神病理学一部分建立在严格意义的精神病学的发现之上;另一部分则建立在神经病学的发现之上——神经病学这一研究领域原来包括所谓的心因性神经症,现在在学术界中也仍然如此。但在过去几十年间的实践中,一道鸿沟已经出现在训练有素的神经病学家和精神病学家中间,这一分裂可以上溯到对催眠术的最初研究之中。这本来是不可避免的事情,因为神经病学乃是专门研究器质性神经疾患的,而心因性神经症按通常的意义则不属于器质性疾病。这种神经症也同样不属于精神病学的范围,精神病学的研究领域是心理病病或精神疾患——而心因性神经症照一般来理解也并不是精神的疾患。毋宁说,它们构成了一个没有明确界线的特殊领域,它们表现出许多过渡性的形式,这些形式同时指向两个方向:一方面是心理疾病,另一方面则是神经疾患。

神经症的明确特征在于:其原因是心理的,其治疗则完全依赖于心理疗法。精神病学和神经病学都企图对这一特殊领域划定界线和进行探索,这就导致了一个极不受医学欢迎的发现:即心理乃是疾病的病源因素或诱因。在十九世纪,医学形成了其自然科学的方法和理论,从而成为自然科学的一个分支,与此同时它也采用了自然科学的基本假设——物质因果说。对医学来说,心理不是独立存在的,与此同时,实验心理学也尽了最大的努力使自己成为一门没有心理的心理学。

然而,调查确凿无疑地表明:心理神经症的关键在于心理因素。这是病理状态的基本原因,因此,我们必须承认其自身独立的价值,把它同其他已经承认的病原因素,诸如遗传、气质、细菌感染等一视同仁。一切企图用更基本的物理因素来对心理因素进行解释的努力注定要招致失败,但如果用驱力或本能这一借自生物学的概念对心理因素加以界定,那么这一努力成功的希望要大一些。众所周知,本能是可以观察得到的生理冲动,它们可以追溯到腺体的功能作用;而且,如经验所表明的那样,它们限定或影响了心理过程。那么,在寻找心理神经症的具体原因时,不从"灵魂"这一神秘的概念中去求得发现,而是从冲动的紊乱着手,难道还有比这更为可行而有理的方法吗?冲动的紊乱则可以通过对腺体的药物治疗而最后获得痊愈。实际上,弗洛伊德在建立他那种用性冲动紊乱来解释神经症的著名理论时,所持的就是这种观点。阿德勒也同样采用了驱力概念,并以权力欲的紊乱来解释神经症。我们必须承认,阿德勒的这一概念确实离生理学更远,并较之性驱力的概念而具有更多的心理性质。

本能概念除了还未在科学的意义上被很好地定义过之外,已经什么样的角色都担当过了。它可以适用于极其复杂的生物表现形式,而且完全是某种极不明确的内容,代表着一个未知的数量。我不希望在此对本能概念进行一番批判性的讨论;相反,我将考虑这样一种可能性:心理因素只是各种本能的一种综合,而至于这些本能,则又可以被缩减到腺体作用的程度。我们甚至可以讨论这样的可能性:一切通常被称为心理的东西都被包括在本能的总合之中,因此心理自身就只是一种本能或者本能的集合体,而最终则不过只是腺体的作用罢了。这样一来,心理神经症就成了一种腺体的疾病。但这种说法还没有得到证实,并且,至今还没有人发现一种腺液,可以用来治愈神经症患者。另一方面,器质性医学在治疗神经症的过程中犯下了太多的错误,招致了完全的失败,而心理方法却治愈了它们。我们已从这一事实中获得了教训。这些心理方法与我们期望腺液所能达到的效果同样有效。因此,就我们目前的经验而论,要影响或者治愈神经症,就必须从心理活动的方面对它们进行考虑(心理活动必须被当作一种现实看待),而不是从它们那些难以再分解的元素方面,从腺体分泌物的方面对它们进行考虑。例如,对病人来说,一种合适的解释或者一句安慰的话就会产生治疗的效果,这种效果甚至会影响腺体的分泌物。毫无疑问,医生的话"只不过"是空气中的震荡而已,但它们却构造了一系列特殊的震荡,相应于医生的某种特殊的心理状态。这些话只有在它们传达了某种意义或者具有某种意义的情况下,才会发生效力。有效的是这些话的意义。但"意义"是某种心理的或者精神的东西,如果你愿意,尽可以把它叫作虚构。但这并不能阻止我们以一种较化学药物更有效的方式去影响疾病的进程。我们甚至能够用它去影响身体的生物化学作用。无论这一虚构是自发产生于我自身,还是通过与人的谈话从外部触及我,它都能够使我生病或者痊愈。肯定再没有任何东西比虚构、幻想以及观念更无形和更不真实了,但在心理领域内,甚至在心身(psychophysical)领域内,也没有任何东西比它们更为有效。

在承认这些事实的过程中,科学发现了心理,我们现在无论如何都要承认它的现实性了。驱力或本能,被表明是心理活动的一种条件;而与此同时,心理过程似乎又在制约着本能。

说弗洛伊德和阿德勒的理论以驱力为基础,这并不是对他们的责难;唯一的麻烦在于他们的片面性。他们所代表的那种心理学丢掉了心理,因而适宜于那些相信自己没有精神需要和渴望的人。在这种情况下,医生和病人都是在自欺欺人。尽管弗洛伊德和阿德勒的理论,较之任何早期从医学方面对神经症进行的研究都更接近这一问题的实质,但他们仍然未能满足病人更深层的精神需求,因为他们只关心驱力而排斥了其他因素。他们还被十九世纪科学的那些前提束缚着,他们明显地让人感觉到过于轻视虚构和想象的价值。一言以蔽之,他们没有给生活以充足的意义,而只有有意义的生活才能使我们获得自由。

日常的理智,健全的判断,以及作为概括常识的科学,这些东西诚然能够帮助我们走过人生的大半路途,但它们不能超越那围绕着平凡事实、均衡正常的人生疆界。它们毕竟不能回答精神痛苦及其隐秘意义的问题。心理神经症必须作为一个人的痛苦来予以理解,这个人无法发现生活对他所具有的意义。然而,精神领域中的一切创造性以及人类的每一步心理发展,都是从这种痛苦的状态中产生出来的,而精神的停滞与心理的贫乏正是导致这种状态的因素。

意识到了这一真理的医生,会看到在他面前展开了一片领域,他以最大的犹豫与迟疑去靠近它。现在他已面临着向他的病人传递那有治疗效力的虚构,传递那苏生的意义——因为这正是病人所渴望的东西,他对这东西的渴望远远超过理智和科学所能给予的一切。病人正在寻找着能够占有他的事物,能够给予他那患着神经症的混乱心灵以意义和形式的事物。

医生担当得起这一重任吗?起初,他也许会把他的病人交给牧师或哲学家,或许他会将其委弃给我们时代特有的那种迷乱。作为医生,他不需要有一套完整的生活观,他的职业也并不对他做这种要求。但当他清清楚楚地看到他的病人为什么生病时,他会怎么办呢?他看到这病是起于没有爱情而只有性欲,他看到病人没有信仰,因为他害怕在黑暗中摸索;没有希望,因为世界和生活已使他感到幻灭;缺乏认识,因为他找不到他自身存在的意义。当医生看到这一切时,他将会怎么办呢?

有许多受过良好教育的病人断然拒绝去请教牧师,他们甚至更不愿去和哲学家打交道,因为哲学家使他们浑身冰冷。对他们来说,知识的问题比沙漠更荒凉。那些不仅谈论生活的意义和世界的意义,而且真正拥有这种意义的伟大智者究竟在哪里呢？人类的思想根本不能孕育出任何体系或者终极真理以满足病人的需要,从而使他们继续生活下去;这体系或者终极真理就是信仰、希望、爱心以及见识。

人类努力的这四项最高成就是如此浩大的上天恩典:它们既不能被传授,也不能被学习;既不能给予,也不能索取;既不能被压抑,也不能被赢得。它们是被赐予之物,只有通过经验才会降临,因而不能为人类的任性和幻想所企及。经验不能制造,而只能发生——然而幸运的是,它们并不是绝对而只是相对独立于人的活动。我们能够拉近与它们之间的距离——这一点是为人类力所能及的。有许多途径可使我们接近生活的体验,但我们应该谨防把这些途径称作"方法",这个词有着一种缓和的效果。而且,通向经验的道路绝不能借助于投机取巧,它是一种需要我们以全副身心投入的冒险。

这样一来,医生在满足对他所提出的要求之时,就面临着一个问题,而且这一问题似乎还包含着一个难以克服的困难。他怎样才能帮助那遭受折磨的人去获得具有解放功效的经验呢？这经验将赐予病人那四种巨大恩惠,并且治愈他的疾病。当然,我们可以用最大的善意和诚心去建议病人,建议他要有真正的爱、真正的信仰和真正的希望;我们可以用"认识你自己"这句话来奉劝他。但是,在病人获得经验之前,他怎样才能得到唯有经验才能给予他的东西呢？

扫罗①改宗信教并不是出于真正的爱,也不是出于真正的信仰或者其他任何真理。完全是由于他对基督徒的仇恨,才使他

---

① 扫罗(Saul),圣保罗信教前的名字。——中译者注

踏上了通往大马士革的道路,使他获得了那将决定他终生道路的经验。他原本是想证明他尊奉着一个完全错误的方向,但是由此而被带入了这一经验之中。扫罗的这种经历为我们开辟了一条途径,以供我们去解决那些不能过于严肃对待的问题。它还向心理治疗医生提出了一种有关善与恶的问题,这一问题将他带入了与牧师比肩并踵的行列之中。

实际上,与精神痛苦问题最相关的是教士或牧师,而不是医生。但在绝大多数情况下,遭受着精神折磨的人都首先求诊于医生,因为他相信自己是身体上得了病,还因为某些神经症的症状至少可以通过药物而得到缓解。但另一方面,如果牧师被人求教,他却不能使病人相信自己的问题是在心理上。他通常缺乏专门的知识,这使他无法分辨出这一疾病中的心理因素,因此,他的判断缺乏权威的分量。

但还有一些人,他们清楚地知道自己的病因属于心理的性质,但是仍然拒绝求教于牧师。他们不相信牧师能真正帮助他们。这些人也因为同样的原因而不相信医生,在这一点上他们是有道理的,因为医生和牧师都是空着双手站在他们面前——如果还没有对他们说些空洞的语言(这甚至比两手空空更坏)。我们无法指望医生对灵魂的终极问题有所见解,痛苦者应该从牧师那里,而不是从医生那里去求得这种帮助。但新教牧师常常发现自己面临着一项几乎不可能的任务,因为他不得不解决一些为天主教神父不会遇到的实际困难。无论如何,神父们背后有教会的权威做支持,他们的经济地位是安全的和独立的。但新教牧师则远非如此,他可能是结了婚的,因而背负着对家庭的责任,并且,在一切均遭失败以后,他还不能指望得到他的团体的支援或者被招进修道院。然而天主教的神父,如果他同时又是一名耶稣会会士的话，甚至能对现代的心理学知识运用自如。例如，我知道，我的著作很早以前就在罗马得到过认真严肃的研究，而那时还没有任何一个新教牧师想到它们值得一看。

我们已进入了一种严峻的境况之中。大批教徒退出了德国新教教会，而这只是众多症状之一。它应该能够使牧师们认识到，那些单纯的信仰的劝言，或者是行善的劝言，已经无法给予现代人所寻求的东西了。许多牧师从弗洛伊德的性欲理论或者从阿德勒的权力理论中寻求支持或实际的帮助。这一现象十分令人震惊，因为这两种理论正如我说过的那样，都是没有心理的心理学，都表现出对精神价值敌对的态度。它们是理性的治疗方法，实际上阻碍了实现有意义的经验。迄今为止，大部分心理治疗医生仍然还是弗洛伊德或阿德勒的门徒，这意味着大多数的病人必然被疏远于某种精神；而对于一个关心精神价值之实现的人来说，这绝不是一个无关痛痒的事实。对心理学的兴趣目前正横扫欧洲的所有新教国家，这一浪潮离退潮还早得很呢！这正与人们普遍退出教会的现象不谋而合。我可以引用一位新教牧师的话说："如今人们到心理治疗医生那里去，而不再去牧师那里了。"

我深信，这句话只适用于那些相对来说受教育程度较高的人，而不适用于人类大多数。但我们不应忘记，二十年以后，普通的人将会对今天的受教育者所具有的那些思想进行思考。举个例子，比希纳①的著作《力与物质》在被受过教育的人们忘却之后二十年，却一跃而变成了德国公共图书馆中最为广泛阅读的书籍。我相信，今天在受教育者之中对心理学的那种浓厚兴趣，

---

① 比希纳（Ludwig Büchner，1824—1899），德国哲学家与物理学家。——中译者注

明天将被每一个人所分享。

我想提醒大家注意以下事实。在过去的三十年中，来自地球上许多文明国家的人都曾求诊于我。我治疗了成百上千的病人，大部分是新教徒，小部分是犹太人，还有不多于五六个信天主教的人。在所有已进入人生后半部分的病人中——即三十五岁以上的病人中，没有一个人的问题不是最终要想找到一种关于人生的宗教观。我们可以安全地说，他们每个一人都病了，因为他们丧失了每个时代的现有宗教所给予追随者的东西。他们在没有重新获得宗教观之前，是不会被真正治愈的。当然，这与某项特殊的教义或教籍无关。

于是，牧师在此是站在一片广阔的地平线之前，但似乎并没有人注意到这一点。今天的新教牧师也似乎没有充分地准备起来，以解决我们时代迫切的心理需要。确实，牧师和心理治疗医生早已应该联合起来，以迎接这一巨大的精神任务。

这里有一个具体的例子，它表明了这一问题是如何与我们大家都紧密相关的。大概两年多以前，在阿劳(瑞士)的那次基督教学生会议上，会议主席向我提出了一个问题：处于精神痛苦中的人为什么现在宁愿去求诊于医生，而不去找牧师，他们做这种选择的原因是什么？这是一个非常直接和具体的问题。在那时，我只知道我自己的病人显然是到医生这里来求诊，而不是去找牧师，但除了这一事实之外我就一无所知了。我很怀疑这究竟是不是普遍的情况。无论如何，我没能给予一个明确的回答。出于这一原因，我于是开始通过熟人到我不认识的人中间去进行探询和调查。我发出了调查表，让瑞士、德国和法国的新教徒，还有几个天主教徒，去回答调查表上的问题。下面的总结将会表明，这次调查的结果非常有趣。在决定要请教医生的人中，新教徒占百分之五十七,而天主教徒只占百分之二十五;在那些决定祈求神明的人中,新教徒占百分之八,而天主教徒占百分之五十八。这些是做出了清楚的决定的人;在打不定主意的人中,新教徒占百分之三十五,而天主教徒只占百分之十七。

之所以不去请教教堂的牧师,其理由是牧师通常缺乏心理学的知识和洞察力,持这种回答的人占百分之五十二。有百分之二十八的人回答的大意是,他们因为自己观点存在偏见,所以表现出一种教条的和传统的倾向。非常奇怪的是,甚至有一位牧师也决定去求教于医生,而另一位牧师则做出了激烈的反驳:"神学与治疗人无关。"回答我的调查表的所有牧师亲属都声称他们反对去找牧师。

由于这一调查局限于受教育者的范围,因此它不过只是管窥蠡测而已。我相信未受过教育的阶层将会有不同的反应。但尽管如此,我还是倾向于认为这些结果多多少少有效地反映了受教育者的观点,他们对教会和宗教事宜那种不断增长的冷漠之情尤其证实了这一点。我已经提到过,我们不要忘记社会心理学中的那个真理,一种普遍的生活观需要大约二十年的时间才能从受教育的阶层渗透到未受教育的大众那里。比如,二十年前甚至十年前,谁敢预言,西班牙这一欧洲天主教势力最强的国家,竟会经历今天我们所目睹的这种史无前例的精神变化呢?然而它却洪水般猛烈地爆发了出来。

在我看来,宗教生活的衰落伴随着神经症更为频繁地出现。目前还没有实际的统计数字可以证实这一增长,但有一件事我能够肯定,这就是无论什么地方的欧洲人,他们的心理状态都缺乏平衡。不可否认,我们正生活在一个最为动荡不安的时期,这是一个神经紧张、观念混乱和衰退的时期。我那些来自各国的病人都是受过教育的人，他们当中有很大一部分来找我，并不是因为他们患有神经症，而是因为要么他们找不到生活中的意义，要么他们用一些问题来折磨自己——而这些问题是今天的哲学和宗教都不能回答的。他们当中的有些人也许以为我知道一种神奇的公式，但我很快就不得不告诉他们，我也没有任何答案可以提供。于是这将我们带入了实际的考虑之中。

让我们以那个最普通和最经常的问题为例：我生活中的意义是什么，或者一般生活中的意义是什么？今天的人相信，他们极为清楚地知道牧师对此将要说什么话——或者不如说，必须说什么话。他们面带微笑地想到哲学家的回答，并且一般来说对医生也不抱太多的期望。但是，从分析无意识的心理治疗医生那里，人们无疑可以学到一点东西。既然他已经从病人的心灵深处挖掘出了许多东西，说不定其中就有一种生活意义，而这种意义只要缴一笔费就可以把它买下来！在这种情况下，当任何一个思想严肃的人听到心理治疗医生对此也同样无可奉告时，他肯定会放下一颗心来，而这种坦白常常就是赢得病人信任的开端。

我发现，现代人对传统观念和继承的真理有一种根深蒂固的反感。现代人是一个布尔什维克主义者，对他来说，一切过去的精神标准和形式都已经失去了它们的有效性。因此，现代人想在精神的世界中进行实验，正如布尔什维克主义者想在经济领域中进行实验一样。当遇到这样一种现代态度时，每一种宗教体系，不管是天主教、新教、佛教还是儒教，便都处于一种危险的状况之中。当然，在这些现代人中有一部分本性上就是诋毁者、破坏者和悖常者——是一些失去平衡的怪人。他们在任何地方都从没得到过满足，因此便聚集在每一面新的旗帜下，希望能够以较低的代价补偿他们自身的欠缺,而实际上,他们给这些运动和事业造成了极大的损害。不用说,在我的职业工作中,我认识了许多现代男女,也认识了这种病态的伪现代人。但我想把这些人放到一边去。我所考虑的那些人绝对不是病态的怪癖者,而在最经常的情况下是一些异常能干、勇敢和正直的人,他们拒绝接受传统真理的权威是出于真诚而正直的理由,而非出于内心的邪恶。他们每一个人都感受到,我们的宗教真理不知怎么已变得有些空洞了。如果不是他们无法协调科学的世界观和宗教的世界观,那就是基督教的信条失去了它们的权威和心理合理性。人们再也不会感到基督之死可为他们赎罪,无论他们认为一个有信仰的人是多么快乐,他们都无法信仰——无法强迫自己去信仰。在他们眼中,罪恶也变成了极为相对的东西:这个人的恶,是那个人的善。说到底,佛陀所说的为什么就不应该也是正确的呢?

没有人不熟悉这些问题与怀疑,然而弗洛伊德学派的分析却把这些问题都作为不相干的事物扫到一边去了。它坚持自己的立场,认为基本的问题在于被压抑的性欲,而哲学上或宗教上的怀疑仅仅只是掩盖着事物真相的面罩。如果仔细检查个人的病案,我们确实能够发现性领域中的一些特殊紊乱现象,也能够在一般的无意识冲动方面发现这种现象。弗洛伊德的方法就是从这些紊乱现象中得出一种解释,并运用它来解释所有的心理紊乱现象,他只对以性症状为原因的解释方法感兴趣。弗洛伊德完全忽略了一个事实,即在某些病人身上,神经症的原因一直都存在着,但这些原因只有当某种意识态度的紊乱涉入以后,才会产生病理性的影响并导致神经症的发作。他的解释就好比当一条船因漏水而正在沉没时,船上的人却只对涌入船舱的海水的化学结构感兴趣。无意识驱力中的紊乱并不是最根本的,而只是次要的现象。当意识生活失去了意义和希望时,就犹如爆发了一阵恐慌,我们于是听到一声高呼:"大家尽情吃喝吧,我们明天就要死了!"从生活的无意义中诞生的这种情绪,正是在无意识中引起紊乱的事物,它使那些被痛苦地抑制着的冲动又重新冲决出来。神经症的原因既存在于现在,也存在于过去;只有一个仍然还存在的原因才能使神经症保持活跃。一个人二十年前感染了杆状菌并不能使他患结核病,他之所以害上了这个病,是因为感染的病灶今天仍然还存在。是什么时间和怎样感染的,这些问题与他目前的状况甚至可以说毫无关系。即便是最准确地知道了他以前的病历,也同样无法治好这个结核病。对神经症来说,道理完全相同。

我之所以把病人对我提出的宗教问题看作与神经症有关,并且看作是可能引起神经症的原因,其原因就在这里。但如果严肃地对待这些问题,我就必须对病人承认,他的感受是有道理的。"是的,我同意,佛陀可能同耶稣一样正确。罪恶是相对的,而且实在很难理解,我们怎么可能会感到基督之死使我们获得了拯救。"作为医生,我能够很容易地承认这些事实;而牧师就难于这样做了。病人会觉得我的态度是理解的态度,而牧师的迟疑则使他感到出于传统的偏见,于是他们便彼此疏远了。他会问自己:"如果我把我的性紊乱的那些痛苦的细节告诉牧师,他会说什么呢?"他有理由怀疑牧师的道德偏见甚至比他的教条倾向还要更强。关于这一点有一个很妙的故事,故事说的是美国总统——"沉默的加州人"柯立芝。有个星期天上午,他不在家,当他回去后,他妻子问他到哪里去了,他回答道:"去教堂了。""牧师说了些什么?""他谈到了罪恶。""他是怎么说的呢?""他反对罪恶。"

　　人们可能会认为，医生在这方面表现出理解是一件很容易的事情。但他们忘记了，甚至医生也有道德上的顾忌，有些病人的倾诉甚至连医生也感到难以容忍。但是病人只有看到自己身上最坏的东西都被接受了以后，才会感到自己是被接受了。任何人都不可能仅仅只用语言就做得到这点，这种效果只有通过医生的真诚，通过他对自己以及自身邪恶一面的态度，才有可能达到。如果医生想要为另一个人提供指导，或者甚至陪着这个人迈出一步，他就必须同这个人的心理生活相接触。他在匆忙做判断时是绝对说不上什么接触的；无论他将这些判断说出来也好，还是留在自己心里也好，都不会有丝毫的不同。采取一种与此相对的立场，随意同意病人的看法，也毫无用处，这同谴责他一样，只会让他疏远。只有用一种不带偏见的客观态度，我们才能够与另一个人建立关系。听起来这就像一种科学的方案，而且可能会同某种智性的和超然的精神态度混淆。但我想说的是与此完全不同的东西，它是一种为人所具有的品质——一种对事实和事件的深切尊重，并对在此之中遭受痛苦和折磨的那些人的深切尊重——一种对这样的人生所具有的秘密的尊重。他知道上帝创造了各种各样千奇百怪和难以想象的事物，并且千方百计要以最奇异的方式进入人的内心中去。因此，他在每一件事物中都感受到了神的意志那看不见的存在。这就是我所说的"不带偏见的客观性"。这是医生方面的一项道德成就，他不应在疾病和堕落面前望而却步。我们不可能改变任何事物，除非我们首先接受了这一事物。谴责不是解放，而是压迫。我是自己所谴责的那个人的压迫者，而不是他的朋友和一同受难的人。但我丝毫不是说，我们绝对不能对我们希望帮助和改善的病人进行评价。不过,如果医生希望帮助一个人,他就必须要能够接受这个人的一切。只有当他看到了和接受了这个人的一切时,他才能真正做到给他以帮助。

也许这听起来很简单,但简单的事情往往是最困难的事情。在实际生活中,要做到简单需要有最高的修养,承认与接受自己乃是道德问题的根本,也是整个人生观的缩影。我给饥饿者供食,我饶恕别人的侮辱,我以基督的名义去爱我的敌人——这一切无疑都是极大的美德。我对我的兄弟所做下的琐碎小事,也是对基督做下的事情。但是,如果我发现,这一切之中最穷的乞丐、最无礼的侮辱者以及那位敌人——就在我自身内部,我自己就需要被自己的善良所拥抱——我自己就是那位必须去爱的敌人——当我发现了这一切以后,我会怎么样呢?基督徒的态度通常便这样被倒转了;再也没有什么爱与长期受难的问题,我们对自身内的那位兄弟说"拉卡"①,并对我们自己感到愤怒,对自己进行谴责。我们将它对世界隐藏起来,我们拒绝承认遇到过自己身上这位最卑下的人。如果上帝自身也以这令人鄙视的形式向我们靠近,那么我们在第一只公鸡开叫之前,就已经将他拒绝过一千次了。

那些不只是用现代心理学去检视病人生活的阴暗,而且尤其是去检视其自身生活的阴暗的人——现代心理治疗医生如果不想在无意之中当骗子的话,他就必须得这么做——将会承认,接受自己连同自己的一切邪恶,是最为艰难的任务,是一项几乎无法完成的任务。单是这一想法就应以使我们吓得脸色发白。因此,我们毫不犹豫、轻松愉快地选择了一个复杂的历程——对

---

① 拉卡(Raca),为耶稣时代犹太人责备人的话。——中译者注

自己保持无知，而同时却忙着去管理他人的毛病和罪孽。这种做法使我们表现出一副道貌岸然的模样，由此欺骗了我们自己，也欺骗了我们周围的人。感谢上帝，我们通过这种方式逃避了自己。有无数的人能够这样做而又不受惩罚，但也并不是人人都能这样。这些少数人在去大马士革的路上垮掉了，得了神经症。但如果我自己也是一个逃避的人，也许也患着神经症，我怎么能去帮助这些人呢？只有完全接受了自己的人，才拥有"不带偏见的客观性"。但是，任何人都没有理由夸口他完全接受了自己。我们可以举出基督为例，他把他的传统倾向作为祭品献给了心中的神，因而至死不渝地蔑视法利赛人的传统和道德标准。

我们这些新教徒迟早必须正视这样一个问题：我们应怎样理解"对基督的模仿"，是应该在一般的意义上仿照他的生活和模仿他的圣痕（如果我可以这样说的话）呢，还是应该在更深的意义上去真实地过我们自己适当的生活，正如他那样真实地度过他自己的一生呢？去过一种仿照基督的生活诚然不是一件容易的事情，但像基督一样去真实地过自己的生活不用说是一件更为艰难的事情。任何一个这样去做的人都会与过去的力量发生对抗，尽管他可能是在完成他的命运，但他仍将受到错误的评判，将遭到辱骂、折磨并被钉上十字架。他将被看成一个应该钉死在十字架上的布尔什维克主义者。因此，我们更偏重那种为历史所尊崇的模仿，而这种模仿中所效法的那个基督，是一个被神圣的灵光所歪曲变形了的基督。我从不会去打扰僧侣去做基督认同的修炼，因为他值得我们的尊敬。但我和我的病人都不是僧侣，并且我作为医生的职责就是要向病人表明，他们怎样才能在生活中不会成为神经症患者。神经症是一种内心分裂——是一种与自己交战的状态。每一种激发这种分裂的东西都会使病人变得更糟,而每一种缓和这种分裂的东西则都有治愈病人的效果。驱使人们与自己交战的是一种直觉或者认识,它使他们知道了自己是由两个相互对立的人组成的。这种冲突也许发生在肉体和精神之间,或者也许发生在自我和阴影之间。当浮士德说"啊,两个灵魂,分裂地寄居在我心里"时,他正是这个意思。神经症就是一种人格的分裂。

治疗可以被称作一个宗教问题。在社会关系或国家关系的领域中,疾病的状态可能是内战,这种状态可以通过宽恕仇恨这种基督教美德而得以治愈。我们带着虔诚基督徒的信念而试图应用于外部环境的东西,同样也应该用于内心状态,应用于对神经症的治疗。这就是现代人听够了罪恶一类话题的原因。他为自己邪恶的良心所缠绕而感到痛苦,他更愿意知道怎样才能使自己和他的天性协调起来——怎样去爱他自己心中的敌人,怎样才能把那只恶狼称作自己的兄弟。

而且,现代人并不热衷于知道怎样才能模仿基督,而是热衷于知道怎样才能过他自己的个人生活,不管这一生活有多贫乏无味。这是因为,在他看来,每一种形式的模仿都缺乏生气、毫无创见,因此他起而反抗那种将他限制在老路之上的传统力量。他认为,这一切久经践踏的路都导向一个错误的方向。他也许并不知道这一点,但他的行为却表现出:他自己的个人生活似乎是充满了上帝的意志,因而必须不惜一切去予以完成。这就是其利己主义的根源,这种利己主义是神经症状态中最明确的罪恶之一。但是告诉他,说他太过于利己的那个人将使他丧失自己的信心——这也是必然如此,因为那个人使他更深地陷入神经症之中。

如果我希望治愈我的病人,我就不得不承认他们的利己主义具有深刻的意义。如果我从中看不到真正的上帝意志,那么我就确实是盲目无知。我甚至必须帮助病人去助长和发展他的利己主义。如果他成功地发展了他的利己主义,他就与其他人疏远开来。他将他们驱赶开去,使他们清醒了过来——这是极为自然的,因为他们一直都在想打掉他那种"神圣的"利己主义。我们应该让他保有这种利己主义,因为这是他最强大和最健康的力量;正如我说过的那样,它是真正的上帝的意志,它有时把他驱入完全的孤立之中。不管这一状态有多么悲惨,对他来说却仍然是有益的,因为只有这样他才能估量他自己,才能够知道对他的同胞的爱是一件多么珍贵的宝物。而且,也只有在完全被抛弃和完全孤独的状态中,我们才能体验到自己本性的那些有益的力量。

如果一个人多次看到这种发展的出现,他就再不会否认:罪恶被转变为了善,而看似善良的东西却维持了罪恶的力量。利己主义的魔王引导我们沿着一条坦途走向宗教经验所要求的那种收获。这是人生的一条根本规律——向对立面的转化,正是它有可能使人格中交战的两半重新联合起来,从而结束内战。

我将病人的利己主义当作例子,因为利己主义是他最普通的症状之一。我也同样可以选择其他任何具有特征性的症状,以表明医生对病人的缺点必须采取什么样的态度,并且表明他应该怎样对待罪恶的问题。

毫无疑问,这听起来同样非常简单。但实际上,接受人性的阴暗面几乎近乎不可能。只需想一想,如果赋予非理性的、无意义的和罪恶的东西以存在的权利,这将意味着什么!然而,现代人正是要坚持这样,他想同自己的每一方面都生活在一起——想知道它究竟是什么。这就是他为什么要将历史抛到一边去。

他希望与传统决裂,以便用他的生活来进行实验,并且确定除了传统的假设以外,事物本身之中究竟有什么样的价值和意义。现代青年让我们看到了这一态度的惊人例子。为了表明这一倾向会走得多远,我将提出一个问题,这个问题是一个德国社团对我提出来的。他们问我,乱伦是否应该受到谴责,有什么事实可以作为反对它的理由?

　　承认了这样一些倾向,我们就不难想象出人们陷入其中的那些冲突。我非常能够理解,为了使自己的同胞免于进行这些冒险,人们会愿意将所有的方法都一一试遍。但奇怪的是,我们发现自己无法做到这一点。一切旧有的反对非理性、自我欺骗和非道德的理由,曾经是那样的有力,而如今却不再灵验。现在是我们为十九世纪的那种教育自食其果的时候了。那整整一个时期,教会都在向年轻人宣讲盲目信仰的好处,而同时大学则在鼓吹一种智识的理性主义。结果,我们今天无论是求助于信仰还是理性,都通通徒劳无益。厌倦了这种观念之战的现代人希望为自己找到事物的真相。尽管这种希望为最危险的可能性敞开了大门,但我们仍然要情不自禁地把它看作一种勇敢的事业,并在某种程度上赋予它以同情。这不是一种莽撞的冒险,而是一种被深刻的精神痛苦所激发的努力,它希望以新的和毫无偏见的体验为基础而将意义重新带入生活。谨慎固然应该有它的地位,但我们不能因此而拒绝一种严肃的冒险,一种召唤整个人格投入行动的冒险。如果我们反对这一冒险,我们就是在抑制人类身上最优秀的品质——他的勇敢和他的抱负。而如果我们获得了成功,那么我们就会阻止和妨碍那将给生活以意义的宝贵经验。如果保罗听任自己被别人劝说而放弃了他的大马士革之行,那将会发生什么样的事情呢?

严肃对待自身工作的心理治疗医生一定会千方百计地去解决这一问题。他在每一桩病例中都必须决定：他是否愿意用自己的建议和帮助去支持一个人进行可能是一场灾难的冒险。他对正确与否不应有固执的观点，也不应装出一副知道孰是孰非的样子——否则他便是根据自己的丰富经验来做出判断了。他必须对实际发生的事情保持清晰的认识——只有发挥着作用的事物，才是真实的事物。如果我认为某种错误的事物比真理更具影响力，那么我就必须首先遵循这一错误，因为它具有力量和生命力；而如果我坚持自以为是的真理，我就将失去这一力量和生命力。光明需要黑暗——不然它怎么能表现为光明呢？

大家都知道，弗洛伊德的精神分析学只限于使我们意识到了自己身上的阴暗面和罪恶。它只是发动起了那场潜在的内战，然后就将它置之不顾了。病人必须倾尽全力去应付这场内战。可惜弗洛伊德忽略了这样一个事实：人从来就不能够单枪匹马地与黑暗的力量对抗——这黑暗的力量就是无意识的力量。人类总是需要精神方面的援助，这一援助是每个人自己的宗教向他提供的。无意识的打开永远意味着强烈精神痛苦的爆发，这就像把繁荣的文明放弃给入侵的野蛮人，或者就像堤坝的崩决将肥沃的田地暴露于咆哮的洪水面前。世界大战就是这样的一次爆发，任何其他事情都不能比它更清楚地表明：将秩序世界与潜在混乱隔离的那层墙壁是多么薄弱。每一个单个的人和他那理性秩序的世界也同样如此。他的理性伤害了他的自然力量，这些自然力量寻求着报复，它们只等那层墙壁一倒，便会以毁灭性去压倒意识生活。人类自古以来，甚至在最原始的文化阶段，就意识到了这种危险。正是为了装备自己以防范这一威胁并治疗受到的伤害，人类才形成了宗教的和魔法的习俗。这就是为什么巫医同时又是祭师的原因,他是肉体的拯救者,也是灵魂的拯救者,而宗教便是医治心理疾病的体系。人类最大的两个宗教——基督教和佛教,尤其如此。人在痛苦中从来不能从他自己的思考中获得帮助,而只有从一种比自己更伟大的智慧的启示中,才能获得帮助。

今天这种破坏性力量已经爆发,人们的精神上受着它的折磨。这就是为什么病人要强迫心理治疗医生担当起牧师角色的原因,他们期待和要求医生把他们从痛苦中解脱出来。这也是我们心理治疗医生为什么必须思考那些从严格意义上来说属于神学家的问题。但我们不能把这些问题留待神学家来回答,受折磨者急迫的心理需要使我们每时每刻都遭遇到这些问题。既然从过去传下的每一种概念和观念都不能给我们解答,那么我们就必须首先和病人一起沿着他那条疾病的道路走下去——沿着那条使他的冲突尖锐,使他的孤独增长的错误道路走下去,直到它变得令人难以忍受时为止——由此我们希望,从那掀起了破坏力的心理深渊中也产生出拯救的力量。

当我们初次面对这一方向时,没人知道它会导向何方。我不知道心理的深渊中埋藏着什么——我从来都把这一领域称作"集体无意识",而其中的内容我则命名为"原型"。无意识的爆发从远古就已经发生,并且在历史的进程中不断地重复着。而意识则并不是从一开始就存在的,每个儿童所具有的意识都是在其最初几年中重新建立起来的。意识在其形成阶段是非常薄弱的;历史向我们表明,人类也同样如此——无意识轻而易举就能攫取势力,它们之间的斗争留下了不少痕迹。用科学术语把它表述出来就是:当极大的危险出现时,已经发展的本能防御机制便会自动进行干涉,通过一些有用的意象而体现在幻想之中,而那些意象则是根深蒂固地存在于人类心理之中的。每当有极大需要的时候，这些机制就调动起来。科学只能够确定这些心理因素的存在，并对这些心理因素的来源提供一种假设，以此做出理性的解释。但这只是将问题推向了后面，而根本没有回答这一个谜。于是，我们便碰到了这些最终的问题：意识是什么时候出现的？心理是什么？然而，一切科学都在这一点面前止步了。

当疾病达到顶峰时，破坏性的力量似乎就会转换成治疗的力量。这种情况的出现是由于原型获得了独立的生命，并充当了人格的精神向导，由此而排挤掉了欠缺的自我，代替了自我那无用的意愿和努力。一位宗教思想的人将会说：引导来自于上帝。但我对大多数的病人都避免这种提法，因为它太容易使那些联想起他们必须抵制的东西。我必须用一些更谦逊的术语来表达自己，比如说心理苏醒了过来，投入了自发的生活——实际上，这种说法确实更适宜于观察到的事实。当一些在意识状态下无法看出来源的主题开始出现在梦中或幻想中时，转变就发生了。对病人来说，当他面临着某种从心理那隐蔽的深处产生出来的东西时，他会认为这无异于一种启示——某种不是"我"的陌生之物——因而它超出了个人的奇思异想的范围。他找到了通向心理生活之源的途径，这就是标志着痊愈的开端。

如果要清楚地说明这一过程，适当的例子无疑是不可缺少的。但要找到一个令人信服的例子，却几乎是不可能的事情，因为这通常是一个极为微妙和复杂的问题。那种极具效力的东西常常在病人头脑中留下一种深刻的印象，通过病人的梦在处理他的困难时所表现出来的那种独立方式；或者也可能是他的幻想指向了某种事物，而这是他的意识心理毫不知情的事物。在绝大多数情况下，这是一些具有原型性质的内容，它们以某种方式联系了起来,不管意识心理理不理解它们,它们都会施加一种来自自身的强烈影响。心理的这种自发活动变得异常强烈后,就会看见幻觉图画和听到内心的声音。这些都是精神的表现形式,它们今天被直接地体验着,就像自远古以来一直被人们所体验的那样。

这种体验补偿了受难者那些历尽曲折的痛苦。从这一点再往前走,一线光明便照亮了他的混乱;他能够调解他内心的战争了,于是他将跨越本性中的病态分裂而走向一个更高的境界。

由于现代心理疗法的根本问题如此重要和深远,因此无法只在一篇文章中对它们进行充满细节的讨论,不管为了清晰起见这些细节是多么的重要。我的主要目的是提出心理治疗医生在他的工作中所应采取的态度。正确地理解这一点毕竟比选择治疗方法上的几个方案和要点更有价值,因为这些方案和要点除非与正确的理解一同应用,否则便无论如何也不会有效果。治疗医生的态度远远比理论和心理治疗方法更为重要,这就是我急于要将这种态度公之于世的原因。我相信我已经做出了极为可信的阐述。至于牧师以什么方式以及在多大程度上能够与心理治疗医生结合起来,我只能将这一问题传达给大家,以便让其他人去做决定。我还相信,我对现代人的精神观所描绘的图画与实际情况相符合——当然,我不能说其中就没有错误。无论如何,我对治疗神经症以及相关问题所说的一切,都是无所掩饰的实情。我们医生自然欢迎牧师对治疗心理痛苦的努力所表示的同情和理解,但我们非常清楚地知道,阻止我们充分合作的根本困难是什么。我自己的立场就是站在新教观念的极左翼,但我要第一个警告大家,不要从自己的经验出发而引申出一些不慎重的普遍结论。作为一个瑞士人,我是一个根深蒂固的民主主义者,但我承认我的本性是贵族的,甚至还是神秘的。上帝可做者,世人未必可做(Quod Licet Jovi,non Licet bovi),这是一条令人不愉快的真理,但它是一条永恒的真理。那些有许多罪孽但都被宽恕了的人是谁呢?他们是那些付出很多爱的人。但至于那些付出很少爱的人,他们很少的几条罪孽却要与他们自己作对。我深信,大多数的人之所以投入天主教的怀抱,是因为他们只有在那里才最能够各得其所。我同样也深信我自己观察到的一个事实:原始的宗教比基督教更适宜于原始人,基督教对他们来说是如此难以理解,对他们的血液是如此格格不入,因此他们只能以一种令人极为厌恶的方式对它进行模仿。我还相信,一定有反对天主教的新教徒,也一定有反对新教的天主教徒——因为精神的表现形式确实神奇无比,它们与创造本身一样的变化多端。

那活跃着的精神在成长着,它甚至已超越了早期的表现形式;它自由地选择人而寄居于他们之中,而人们则宣称它为自己所有。这活生生的精神永恒地更新着,它以多重的方式,以难以想象的方式,在整个人类的历史中追求着它的目标。与它相比较,人类所给予它的那些名称和形式便显得微不足道了,它们只不过是永恒之树的枝头上那些不停变换的树叶和花卉罢了。

附录一

荣格年谱

周党伟　编

1875 年	7 月 26 日出生于瑞士康斯坦茨湖边的凯什维尔镇。
1879 年	4 岁,移居到巴塞尔近郊的克莱因—许宁根。
1886 年	11 岁,进入巴塞尔大学预科学习。
1895 年	20 岁,进入巴塞尔大学医学院。
1900 年	25 岁,进入苏黎世布勒霍尔兹利精神病医院,开始其作为助理医师的住院实习。
1902 年	27 岁,发表博士论文《论所谓神秘现象的心理学和病理学》,以其素有灵媒之称的表妹海琳娜·普雷斯沃克为主要研究对象。前往法国巴黎,跟随皮埃尔·让内(Pierre Janet)学习一年。
1903 年	28 岁,与爱玛·罗森巴赫结婚,后生有一男四女。

罗森巴赫家族非常富有,为荣格进行学术研究消除了后顾之忧。

1905 年	30 岁,成为布勒霍尔兹利精神病医院的主任医师,同年受聘为苏黎世大学的民间讲师,直到 1913 年辞职。
1906 年	31 岁,阅读了弗洛伊德的论文,公开支持弗洛伊德并开始与其书信来往。
1907 年	32 岁,与弗洛伊德在维也纳初次会面,相谈甚欢,聊了 13 个小时。
1908 年	33 岁,赴维也纳出席第一届国际精神分析会议。
1909 年	34 岁,离开布勒霍尔兹利精神病医院,在苏黎世近郊的库斯那赫特自建的房子里开办诊所。同年 9 月,和弗洛伊德等人受邀前往美国克拉克大学发表演讲,并获得该校名誉博士头衔。
1910 年	35 岁,赴纽伦堡出席第二届国际精神分析学会议,担任新设立的"国际精神分析学协会"主席。
1912 年	36 岁,出版《力比多的转化与象征》(后更名为《转化的象征》),此书预示着荣格与弗洛伊德的观点发生分歧。
1913 年	38 岁,与弗洛伊德的友谊正式终结,陷入"与无意识交锋"的精神危机(直至 1919 年)。
1914 年	39 岁,辞去国际精神分析协会主席一职。
1916 年	41 岁,在苏黎世成立心理学俱乐部,爱玛担任第一任主席。
1918 年	43 岁,开始对诺斯替教文献展开研究。
1920 年	45 岁,去往非洲突尼斯、阿尔及利亚旅行考察。

1921 年 46 岁,出版《心理类型》。

1923 年 48 岁,荣格母亲去世。开始在苏黎世湖南端的波林根建造塔楼。

1924 年 49 岁,访问美国新墨西哥州的普韦布洛印第安人居住地。

1925 年 50 岁,去往非洲乌干达、肯尼亚旅行考察,为期一年。

1928 年 53 岁,与理查德·威尔海姆合作,翻译介绍中国古代典籍,开始研究炼金术。

1929 年 54 岁,对理查德·威尔海姆的《金花的秘密》发表评论。

1933 年 58 岁,第一次出席爱诺思聚会,发表了题为"个体化过程的经验"的演讲,后断断续续参加了十来次。

1934 年 59 岁,担任国际心理治疗医学会主席。

1935 年 60 岁,成为苏黎世联邦工业大学的名誉教授。在伦敦的塔维斯托克做关于"分析心理学"的讲座。

1936 年 61 岁,获美国哈佛大学荣誉博士头衔。

1937 年 62 岁,在耶鲁大学做关于"心理学与宗教"的讲座。

1938 年 63 岁,获牛津大学荣誉博士头衔并成为英国皇家医学会成员。应邀去印度旅行,出席加尔各达大学 25 周年校庆。

1942 年 67 岁,辞去苏黎世联邦工业大学的名誉教职。

1943 年 68 岁,成为瑞士科学院荣誉院士,担任巴塞尔大学心理学教授。

1944 年 69 岁,因病辞去巴塞尔大学心理学教授一职,出版《心理学与炼金术》。

1945 年 70 岁,获日内瓦大学荣誉博士头衔。

1946 年　　71 岁，出版《移情心理学》。

1948 年　　73 岁，苏黎世 G. G. 荣格学院成立。

1952 年　　77 岁，出版《转化的象征》《答约伯》。

1953 年　　78 岁，波林根系列丛书中的《荣格选集》在纽约出版。

1955 年　　80 岁，出版《神秘结合》，同年 11 月 27 日妻子爱玛去世。

1957 年　　82 岁，开始撰写自传《回忆·梦·思考》，第三章之后改为口述，由秘书安妮拉·贾菲协助完成。

1958 年　　83 岁，出版《飞碟：一个现代的神话》。德文版《荣格选集》开始出版。

1960 年　　在其 85 岁生日宴会上，获库斯纳赫特荣誉市民称号。

1961 年　　6 月 6 日在库斯纳赫特的家中去世，享年 86 岁。

附录二

神秘荣格

郑世彦　文

在许多人眼里,心理学家卡尔·荣格是极其神秘的。我不知道这世上有几个人真正了解荣格,事实上,荣格本人也是花费了一辈子的时间来了解他自己。在某种意义上,荣格之所以神秘莫测,可能并非他故弄玄虚,而是因为人类心灵本身是神秘的——无意识是神秘的,梦境是神秘的。荣格只是沿着他自己的道路摸索与前行,然后把他在探索旅程中的发现告诉了我们而已。有人说道:"如果你能把荣格的观点仔细研究一番,你的观点绝不会再像过去那样一成不变。"同样,如果能把荣格的生平经历了解一番,我们的"三观"也绝对会为之震颤。

荣格的父亲是一位牧师,在他 13 位兄弟姐妹中还有另外 8 位神职人员。不过,据说荣格的父亲在其职业生涯早期就失去了信仰，但由于没有可以替代的收入来源，只好坚持履行他的牧师职责。失去宗教信仰却做出虔诚的行为，这一重负最终使他变成了一个爱发牢骚的疑病症患者。因此，这很难让他的妻子和儿子爱他或尊敬他，这大概为荣格后来与大他19岁的弗洛伊德结缘埋下了伏笔。

荣格的母亲则是另一番景象。在他3岁的时候，母亲曾有过一次精神崩溃，在医院住了好几个月。这次分离对荣格产生了重要影响，他不但身体上起了神经性湿疹，还做了一些可怕的梦。荣格家里的气氛是令人心神不安的，"各种事都在夜里发生，显得不可理解，令人生疑。父母不在一起睡，我睡在父亲的房间里。从母亲卧室的门传来了怕人的声响。一到夜里，母亲就显得古怪、神秘。"母亲家族遗传的神秘性则预示了荣格后来与坚持科学的弗洛伊德分道扬镳。

幸好，生在这样的家庭中的荣格就没打算正常过。正如他在本书中说道："寻求正常只有对那些不成功者，对于那些还没有获得适应的人，才是一个辉煌的理想。但对于那些能力远远胜于常人之上的人，对于那些从来就能很轻易地获得成功和完成他们在这世界上的一份任务的人……他们最深的需要其实就是希望能过一种非正常的生活。"荣格显然是那种能力超常的人，他为自己的命运所牵引，抗击时代的潮流，与孤独与危险为伍，走出了一条与众不同的人生道路，也探索出一条非同寻常的心理学之路。现在，我们就透过神秘的面纱来了解一二。

卡尔·荣格(1875—1961)，瑞士心理学家，分析心理学创始人。1895年，荣格考入巴塞尔大学医学院学习医学。1900年，他进入苏黎世著名的布勒霍尔兹利精神病院实习。1906年，荣格开始公开支持那个年代还不受欢迎的弗洛伊德，并开始与弗洛伊德通信。1907年,两人终于得以见面,相谈甚欢,谈了13个小时。然而,"一见钟情"仍阻止不了"七年之痒"。1913年,几经冲突与争吵之后,他们选择了"分手"。可能是这一事件使荣格创巨痛深,也可能是别的事情在他内心骚动,使得荣格在很长一段时间都无所适从,但是,他也自此打开了自己无意识心灵的大门。后来,荣格创立了自己的学说,称为分析心理学,以区别弗洛伊德的精神分析学和阿德勒的个体心理学。今日,荣格的分析心理学传播世界各地,其影响不亚于弗洛伊德的精神分析学。

在某种程度上,我感觉荣格就像武侠小说中的无名小子,总是不幸中毒受伤,却又因疗伤而功力大涨。这事最早在荣格12岁的时候就发生过。那年初夏,一日午后,他被一个小男孩推倒在地,头部重重地撞在了路边的石头上。他那时几乎失去了知觉,但脑子里却有个念头一闪而过:"现在你再也不用上学了。"从那时起,每当不得不回学校,或者爸妈让他做功课时,他就开始犯晕。就这样,他有6个多月没有上学。他自由自在,连续几个小时地做白日梦,到林中或水边玩耍,或者肆无忌惮地画奇怪的画。同时,他也有一些良心上的痛苦,觉着自己虚度了光阴,而且使父母为此担忧。终有一天,当他听到父亲跟客人说不知道这孩子以后怎么办时,他幡然醒悟:"哎呀,我必须用功了。"于是,他走进父亲的书房,开始用功读书。他的状况变得比几个月前更好,几个星期后返校,此病再也没有发作过。他说:"我就是在这时明白了,什么叫神经病。"

荣格的那一段中年危机可能更为人所知,事实上,"中年危机"这个词也就是他根据自己的经历而提出来的。1913年,在与弗洛伊德分手之后的日子里,他无所适从、失去方向,悬在半空、无处立足。荣格将这一段时间称为"正视无意识",在这个时期,他记录自己的梦境,追逐自己的回忆,观察自己的幻觉。他把自己的幻觉写进了"黑皮书",后来转记在"红皮书"中,还画了很多的曼荼罗(印度密宗与佛教密宗所用的象征性图形)作为插画。但是,在很久之后他才明白这些曼荼罗的意义,他说:"我很清楚地感到它们是某种核心的东西,经过一段时间之后,我通过它们而获得了有关个体化的一个活生生的概念。"荣格没有陷入完全的精神失常,除了他所说的有家庭和职业作为支撑点之外,恐怕还在于他对待这些体验所采取的态度。他把自己面对无意识设想成一种科学实验,这一实验是他本人所进行的且他对其结果极感兴趣。当然,他取得了完美的实验结果,"那个离群、敏感的年轻人逐渐让位于后期智慧而又和蔼的成熟形象"。

荣格心理学的一大贡献是他的发展心理学观点:即使在老年时,我们仍然在朝向实现自身的全部潜能发展。68岁那年,荣格患上了心血管和肺栓塞,差一点就命丧黄泉。他躺在医院,产生了一种濒死的体验:从1000英里之外的太空看着地球。他感到自己正在与世界分离,当医生把他生命挽救回来时,他竟感到一阵愤恨。当然,他康复了,而且这场疾病似乎又使他在从第一人格向第二人格的转变中前进了一个阶段。在以后的17年里,他投身于写作,其主题涉及了共时性(synchronicity)、飞碟、心理治疗、炼金术、《易经》、宗教,等等。在老年期他产生过很多濒临死亡的预感,在他的印象中,无意识对这件事并不感到大惊小怪。在他看来,死亡本身似乎就是一个目标,是一件应该受到欢迎的事情。1961年,在一周之内连续两次心脏病发作之后,他平静地离开了人世,享年86岁。

荣格对心理学最主要的贡献可能是集体无意识的发现,用荣格的话说来说，"它与个人无意识截然不同……集体无意识的内容从来就没有出现在意识之中，因此也就从未为个人所获得过，它们的存在完全得自遗传。"个人无意识主要是由各种情结构成，集体无意识的内容则主要是原型。原型是荣格心理学的又一重要内容，它们"是人类原始经验的集结，像命运一样伴随着我们每一个人，其影响可以在我们每个人的生活中被感觉到"。在人的一生中，各种原型意象（阿尼玛或阿尼姆斯、阴影、人格面具、智慧老人等）得以浮现和整合，一个人因此逐渐变得协调和完整，荣格称之为自性化的过程。即一个人最终成为他自己，成为一种整合性的、不可分割的，但又不同于他人的发展过程。这是荣格分析心理学的目的，也是一个人成长的最终目标。

荣格在其自传《回忆·梦·思考》的序言中，这样说道："我的一生是无意识自我实现的故事。无意识中的所有存在都寻求外向的表现，人格也是如此，期待着从其无意识状态脱颖而出，以整体性来体验自身。"从荣格进入大学时的专业选择到毕业时的职业选择，从他初遇14岁的爱玛到生命中其他重要的阿尼玛，以及他与汉学家卫礼贤和中国文化的相遇，这些几乎都是在他无意识中冥冥注定的事件。他的学生芭芭拉·汉娜在《荣格的生活与工作》中则这样评说："他（荣格）本人比他所有的书放在一起更富有说服力。"当然如此，不过荣格仍然是神秘的，我们需要不断地走近他，同时，这也是走近我们自己。